专项职业能力考核培训教材

航空物流

（中级）

中国物流与采购联合会　组织编写

中国劳动社会保障出版社

图书在版编目（CIP）数据

航空物流：中级 / 中国物流与采购联合会组织编写. --北京：中国劳动社会保障出版社，2025. --（专项职业能力考核培训教材）. -- ISBN 978-7-5167-6809-9

Ⅰ. F560.84

中国国家版本馆 CIP 数据核字第 2025PX9731 号

航空物流（中级）
HANGKONG WULIU（ZHONGJI）

中国劳动社会保障出版社出版发行
（北京市惠新东街 1 号　邮政编码：100029）

*

北京市白帆印务有限公司印刷装订　　新华书店经销
787 毫米 ×1092 毫米　16 开本　15.5 印张　283 千字
2025 年 6 月第 1 版　　2025 年 6 月第 1 次印刷
定价：49.00 元

营销中心电话：400-606-6496
出版社网址：https://www.class.com.cn

版权专有　　侵权必究

如有印装差错，请与本社联系调换：（010）81211666
我社将与版权执法机关配合，大力打击盗印、销售和使用盗版图书活动，敬请广大读者协助举报，经查实将给予举报者奖励。
举报电话：（010）64954652

编写人员

主　　编：何岩松　哈尔滨职业技术大学
副 主 编：温　文　哈尔滨职业技术大学
　　　　　王文娟　广东连展物流有限公司
编写人员：朱智美　广州市交通技师学院
　　　　　高明霞　五矿矿业控股有限公司
　　　　　高东升　凯思特（海南）供应链有限公司
　　　　　刘　岩　哈尔滨职业技术大学

审定人员

主　　审：韩春梅　西安航空职业技术学院
副 主 审：商　磊　湖州交通技师学院

前　言

职业技能培训是全面提升劳动者就业创业能力、促进充分就业、提高就业质量的根本举措，是适应经济发展新常态、培育经济发展新动能、推进供给侧结构性改革的内在要求，对推动大众创业万众创新、推进制造强国建设、推动经济高质量发展具有重要意义。

为了加强职业技能培训，《国务院关于推行终身职业技能培训制度的意见》（国发〔2018〕11号）、《国务院办公厅关于印发职业技能提升行动方案（2019—2021年）的通知》（国办发〔2019〕24号）提出，要深化职业技能培训体制机制改革，推进职业技能培训与评价有机衔接，建立技能人才多元评价机制，完善技能人才职业资格评价、职业技能等级认定、专项职业能力考核等多元化评价方式。

专项职业能力是可就业的最小技能单元，劳动者经过培训掌握了专项职业能力后，意味着可以胜任相应岗位的工作。专项职业能力考核是对劳动者是否掌握专项职业能力所做出的客观评价，通过考核的人员可以获得专项职业能力证书。

为配合专项职业能力考核工作，中国物流与采购联合会组织有关方面的专家编写了这套专项职业能力考核培训教材。该套教材严格按照专项职业能力考核规范编写，教材内容充分反映了专项职业能力考核细目中的核心知识点与技能点，较好地体现了适用性、先进性与前瞻性。在教材编写过程中，我们还专门聘请了相关行业和

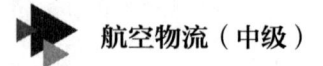

考核培训方面的专家参与教材的编审工作，保证了教材内容的科学性及与考核细目、题库的紧密衔接。

专项职业能力考核培训教材突出了适应职业技能培训的特色，使读者经过培训，不仅有助于通过考核，而且能够有针对性地进行学习，真正掌握专项职业能力的知识与技能。

教材编写是一项探索性工作，由于时间紧迫，不足之处在所难免，欢迎各使用单位及个人对教材提出宝贵意见和建议，以便教材修订时补充更正。

中国物流与采购联合会

目 录

培训任务一　订单获取
学习单元 1　市场调研 ………………………………………… 2
学习单元 2　产品制作与定价 ………………………………… 18
学习单元 3　产品推广与配载设计 …………………………… 44

培训任务二　客户管理
学习单元 1　客户拜访 ………………………………………… 60
学习单元 2　客户评价指标体系建立 ………………………… 74

培训任务三　订单执行
学习单元 1　航空项目物流的商务入围 ……………………… 98
学习单元 2　项目物流的招投标 ……………………………… 114
学习单元 3　项目物流合同的签订 …………………………… 140

培训任务四　异常处理
学习单元 1　航空物流舱单、单证异常情况处理 …………… 154
学习单元 2　航空物流运输异常状况处理 …………………… 173

学习单元3　航空物流报关异常情况处理 …………………… 184

培训任务五　账单处理
学习单元1　航空项目物流的账单核对及确认 …………… 204
学习单元2　航空项目物流开具发票及催收账款 ………… 228

培训任务一

订单获取

学习单元 1

市场调研

任务目标

1. 能进行公司现有及潜在的客户需求调研。
2. 能进行区域航空货运量及市场增长趋势调研。
3. 能进行与航空物流相关的宏观经济形势分析。

聚焦情境

××国际货运有限公司创立于1999年,是中外合资一级国际航空货运代理企业,公司主要经营国际进出口货物的空运、快件运输代理和海运业务,在北京、上海、郑州等国际机场提供接货、订舱、报关、报验、打板、拆板、仓储、多式联运及综合大型物流等全套服务。××国际货运有限公司始终坚持以客户满意为导向,持续改进,追求卓越,不断开发服务品种,在有限的物流空间中为客户提供无限的优质服务,保持着在中国航空货运行业的领先地位。

2020年年底,××国际货运有限公司的国际航空货运部门召开了年度业务总结暨新一年计划会,总结2020年公司国际航空货运总量及销售利润。根据总结,2020年全球航空运输业因新冠疫情遭受重创,公司的航空货运总量也较2019年有所减少,但由于大量承接医疗防疫物资出口业务,加上受益于航空运价的上升,利润反而比2019

年同期上涨了50%。其中，一家公司长期合作的客户的产品在2020年下半年成功通过美国市场产品认证，进入美国市场，预计在2021年开始以固定批次向美国客户空运货物，因此该客户希望××国际货运有限公司可以提供更加优惠的航空运价和更加稳定的空运服务。

任务发布

××国际货运有限公司管理者要求航空货运部门根据2020年航空货运的情况，对2021年客户预期业务增长及公司所在区域的航空货运市场潜力进行充分、迅速的调研，并根据调研数据与航空公司进行业务拓展谈判，推出公司新一年的国际航空货运产品。

任务分析

任务分析如图1-1所示。

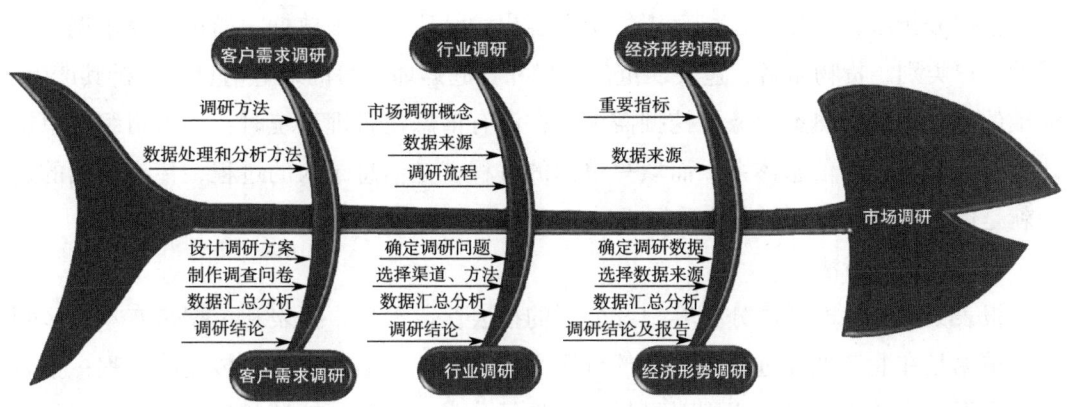

图1-1 任务分析鱼骨图

任务实施

一、客户需求调研

（一）任务资讯

1. 客户需求调研方法

客户需求调研方法一般包括观察法、体验法、单据分析法、报表分析法、问卷调查法、访谈法、需求调研会法，这是需求调研的"七种武器"。由于每种方法各有优缺点，在实践中应根据需要调研客户类别、需求类别，结合不同方法的优缺点组合应用，以最大化地获取与客户需求相关的信息和数据。

（1）观察法

观察法，也称实地考察法，即亲自到客户的工作场所和生产工厂，实地观察、了解客户的生产方式、生产线数量、日产能、产品、包装形态、包装尺寸、仓库面积、原料和成品库存量、提送货车辆的提送货流程和行驶路线、日提送货的频次和频量、提送货车辆大小、装卸货方式（手工卸货／叉车卸货）等。

（2）体验法

体验法，即到公司的客服部门或客户的工作场所进行实际工作的操作体验。从客服部门的工作中，可以了解客服工作岗在一线为客户进行服务工作时，客户实时提出的具体问题、细节和微小需求。例如，客户让客服帮忙了解美国电子产品进口报关所需文件、税率等具体问题；在客户工厂"驻厂"服务工作中，可以体验到客户工厂整个供应链的模式和关键点、客户工厂工作流转的文件格式等，了解到客户工厂迫切要解决的问题和核心需求。

（3）单据分析法

单据分析法，即分析公司存档的所有客户的纸质或电子单据，通过研究单据所承载的客户类别、货物品名、包装、重量、尺寸、起运地、目的地等信息，分析其产生、流动的方式，从而熟悉业务、挖掘需求。在没有信息化管理系统时，一个组织的单据体系其实就是它的信息体系，而填写单据的过程就是信息录入的过程，传递单据的过程就是信息流转的过程，最终单据进入的档案室就是数据库。

（4）报表分析法

报表分析法，即通过分析客户及公司的报表获取信息。报表和单据是有本质区别的，单据是在业务处理过程中流转的纸质文件，体现了信息采集、传递的过程；报表则是根据特定的统计算法规则对批量数据进行分类、汇总、统计和计算，体现了信息加工、分析的过程。报表是一个信息系统的集大成者，在客户需求调研方面价值极大，通过对公司自有报表和客户报表进行分析，可以深入到客户的管理和战略层面，掌握其实际运营信息和战略信息。如果客户为上市企业，可以通过客户的企业年报和各种公告获取其报表信息。

（5）问卷调查法

问卷调查法，即设计客户满意度及客户需求调查问卷，通过让现有客户及潜在客户填写调查问卷，收集客户现有需求和未来需求信息。问卷调查法是一种高效的客户需求调研方法，对于调研者来说，不必到工作现场，不必与客户逐个沟通，只须根据调研目的合理设计、编写调查问卷，并汇总、分析问卷的填写结果就可以获得大量的有用信息；对于被调研者来说，不需要打断自己的工作，可以合理安排作答时间，还可以更仔细地思考。当客户数量多且分散时，调查数据规模越大，这种调研方法的优越性就越突出。

（6）访谈法

访谈法，即通过交谈的方式获取信息，可以是面对面地交谈，也可以是通过电话、即时通信工具交谈。这种调研法获取信息的方式最直接和快捷，很多深入、不易获取的信息可以通过访谈法获得，如客户未来的生产和销售计划、客户计划开拓的市场、客户内部人员变动等。进行访谈之前首先要确定访谈的目标和目的，组建适宜的访谈团队，确定访谈的地点、时间、问题等，做好一系列准备工作，可以与被访谈者提前确定调研主题，也可以通过发散式的交谈获取更多事先未计划的信息。

（7）需求调研会法

需求调研会法，即通过邀请一定数量的客户（一般6~15人），在一个专业的调研主持人的帮助下，了解客户的满意度、需求等信息。相较于访谈法，需求调研会法的会议主题控制难度较高，因此会议前要做好充分的准备，制定完备的会议议程。需求调研会法可以和问卷调查法结合使用，会前设计一些调研的问题让参会人员填写，参会人员通过填写问卷可以对调研的主题有更加清晰、明确的认识，从而便于参会人员在会上围绕调研问题展开头脑风暴，进行深入交流。需求调研会法融合了问卷调查法和访谈法的优点，但需要注意的是，参会人数不宜过多，若人数超过一定规模则参会人员的发言积极性将降低，导致难以获取有深度的信息。

2. 数据处理和分析方法

完成客户需求调研后，需要使用数据处理工具对调研获取的数据信息进行去粗取精、去伪存真的筛选和分析。

数据处理的主要功能包括数据获取、数据存储、数据管理、数据计算、数据分析、数据展示等，常用的软件有 Excel、SAS、R、SPSS、Python 等。

（1）Excel

Excel 是微软办公套装软件的重要组成部分，它可以通过数据处理和统计分析辅助决策，被广泛地应用于管理、统计财经、金融等众多领域。Excel 能够实现办公常用数据分析功能，如数据透视（多种报表套叠交叉展示）、统计分析（使用简单的函数就可以进行分类运算和统计）、图表展示（具有饼状、柱状、折线等多种图表展示方式）、高级筛选、自动汇总、高级数学计算、数据批量提取等，是数据分析最普遍、便捷的工具。

（2）SAS（statistical analysis system，统计分析系统）

SAS 是一款统计分析软件，它将数据的存取、管理、分析和展现有机地融为一体，凭借先进、可靠的分析技术，提供了从基本统计数的计算到方差分析、回归分析、多变数分析等多种统计分析功能，几乎囊括了所有最新统计分析方法。

（3）R软件

R软件是一套完整的数据处理、计算、制图软件系统。R软件的核心是提供大量的数学计算和统计计算的函数，从而使使用者能灵活、机动地进行数据分析，甚至创造符合需要的新的统计计算方法。R软件编程语言的语法表现与C语言相像，但语义是函数设计语言的变种，和LISP（LISt processing）语言以及APL（a programming language）语言有很强的兼容性。

（4）SPSS（statistical product and service solutions，统计产品和服务解决方案）

SPSS是最早的统计分析软件，操作界面简便，具有完整的数据输入、编辑、统计分析、报表、图形制作等功能，自带11种类型，包含136个函数。SPSS提供了从简单的统计描述到复杂的多因素统计分析的方法，如数据的探索性分析、统计描述、列联表分析、二维相关、秩相关、偏相关、方差分析、非参数检验、多元回归、生存分析、协方差分析、判别分析、因子分析、聚类分析、非线性回归、Logistic回归等。

（5）Python

Python是一种面向对象的解释型计算机程序设计语言。Python的语法简洁、清晰，具有丰富和强大的类库。它常被昵称为"胶水语言"，能够将用其他语言制作的各种模块（尤其是C/C++）很轻松地联结在一起。Python的底层是使用C语言编写的，运行速度非常快，适合处理超大数据文件。Python是开源软件，具有很强的可移植性和可拓展性。

除上述五种常用的数据分析软件之外，还有许多商业大数据分析工具，如EViews、Stata、Hadoop、Cassandra、Zoho Analytics、Microsoft Power BI、Cloudera、Datawrapper、MongoDB、Splunk、TerraStore、RapidMiner、KNIME等。

（二）实施过程

按照公司新年度战略发展计划及部门的业务发展现状，空运部经理根据公司领导的要求，迅速展开对客户需求的调研与分析。

首先，确定调研的目标。尽可能准确地预测客户新一年的航空货运量。

其次，根据调研目标，确定调研方法。第一是整理公司既有业务数据，采用单据分析法和报表分析法相结合；第二是调查现有客户的未来需求，采用客户调查问卷法、客户访谈法、到客户场地观察法和体验法；第三是调查潜在客户的未来需求，由于与潜在客户尚未建立合作关系，因此采用访谈法和适度的观察法。

再次，根据不同的调研方法，空运部经理安排不同部门的人员分别进行需求调研。其中，既有业务的数据收集由客服部和操作部负责；现有客户的调查问卷由客服部负责；访谈、观察和体验数据由销售部负责；潜在客户数据由销售部负责。

最后，由销售部、客服部和信息部联合处理调研数据，做出客户需求调研的报告，内容包括调研目的、调研对象、调研方法、调查问卷、调研分类数据汇总表、调研的建议等。这个报告将作为市场调研总报告的一部分。

客户需求调研报告

一、调研目的：了解现有客户和潜在客户的货运需求量及主要航线。

二、调研对象：

签约客户	非签约客户	未合作公司
客户名称1	客户名称a	公司名称1
客户名称2	客户名称b	公司名称2
客户名称3	客户名称c	公司名称3
客户名称4	客户名称d	
客户名称5	客户名称e	

三、调研方法：

1. 单据分析法	2. 问卷调查法	3. 访谈法
4. 观察法	5. 体验法	

四、客户调查问卷：

××国际货运代理公司客户需求及满意度调查问卷

您好，首先感谢您填写此次××国际货运代理公司的客户需求及满意度调查问卷。为了能够为您提供更好的服务，提升我们的工作质量，共同发展，我公司诚征宝贵建议和意见，您的建议与意见对我们将有极大作用，谢谢您的合作。

第1题：您所在公司的名称＿＿＿＿＿＿＿＿＿＿

第2题：贵司的企业类别为

选项：贸易企业（　　）　生产企业（　　）　物流企业（　　）

第3题：贵司年货运需求量

选项：5 000 kg以下（　　）　5 000～10 000 kg（　　）　10 000～100 000 kg（　　）
　　　100 000～1 000 000 kg（　　）　1 000 000 kg以上（　　）

第4题：贵司与我公司的往来业务包含哪些（多选）

选项：国际空运（　　）　国际海运（　　）　国内陆运（　　）　国内仓储（　　）
　　　国外提送货（　　）　物流辅助服务（　　）

第5题：贵司物流业务的方向

选项：进口（　　）　出口（　　）

第6题：贵司物流业务主要区域和国家地区（请按照货运量选择前三名）

选项：欧洲（　　）　北美（　　）　中南美（　　）　东亚（　　）　东南亚（　　）
　　　中亚（　　）　俄罗斯（　　）　非洲（　　）　澳大利亚（　　）　中国台湾（　　）
　　　其他（　　）

第7题：您对我公司国际运输网络的覆盖程度是否满意
选项：很不满意（   ）   不满意（   ）   一般（   ）   满意（   ）   很满意（   ）
第8题：您希望增加哪些区域的物流服务
选项：欧洲（   ）   北美洲（   ）   南美洲（   ）   东亚（   ）   东南亚（   ）
　　　中亚（   ）   非洲（   ）   大洋洲（   ）
第9题：您对我公司的物流服务时效是否满意
选项：很不满意（   ）   不满意（   ）   一般（   ）   满意（   ）   很满意（   ）
第10题：您认为我公司物流服务哪些环节的时效需要进行改善
选项：国外物流服务（   ）   国际运输（   ）   进出口清关（   ）   国内配送（   ）
　　　单证制作（   ）   订单响应（   ）   应急响应（   ）
第11题：您对我公司所运输货物的货损、货差是否满意
选项：很不满意（   ）   不满意（   ）   一般（   ）   满意（   ）   很满意（   ）
第12题：您对我公司的意见和服务改进建议

五、调研数据结果

1. 公司的客户群体构成：2020年前同行客户占比为71%，2020年同行客户占比上升至81%；2020年前直客占比为29%，2020年直客占比下降至18%。

2. 受疫情影响，公司的货运量发生变化，2020年较2018年和2019年有少量减少，2020年医疗物资的运量增加，占全年货运量的36%。

3. 公司的航线运量分析：公司的航空货运优势资源和客户集中在欧洲、北美和东亚区域，在区域空运市场有影响力的空运产品是欧洲线、北美线、日韩线。

4. 客户调研数据：2020年的疫情对85%的直客常规业务都有影响，75%的客户常规业务从2020年下半年开始恢复，其中有50%的客户的生产已恢复至2020年以前的水平，有少部分客户的海外订单有增加趋势。值得关注的是，有一家生产工业机器人的客户在2020年下半年新得到了北美市场的订单，在实地调研中发现客户正在新上一条生产线，可以每月增加100台的产能，以应对新的订单需求。

5. 同行客户分化严重，有部分国际海运货代企业因为2020年下半年海运舱位紧张，希望与国际空运货代交叉合作，防止客户流失。

六、调研建议

1. 继续加强欧美航线、日韩航线等公司的优势航线资源，增加市场份额。

2. 因为后疫情时代海外国家经济形势堪忧，应加强对中国本土客户资源的倾斜和维护。

3. 同行客户占比高，需求量随整个行业市场和经济形势波动较大，建议做深度的行业调研和宏观经济形势调研。

二、行业调研

（一）任务资讯

1. 市场调研概念

市场调研是运用科学的方法，有目的、有计划地收集、整理、分析有关供求、资

源的各种情报、信息。

2. 市场调研的重要性

市场调研能够为决策者提供作为决策基础的行业市场信息，帮助决策者了解外部信息，弥补内部自有信息不足的缺陷，了解行业所在市场信息、新的市场信息等。

3. 航空货运信息查询的主要渠道

航空货运信息查询的主要渠道包括 IATA 官网、CATA 官网、亚太航空协会官网、在线货运市场官网、克莱夫数据公司、SRS Analyser 数据库和各航空公司的官网等。

4. 行业市场调研的主要流程

（1）确定市场调研的必要性

特别是在委托专业的市场调研公司进行市场调研的情况下，一定要确定市场调研对于公司未来发展项目是否非常必要、没有全面专业的行业市场数据是否会影响公司的正确决策。

（2）定义问题

定义问题即确定市场调研要解决什么问题，一定要确定核心问题，避免市场调研信息太发散，缺乏指导性。

（3）确立市场调研的目标

行业市场调研所调研的是市场需求总量及其构成情况，以了解全国或者地区市场的需求量和构成，是从宏观上对市场的调查研究。

（4）设计调研方案

设计调研方案需要遵循两项原则：一是能使调研者与预测者获得经营管理决策所需的全部信息；二是能指导调研者与预测者开展调研与预测活动。调研方案的内容包括调研范围的界定、调研对象的选取、调研信息渠道的选择、调研数据的汇总等。

（5）确定调研信息的类型与来源

确定调研信息的类型与来源，即确定调研信息是来自行业网站、数据库，还是行业的企业访谈、调查问卷等。

（6）问卷设计、收集资料及分析资料

问卷设计、收集资料及分析资料，即市场调研的实际操作过程。

（7）撰写市场调研项目规划书

市场调研项目规划书一般包括九个部分：前言、调研目的、调研内容、问卷设计思路、调研区域、调研方法及样本量设计、分析方法、组织安排和预算、附件等。

（二）实施过程

空运部经理请求市场部协助完成航空货运市场整体行情调研。市场部和空运部经理首先沟通了这次市场调研要解决的问题：空运部在 2021 年如何设计公司航空货运产品？只有了解了航空货运行业整体需求量和整体运力的恢复情况，公司才能确定是积极开拓市场、扩大航线产品，还是压缩航线、保守运营。

根据空运部的要求，市场部积极展开了市场调研，主要通过对航空公司、IATA 和 CATA 官网以及一些数据公司进行调研，获取航空货运的主体——航空公司和国际航协以及专业机构对于航空货运业的专业数据和分析，为空运部提供了航空物流行业近期的基础分析数据。

（1）克莱夫数据公司报告：2020 年 12 月全球航空货运量环比增长 2.5%，与 2019 年同期需求的差距收窄至 –5%，远低于 2020 年 4 月最严重时 37% 的收缩幅度。

（2）航空货运受到制造业发展、电子商务订单等因素的推动，在 2020 年 12 月周转量首次出现当年同比增长。2020 年 12 月飞机平均载货量为 71%，这是一个以历史标准衡量的高水平。

（3）2020 年 12 月的航空总运力环比增长 2%，但由于定期客运航班数大幅下降，货运运输空间仍比去年同期减少了 21%。

（4）2020 年 12 月的航空运费保持稳定或有所上升，从中国到欧美主要城市的运费比 10 月高出 35%，比去年同期高出 150%。从亚洲到美国航线的空运费价格最高，其次是亚洲到欧洲，最后是跨太平洋地区。

（5）IATA 预测 2020 年的货运量为 5 420 万吨，低于 2019 年的 6 130 万吨。但其货运收入逆势上涨，2019 年是 1 024 亿美元，占航空业收入的 12%；2020 年是 1 177 亿美元，占航空业收入的 36%。

（6）受客机腹舱运力恢复缓慢的制约，2021 年航空货运运力持续紧缩，加上需要冷链运输的疫苗，IATA 预测 2021 年的航空货运收益将增长 5%，达到 1 398 亿美元的历史高位。

（7）国际航空货运的区域表现差异较大，区域分析见表 1–1。

表 1–1　　　　　　　　国际航空货运区域分析表

地区	需求（2020 年对比 2019 年）	运力（2020 年对比 2019 年）	2020 年盈利（单位：美元）	需求（2021 年对比 2020 年和 2019 年）	运力（2021 年对比 2020 年和 2019 年）	2021 年盈利（单位：美元）
全球	下降 66.3%	下降 57.6%	亏损 1 185 亿	增长 50.4%；下降 50%	增长 35.5%；下降 43%	亏损 387 亿
北美	下降 66%	下降 51.6%	亏损 458 亿	增长 60.5%；下降 45%	增长 36.4%；下降 34%	亏损 110 亿
	·北美航空公司受益于美国国内市场（世界上最大的国内市场）的早期复苏，并且已经进行了比其他地区更广泛的重组，行业财务业绩领先其他地区					

续表

地区	需求（2020年对比2019年）	运力（2020年对比2019年）	2020年盈利（单位：美元）	需求（2021年对比2020年和2019年）	运力（2021年对比2020年和2019年）	2021年盈利（单位：美元）
欧洲	下降70%	下降62.4%	亏损269亿	增长47.5%；下降56%	增长35.5%；下降49%	亏损119亿
欧洲	・欧洲航空公司在很大程度上依赖于国际市场收入，经济体受到严重的第二波疫情冲击，因此，直到2021年晚些时候，随着疫苗的广泛接种，收入才会增加					
亚太	下降62%	下降55.1%	亏损317亿	增长50%；下降43%	增长38.4%；下降38%	亏损75亿
亚太	・中国航空公司和中国经济引领经济复苏，中国庞大的国内市场有望在2020年年底前恢复盈利 ・货运的重要性是另一个因素，该区域的财务状况比其他区域更为强劲					
中东	下降73%	下降64.5%	亏损71亿	增长43%；下降61%	增长23.6%；下降56%	亏损33亿
中东	・中东航空公司面临连接海湾枢纽和其他地区交通的重要性的挑战，因为长途航空旅行市场重新开放的速度最慢。然而，这一地区的航空公司货运量已经增长，在一定程度上被抵消了					
拉美	下降64%	下降60%	亏损50亿	增长39%；下降50%	增长34.3%；下降46%	亏损33亿
拉美	・拉丁美洲航空公司几乎没有得到政府的支持而导致破产，且疫情控制一直是挑战 ・一些主要市场保持开放，开放边境有助于航空旅行，检测结果为阴性无须隔离。但疫苗的分发和疫苗接种可能落后于较发达市场，故财务业绩的复苏更加迟缓					
非洲	下降72%	下降62.8%	亏损20亿	增长35%；下降62%	增长21.5%；下降55%	亏损17亿
非洲	・非洲航空公司也只获得少量政府支持，数个公司倒下 ・该区域相对缺乏冷链设施，这可能会推迟疫苗的分发，预计该区域的财务业绩将延迟恢复					

空运部经理参加了多次行业交流会，以了解同行企业的一些运营状况；并积极拜访各航空公司，以了解其2021年的航空货运运营计划。他结合市场部提供的行业市场数据，得出以下调研结论。

（1）2021年的航空货运需求与航空货运运力之间存在较大缺口，空运费有继续上涨的趋势，公司应稳中求进，在欧美航线上增加与航空公司的合作，增强公司的优势航空服务产品，扩大在区域航空货运市场的份额。

（2）公司最大的经营风险来自世界整体宏观经济形势恶化，以及疫情不能被有效控制导致的航空货运需求降低及航空公司倒闭，建议继续调研并衡量世界经济发展趋势的数据，给公司决策提供进一步的支持。

三、经济形势调研

（一）任务资讯

衡量经济形势的重要指标如下。

1. GDP（gross domestic product）

GDP 即国内生产总值，是指所有由本国或外国公司生产的产品及服务的总和。GDP 显示一个国家经济增长（或下降）的速度，被认为是衡量经济产量及增长力最重要的一项指标。

2. 工业生产率

工业生产率是指工业生产中产品的产出量与生产产品所使用的资源投入量之间的比例。产出量是指一定时期内通过生产过程的人力、设备和进行加工的制品数量。投入量是指一定时期（年／季／月）内投入生产过程进行加工的制品数量。工业生产率也指使用效能，是评判生产过程效益与工厂经济效益的一项依据。

3. PMI（purchase management index）

PMI 即采购经理指数，是指通过对采购经理的月度调查五项指数进行汇总加权而得到的综合指数，它能够反映经济变化的趋势。制造业的采购经理指数按月发布，计算方法全球统一，五项指数分别为：生产指数、新订单指数、原材料库存指数、从业人员指数、供应商配送时间指数。PMI 指数可以从成本和生产端提前预示制造业的兴衰，这意味着可以通过观测 PMI 的数据判断制造业乃至整个宏观经济处于怎样的运行状态。PMI 以 50% 作为判断经济强弱的分界点，因此，PMI 指数也被称作"荣枯线"。PMI 指数大于 50%，说明超过一半的采购经理在问卷中对自己公司的业务扩张持乐观态度；PMI 指数小于 50%，说明超过一半的采购经理在问卷中对自己公司的业务扩张持悲观态度。关注 PMI 指数，首先关注其是否大于 50%，其次关注其与上个月的对比。例如，制造业 PMI 指数在 50% 以上，通常反映制造业经济总体扩张；低于 50%，则通常反映制造业经济总体衰退。

4. CPI（consumer price index）

CPI 即消费者物价指数，是指通过与居民生活有关的产品及劳务价格统计出来的物价变动指标，通常作为观察通货膨胀水平的重要指标。如果消费者物价指数升幅过大，则表明通胀已经成为经济不稳定因素，中央银行将会采取紧缩货币政策，从而导致经济前景不明朗。因此，该指数升幅过高往往不被市场欢迎。一般来说，当 CPI>3% 的增幅时，称为 inflation，即通货膨胀；而当 CPI>5% 的增幅时，称为 series inflation，即严重的通货膨胀。

5. PPI（producer price index）

PPI 即生产者价格指数或工业品出厂价格指数，是衡量工业企业产品出厂价格变动趋势和变动程度的指数,是反映某一时期生产领域价格变动情况的重要经济指标,也是制定有关经济政策和进行国民经济核算的重要依据。目前,我国PPI的调查产品有4 000多种(含规格品9 500多种),覆盖全部39个工业大类,涉及调查种类186个。根据价格传导规律,PPI对CPI有一定的影响,PPI反映生产环节的价格水平,CPI反映消费环节的价格水平。整体价格水平的波动一般首先出现在生产领域,然后通过产业链向下游产业扩散,最后波及消费品。产业链可以分为两条:一条是以工业品为原材料的生产,存在原材料→生产资料→生活资料的传导;另一条是以农产品为原料的生产,存在农业生产资料→农产品→食品的传导。

6. ISM(institute of supply management manufacturing index)

ISM即制造业指数,它是由美国供应管理协会公布的重要数据。ISM是首份以制造业为焦点的月度经济报告,分为制造业指数和非制造业指数两项,能够反映美国经济繁荣度及美元走势。ISM是通过调查执行者对未来生产、新订单、库存、就业和交货的预期来评估美国的经济状态。尽管制造业只占GDP中很小的一部分,但是其波动对GDP的变化具有重要的影响。因此,制造业的发展通常先于整体经济,令ISM成为经济反转的领先指标。经过一段时期的衰退后,对制造业产品需求的增加,即ISM数据的上涨,很可能暗示经济将转向上行。反之,在经济扩张时期,制造业订单减少和生产放缓,则暗示经济将减速。

7. 耐用品订单(durable goods orders)

耐用品订单,代表未来1个月内对不易耗损物品的订购数量,该数据反映了制造业的活动情况。就定义而言,订单泛指有意购买而预期马上交运或在未来交运的商品交易。耐用品订单是制造业出货、存货及新订单报告中相当重要的一项,被视为制造业景气的领先指针。

获取经济形势数据的主要渠道包括世界贸易组织官网数据库、世界银行官网数据库、联合国贸易和发展会议官网数据库发布的"全球投资趋势监测报告"、美国供应管理协会(ISM[①])和国际采购与供应管理联盟(IFPSM[②])发布的"全球制造业采购经理指数(PMI)月度报告"、国际货币基金组织发布的"世界经济展望"等。

(二)实施过程

空运部经理再次与市场部合作进行宏观经济调研。

首先,空运部经理和市场部经理确认需要调研的宏观经济指标。因为公司空运的主要货物品种为贸易货物,大多数是为制造业企业提供的中间品和零件,而美国又是全球经济贸易的主要市场,因此全球制造业采购经理指数(PMI)、美国制造业指数

---

① ISM: the institute for supply management。

② IFPSM: international federation of purchasing and supply management。

（ISM）、美国耐用品订单月率指数、美国消费者物价指数等指标是比 GDP、CPI、PPI 更能反映未来航空物流行业市场需求的经济指标，尤其是制造业 PMI 指数更是宏观经济的先行指标。

其次，市场部通过常用的一些数据收集网站查找相关的宏观经济指标数据，一般 GDP、CPI 等国家公布的数据可以通过中国国家统计局官网查询，PMI 等数据可以直接到国外公布数据的官网查询，也可以通过国内一些行业数据网站查询，如中国金融信息网、中国物流信息中心等。根据空运部的数据定向要求，市场部重点整理了美国 PMI 近两年数据的变化（见图 1-2），以及全球主要国家近两期 PMI 数据的对比（见表 1-2）。

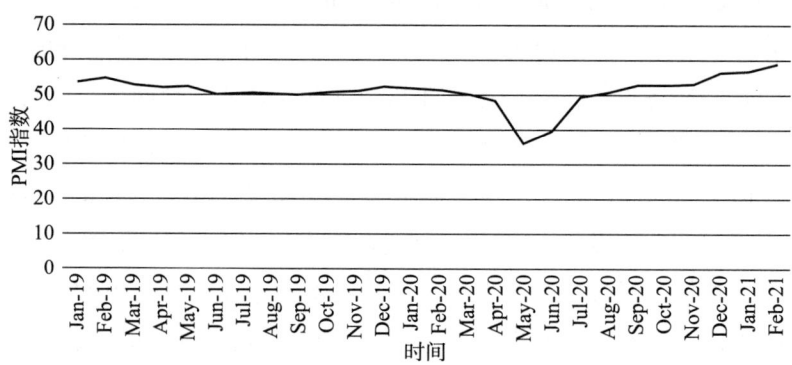

图 1-2　美国制造业月度 PMI 指数

表 1-2　　　　　　　　全球主要国家和地区近期 PMI 数据对比表

国家	近期数据	前次数据	国家	近期数据	前次数据
法国	59.3	56.1	美国	59.1	58.6
德国	66.6	60.7	加拿大	58.5	54.8
意大利	59.8	56.9	巴西	52.8	58.4
荷兰	64.7	59.6	墨西哥	45.6	44.2
西班牙	56.9	52.9	日本	53.3	52.7
瑞典	66.3	61.3	韩国	55.3	55.3
英国	58.9	55.1	新加坡	50.8	50.5
俄罗斯	51.1	51.5	越南	53.6	51.6
澳大利亚	59.9	58.8	马来西亚	49.9	47.7
新西兰	63.6	54.2	印度	55.4	57.5

市场部和空运部经过对宏观经济形势数据的分析后，作出大体预测：全球制造业，特别是欧美制造业经济有明显扩张趋势，考虑到 2020 年因为疫情导致制造业企业的中

培训任务一 | 订单获取

间产品和零配件库存严重不足，在 2021 年会有持续的采购高潮，因此航空货运的需求可能会持续上升。

根据前面完成的客户需求调研、航空物流市场数据调研，结合宏观调研的数据，空运部整理并完成了整个市场调研的分析报告。

国际航空货运市场调研分析报告

因为 2020 年新型冠状病毒感染疫情的特殊影响，为了更加准确地制订公司 2021 年的业务发展计划，推出公司 2021 年的业务产品，公司特地安排并进行了国际航空货运市场调研，在调研和数据分析的基础上完成了本调研分析报告。

一、调研目标：了解国际航空货运 2021 年市场主要需求、主要增长点在哪些航线。

二、调研部门：空运部、市场部。

三、调研方法：问卷调查、客户走访、业务数据分析、行业数据分析、宏观经济数据分析等。

四、调研信息来源：公司客户、公司同行、航空公司、克莱夫数据公司、IATA 官网数据、CATA 官网数据、中国金融信息网、中国物流信息中心网等。

五、调研问卷设计思路：准确了解客户对航空货运服务的需求量、区域、航线。

六、调研过程及数据分析：客户需求调研、行业市场调研、宏观经济调研分别见第一部分、第二部分、第三部分调研结果。

七、调研结论及建议：

1. 客户的国际航空货运需求在稳定恢复中，为了继续为合作客户提供更优质的服务，建议增加优势航线的航空货运量；

2. 国际航空货运的整体需求在大幅度增加，因为国际航空客运的限制，国际航空货运的运力不能快速增加，因此国际航空的运费预计还将稳定并小幅上涨，其利润率还将维持较高水平，建议增加优势航线资源；

3. 宏观经济指标显示欧美区域制造业需求反弹强劲，建议减少公司其他区域航线的航空货运量，增加欧美航线的航空货运量。

知识考核

一、单选题

1. （　　）指数被称为经济的"荣枯线"。

A. PPI　　　　B. CPI　　　　C. ISM　　　　D. PMI

2. 常用数据处理分析软件不包括（　　）。

A. Excel　　　B. PPT　　　　C. PHYSON　　D. SPSS

二、多选题

1. 客户需求调研的方法有（　　）。

A. 问卷调查法 B. 访谈法
C. 实地考察法 D. 报表分析法
E. 观察法

2. 衡量经济形势的重要指标有（　　）。
A. GDP B. PMI
C. CPI D. 人口出生率
E. 高技术产品进口额

3. 航空货运信息主要查询渠道有（　　）。
A. IATA 官网 B. CATA 官网
C. 亚太航空协会官网 D. 在线货运市场官网
E. 克莱夫数据公司

三、判断题

1. 市场调研是运用一般的方法，有目的、有计划地收集、整理、分析有关供求、资源的各种情报、信息。（　　）

2. 市场调研报告通常包括：调研问题、调研目标、调研方法、调研对象、调研步骤、调研数据、调研结论和建议。（　　）

技能训练

1. ××国际货运代理有限公司根据业务发展需求，计划在郑州机场设立分公司，开拓当地的国际航空货运业务。公司拟委派集团空运部经理 Chloe 到郑州分公司负责，现在请以 Chloe 的身份制订针对郑州国际航空货运业务发展的市场调研计划。

2. ××国际货运代理有限公司与中国货运航空有限公司（以下简称"中货航"）长期保持密切合作关系，因此在中货航执飞的航线上可以获得非常具有竞争力的运价和运力支持，Chloe 要结合中货航的航线资源进行客户需求和郑州市场需求的调研，进而确定与中货航合作的航线。Chloe 安排 Danny 负责客户需求调研，现在请以 Danny 的身份设计一份客户需求调查问卷。

分析评价

层级	项目名称	单项得分	总分	评分项目类型： 1. 职业技能与规范 2. 专业沟通与表达 3. 工作组织与管理
1	**制定市场调研方案**		30	
2	确定市场调研的问题和目标	10		3
2	选择适宜的市场调研方法和渠道	10		3
2	制定市场调研的实施步骤	10		3
1	**完成客户需求调研**		20	
2	设计客户需求调查问卷	10		1
2	整理调查问卷数据	10		1
1	**完成客户访谈调研**		20	
2	设计访谈问题，有序组织访谈	10		2
2	整理访谈数据信息	10		1
1	**完成行业和宏观经济调研**		20	
2	确定行业调研数据及来源，并完成数据收集分析	10		1
2	确定宏观调研指标及来源，并完成数据收集分析	10		1
1	**讨论与表达**		10	
2	课堂交流沟通中语言表达清晰	6		2
2	分析结果（以文档形式提交）未出现格式、错别字等问题	4		1

参考答案

一、单选题

1. D 2. B

二、多选题

1. ABDE 2. ABC 3. ABCDE

三、判断题

1. 错误 2. 正确

学习单元 2

产品制作与定价

任务目标

1. 能根据公司业务发展需求确定适宜的航空公司及合作方式,并签订合同。
2. 能根据航空公司运价表制作公司基础运价单。
3. 能根据与航空公司的合同制作差异运价单。
4. 能根据基础运价单和差异运价单完成公司航空货运产品表。

聚焦情境

××国际货运有限公司根据前期通过客户需求、行业整体市场调研得到的市场分析报告,决定在新的一年实行稳中求进的业务发展战略,在保持2020年与航空公司既有合作协议的基础上,预计增加一至两条航线的包航空集装器运输或者包舱运输业务,主要集中在客户需求明确增加、整体经济形势明显上升的美国。

任务发布

××国际货运有限公司负责人要求空运部经理参照前期的市场分析报告,尽快确定需要增加的航空货运量与航线,然后与各航空公司进行商务会谈,对比其在确定航线的包航空集装器、包舱运输业务上的价格及服务条件等商务细节，并会同采购部、法律部完成包航空集装器或包舱运输合同。

在与航空公司签订完成新一年的航空货运协议后，由空运部负责定价的商务经理 Carl 协同销售部、采购部和操作部完成公司航空货运服务产品的基础定价表、差异定价表，并制作完成公司的航空货运产品目录单。

任务分析

任务分析鱼骨图如图 1-3 所示。

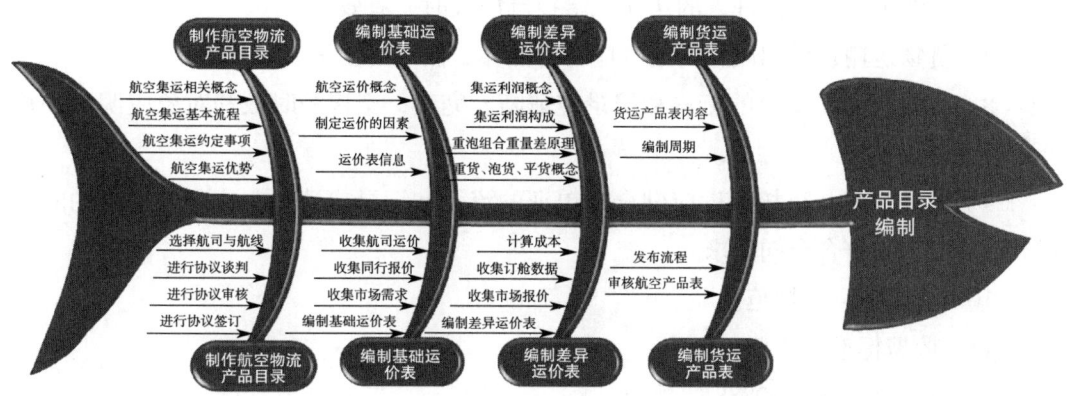

图 1-3　任务分析鱼骨图

任务实施

一、制作航空物流产品目录

（一）任务资讯

1. 包航空集装器运输概念

包航空集装器运输（transportation of aircraft unit load device chartered）是指托运人根据所托运的货物，按照与承运人约定的条件，包用指定航线或航班上的部分或全部集装器（集装箱、集装板），从事航空货物运输或开展货运代理业务，简称包箱运输或包板运输，是大中型航空物流公司与航空公司的合作中常见的包运方式，其他两种包运方式为包舱运输和包机运输。

2. 包舱运输概念

包舱运输（blocked space transportation）是指托运人根据所托运的货物，按照与承运人约定的条件，包用飞机舱位进行的运输。

3. 包舱和包航空集装器运输对服务提供商（航空公司）的基本要求

（1）应具备契约航空承运人的资格和开展相应业务的能力，并应对所承担的法律责任投保责任险。

（2）合同的订立和变更应当遵循平等自愿、协商一致的原则，不违反法律、行政法规的规定，各方的权利与义务应予以明确。

（3）运输线路、运输时效、集装器的数量和类型、货物积载等应满足客户的要求。

（4）包航空集装器（如集装箱、集装板）的计划、方式、时间和周期应满足客户的货运要求。

（5）服务供应商的选择、评估、管理应全面、客观和科学。

（6）契约承运人、代理人的法律风险控制应及时、有效。

（7）货物运输责任和风险的划分应符合法律、法规的要求。

（8）货物收受与交付的流程和记录应清晰、完整，交接的时效和对象应明确并符合合同要求。

（9）单证签发与审核制度应健全，单证的流转和记录应清晰、完整，交接的时效和对象应明确并符合合同要求。

（10）费用项目应规范。

（11）收费标准应明确。

（12）应符合 GB/T 30838 的规定。

4. 航空货运代理开展包舱和包航空集装器业务前的流程

（1）进行航空货运市场调研。

（2）从组织和掌控货源的能力评估公司客户的资源和核心竞争力。

（3）评估航空公司包航空集装器集运的能力和可能性：包航空集装器运输的优势；包航空集装器运输的成本；在陆路与航空运输之间的衔接作业能力；货物进、出境通关期间的存储和相关配合作业能力；风险防范能力。

（4）运力组织能力的评估：服务提供商（航空公司）承接业务的能力；服务提供商（航空公司）稳定运营的能力；可选择的竞争路线、机型、中转港及目的港条件、运输时间等因素。

5. 包舱、包航空集装器运输选择服务提供商、制定最佳方案时应考虑的因素

（1）运输路线、机型、中转港及目的港。

（2）包航空集装器（集装箱、集装板）的计划、方式、时间和周期。

（3）包舱的最大可用吨位和体积。

（4）集装器（集装箱、集装板）的数量和类型。

（5）保证金和结算周期。

（6）包航空集装器（集装箱、集装板）的价格。

（7）货物的接收、集运、仓储和交付。

（8）单证的缮制、签署和交接。

（9）集装器（集装箱、集装板）的预配载方案和组装。

（10）进、出口报关安排等。

6. 包航空集装器（集装箱、集装板）运输与服务提供商（航空公司）须明确约定并体现在合同中的事项

（1）承运人和托运人的责任和义务，除不可抗力因素外，合同双方应当履行合同规定各自承担的责任和义务。

（2）对托运货物的规定（一般只能是普通货物，不能是冷链货物和危险品货物），托运人保证交运的货物没有夹带危险品、政府禁运品和限运品。

（3）集装器（集装箱、集装板）的使用限制及重量要求（单个集装器最大装载重量和装载体积）。

（4）包航空集装器（集装箱、集装板）数量。

（5）包航空集装器（集装箱、集装板）的承包运价，以及超出集装器载重和容积定额后的货物如何计价。

（6）保证金数额和结算周期，如果承运人和托运人均注册 CASS 账户，可以不必重复缴纳保证金。

（7）对指定一方在指定时间将货物送到指定机场的规定。

（8）办理报关、报检等手续的规定。

（9）对包用的航空集装器（集装箱、集装板）内的货物件数、包装状况承担责任的规定。

（10）对货物的实际重量、体积的规定。

（11）对由于托运人或受雇人的原因（如货物迟到、货物不符合安全要求等）而造成的延误应承担责任的规定。

（12）对因取消或变更计划而造成承运人损失的赔偿责任的规定。

（13）对每件货物上粘贴或拴挂货物识别标签，或以一个集装器（集装箱、集装板）作为一个运输单元的货物，在集装器（集装箱、集装板）上拴挂或粘贴识别标签的规定。

（14）对一票货物需包用两个或两个以上集装器（集装箱、集装板）运输，且根据合同有最低计费标准时，该票货物最低计费重量的规定。

（15）对所包用的航空集装器（集装箱、集装板）发生不够用的情况时的处置规定，一般对超出包用航空集装器（集装箱、集装板）的货物，承运人（航空公司）按

照散货计费。

（16）无论因何种原因一方不能如期履行合同时，对通知对方的规定。

7. 包舱运输与服务提供商（航空公司）约定并体现在合同中的事项

（1）对指定一方按指定时间将货物送达指定机场的规定。

（2）办理报关、检验、检疫等手续的规定。

（3）对包舱货物的实际重量和体积的规定。

（4）对航班在起飞前或到达后，由于包舱人或其受雇人的原因（如货物迟到、装机困难、货物不符合安全要求、卸货不及时等）造成飞机延误，应承担责任的规定。

（5）对在飞机起飞前取消、变更包舱计划，造成承运人损失，应承担赔偿责任的规定。

8. 包航空集装器（集装箱、集装板）运输的优势

（1）包航空集装器（集装箱、集装板）运输在较大程度上确保了舱位资源。在包运方式下，物流企业可以从航空公司预先提取约定数量的集装器，这就等于已经向航空公司提前预订了这些集装器占用的舱位，也就无须再向航空公司专门订舱，只须在约定时间内向航空公司发出集装器实际使用情况预报。同时，支付箱板承保费的成本压力也在无形中转化为物流企业开发业务的动力。

（2）包航空集装器（集装箱，集装板）运输方式可以充分发挥物流企业的技术优势，通过提高集装箱、集装板集装的科学性、合理性，优化集运货物的重泡组合，使集装器利用率最大化，从而实现利润最大化。

（3）在包航空集装器（集装箱、集装板）运输方式下，物流企业在始发地与目的地之间以集装器为运输与操作的单元进行货物交接，流转独立、流程简化，有效地避免了不同总运单项下货物混乱交错的情况，运输的安全性和可靠性得到了充分保障。

（4）与向航空公司单独订舱相比，包航空集装器（集装箱、集装板）运输方式的航空运费成本在合同的期限内是相对固定的，这对于物流公司给长期合作的项目物流进行业务报价和利润核算是非常有利的。因为项目物流一般按年招标报价，价格在1年之内是固定不变的，如果物流公司的航空运费成本是跟随航空运费市场周期进行波动的，物流公司对于项目物流的投标报价就不能稳定控制利润，有可能导致项目物流最终亏损。

（二）实施过程

1. 确定航线和航空货运量

公司空运部首先认真分析了前面的市场调研报告，确定了公司新一年增加业务量的方向为北美航线。其基于以下因素考虑。

（1）北美航线一直是公司优势资源，在市场上已经具备一定的口碑和影响力。

（2）根据美国的制造业采购经理指数（PMI）、制造业指数（ISM）以及耐用品订单月利率等指标，美国制造业处于明显的上行阶段；受2020年疫情的影响，美国制造业的库存率大幅降低，为了应对不稳定的供应链状态，急需提高制造业整体库存率，因此预计美国的空运货运需求将继续大幅度上升。

（3）公司现有客户已经确定拿到了美国采购方稳定的采购订单，而这个稳定的供应货物量可以作为公司新增北美航线业务的基础货量。

这之后确定了预期增加的航空货运量，参考指标如下。

（1）2018年、2019年和2020年美国航空普通货物的航空货运量，不包含医疗物资航空货运量。

（2）2021年公司签约客户在美国增加的新订单运量。

（3）市场分析报告中根据宏观指标，美国航空货运量预期上涨的幅度。

其计算公式为：预期增加的航空货运量＝客户新增订单单批次运量×每周批次数×52＋三年平均运量×预计增长系数。

2. 选定航空公司并进行合同谈判

随后，空运部开始集中拜访航空公司，向航空公司的销售进行询价，了解北京、郑州、上海等机场现有北美航线的航班、机型、包舱和包集装器的报价、交货时间、交货条件、集装器的使用重量和体积限制、保证金、付款周期、航线是否直达、航空公司运营是否稳定等信息。

在报价最低、服务稳定、合作时间长三个基本条件下，空运部选定了与中国国际航空公司（以下简称国航）和全日空航空公司（以下简称全日空）进行包航空集装器和包舱合同细节谈判。

合同的谈判流程包括以下环节。

（1）确定是包航空集装器运输还是包舱运输

评估因素：单架航班包航空集装器和包舱分别可以达到的最高运量和最高成本；单架航班不能完成规定运量的预计最高损失；打板自由操作程度等。

（2）确定航班

评估因素：航班每周频次；航班的航程；航班是否直达；如果中转，中转机场的位置；航班的机型；航班的起降时间；航班的地面操作公司等。

（3）确定具体集装器的型号

评估因素：集装器标准最大可装载毛重和体积；单个集装器的成本；集装器拼装操作难易程度。

（4）确定集装器的可装载容量

相同集装器型号，不同航空公司、不同机型、货舱不同装载位置给予的最大可装载毛重和体积是不相同的。因此，在包用航空集装器成本不变的情况下，应向航空公司争取货舱更好的装载位置、尽可能大的装载毛重和装载体积。

（5）确定包航空集装器或者包舱的包用数量

以集装板为例，包板数量＝预计总运量÷（集装板平均装载计费重量×每周航班数）。

（6）确定保证金或者担保形式

一定要明确是单独提供担保、缴纳保证金，还是使用 CASS 统一担保。

（7）确定付款方式和付款周期

是否使用 CASS 结算和付款。

（8）确定交货时间和交货方式

（9）确定违约责任和赔偿等条款

空运部预计公司新的一年将开拓增加北美货运量 4 000 t，经过与国航和全日空销售的谈判，最终确定与国航（CA）签订从北京（PEK）直飞洛杉矶（LAX）的每天一班航班上三个 P6P 窄探集装板[①] 的包板运输合同；与全日空（NH）签订北京（PEK）直飞纽约（JFK）每周周一、周三、周五航班上两个 P6P 窄探集装板的包板运输合同。

经过争取，两个航空公司都同意单个 P6P 窄探集装板的报价为 7 万元人民币，按照航空公司要求，集装板装载量重量不能超过 4.5 t，窄探每侧最多 20 cm，起探高度为 30 cm，装载高度不能超过 1.6 m，最大装载体积为 14 m^3。

通过纽约和洛杉矶两个机场，可以以卡车航班的方式满足美国东、西部所有空运货物的需求。

空运部经理 Robert 提请公司法务部审核与国航和全日空的包航空集装板运输合同（即航空销售代理协议）的条款，然后正式签约。

按照航空公司签订航空销售代理协议的规定，公司还须向航空公司提交由中国航空运输协会颁发的"航空运输销售代理业务资质认可证书"（见图 1-4）以及担保书和保证金，因为公司是非 IATA 货运代理人，以 CASS Associate 加入 CASS 结算方式，国航（CA）和全日空（NH）是 CASS CHINA 航空公司名单上的航空公司，因此无须再次提交保证金或者担保账户，只需提供 CASS 的 11 位代码即可（CASS 的 11 位代码会显示在航空货运单上，如图 1-5 所示）。

Robert 将签字盖章的包航空集装板运输合同与公司的航空一级货运代理资质证书电子版、CASS 的 11 位代码一起通过电子邮件发送航空公司销售人员，经航空公司内

---

① 窄探指装载货物的尺寸可以超出集装板的宽度，每侧最多可以超出 20 cm，但是不能超过集装板的长度，适用于装载在飞机货舱的两侧；P6P 指集装板的型号［集装器型号及规格的详细参数请参考《航空物流（初级）》］。

部审核、备案后正式完成了合同的签订。

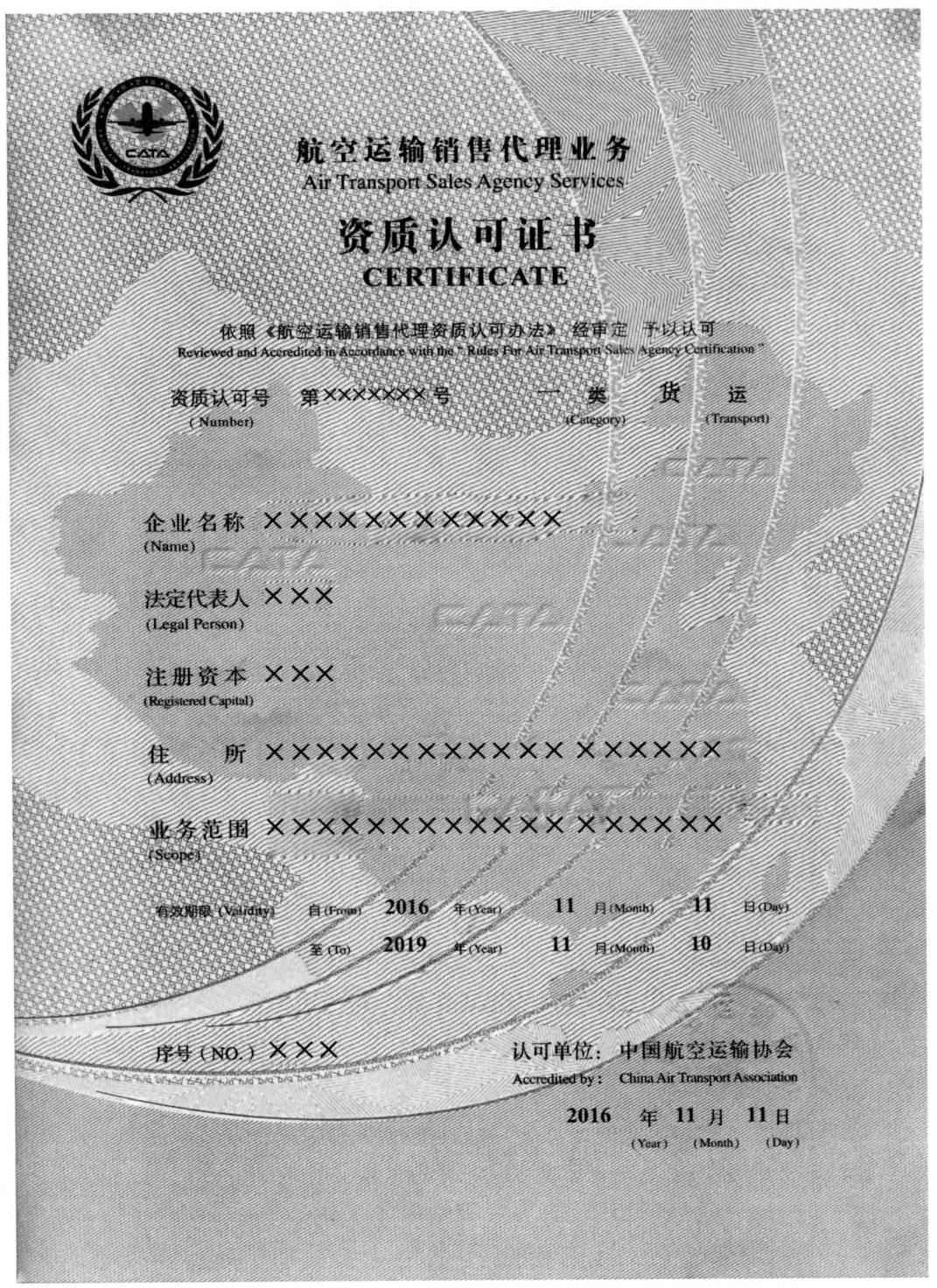

图1-4 航空运输销售代理业务资质认可证书

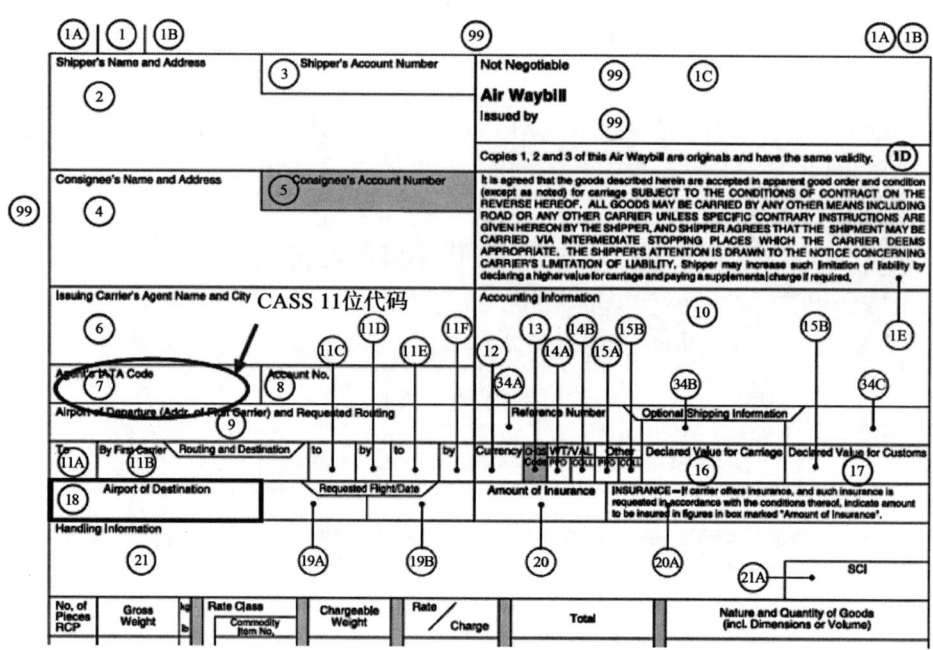

图 1-5　显示 CASS 11 位代码的航空运单

小知识

CASS 是 cargo account settlement system 的缩写，是 IATA 为航空货运代理公司和航空公司结算提供的货运结算系统，所涉及的结算对象为航空公司与货运代理人之间的货运销售收入。结算的流程为：航空公司提交结算数据，货运代理人核对结算数据；航空公司电子化开账，CASS 直接在货运代理人开立的 CASS 账户上划转运费到航空公司在 CASS 开立的账户。

1. CASS 结算系统为航空货运代理人带来的益处

（1）结算简化和成本节约

一张账单解决一个周期所有合作航空公司的全部运费，节省向多家航空公司交纳保证金的成本，简化了向多家航空公司提交资质审核的流程。

（2）规范统一

有统一的账单和账期。

（3）即时化

可以通过 CASSIN 系统实时看到航空公司的账单和更新信息。

（4）电子化

电子化账单和数据便于流转与核对。

（5）全球唯一代码

CASS 代码是航空公司公认的全球唯一代码，为各航空公司系统所接收和采纳。

（6）公正

CASS 系统作为中立方解决航空公司与货运代理企业之间的争议。

（7）销售统计数据

CASS 的数据便于代理了解市场信息。

非 CASS 和 CASS 的结算关系如图 1-6 和图 1-7 所示。

2. 航空货运代理人加入 CASS 结算的方式

（1）IATA 货运认可代理人

在开展 CASS 的国家必须参加 CASS 结算（根据 IATA 851 决议）；只需开立 CASS 结算账户，即可自动加入 CASS 运作（根据 IATA 801r 决议）；由 IATA 代理人资格审查办公室进行日常资格管理（根据 IATA 807 决议）。

（2）非 IATA 货运代理人

以 CASS Associate 方式加入（根据 IATA 851 决议），由 IATA CASS 办公室进行日常管理。

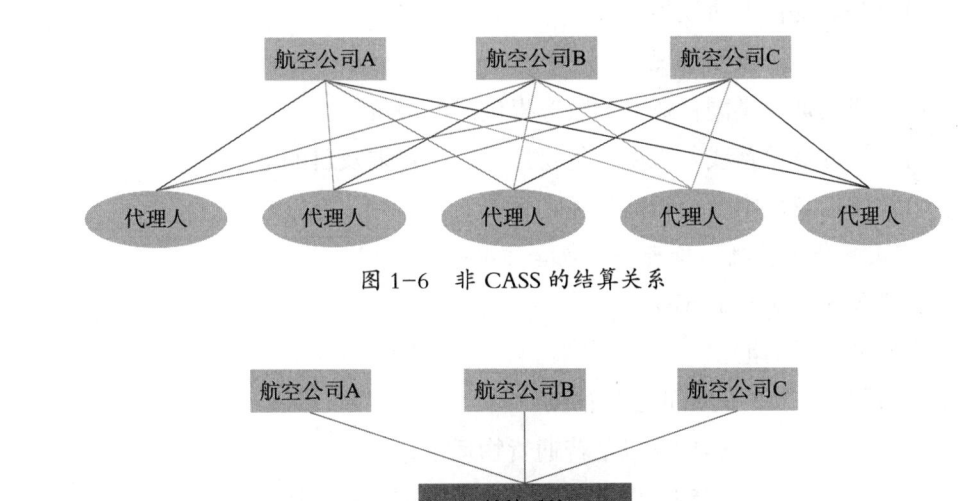

图 1-6 非 CASS 的结算关系

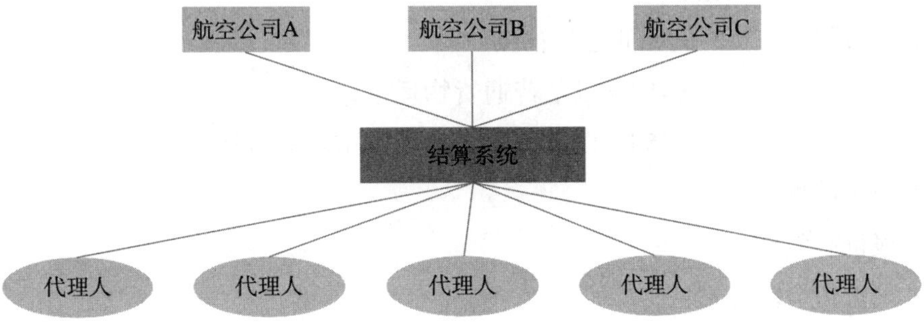

图 1-7 CASS 的结算关系

二、编制公司的基础航空运价表

（一）任务资讯

1. 国际航空物流运价概念

国际航空物流运价（rate），指承运人对每一重量单位货物（kg 或 lb）自一国始发地机场至另一国目的地机场所收取的航空运输费用。

国际航空物流运价一般以始发国本国货币计价，也有一些国家以美元计价。

国际航空物流运价是在有效期内适用的运价，必须规定有效期。

运价和运费体系是国际航空货运业务的核心部分，是航空企业和国际航空物流企业实现营业收入的根本保证。运价和运量是决定运费的主要变量，为了在全球范围内有效协调和统一运价体系、形成一致的运价规则，IATA 制定了 TACT，包括 TACT RULES、TACT RATES–NORTH AMERICA、TACT RATES–WORLDWIDE。其中，TACT RULES 每两年公布一期，TACT RATES 每两个月出版一期，形成了一套严谨的国际航空运费运价体系［详细内容参考本套教材中的《航空物流（初级）》］。

2. 制定国际航空物流基础运价的综合考虑因素

（1）航空公司的公开报价。

（2）航空公司提供的协议报价。

（3）市场淡、旺季预期情况。

（4）同行或其他提供同种业务的服务提供商的报价。

（5）可选择的竞争路线、机型、货物性质、中转港及目的港条件、航程等。

（6）公司的经营成本及公司的目标利润率。

3. 航空国际物流基础运价表一般包含的要素

（1）航空公司名称和 LOGO。

（2）出发港和目的港。

（3）运价代号：M——最低运价；

　　　　　　　　N——45 kg 以下普通货物运价；

　　　　　　　　Q——45 kg 以上普通货物计费重量等级运价。

（4）报价币种。

（5）报价有效期。

（6）是否包含附加费。

（7）其他费用。

（8）报价不适用的货物。

（二）实施过程

空运部商务经理 Carl 每周五开始编制公司的航空运价表。首先，她向公司签约代理航空货运业务的航空公司发邮件，询问下周航空公司提供的协议航空运价表，协议航空运价表上的运价是航空公司公开运价表的折扣价，是与航空公司有代理协议的国际航空货运代理公司向航空公司直接订舱的散货的结算运价。

随后，Carl 召集销售部和市场部的同事们开会。一个航空公司的航线是分布全球的，这个阶段她要收集市场部同事已经了解到的同行航空物流公司下周的散货航空运费报价，再汇总销售部人员已经拿到的订舱委托书和给出的航空运费报价，最后汇总销售人员这一周拿到的询价单信息。

然后，Carl 开始编制基础航空运价的报价表，按照四个步骤操作：第一步，按照公司制定的航空货运业务毛利率平均不低于 10% 的要求，在航空公司给出的航空运价单的单价上加乘 10%，编制完成一张航空运价单；第二步，根据已获知的同行报价信息，调整对应航线的报价，力争在不低于成本的基础上，做出不高于同行同样航线同等航空货运服务的报价；第三步，基于销售人员已经拿到的订舱委托书和了解到的预期会发运的货物信息，对于已经拿到订单的航线，原报价有效，但是报价表的报价提高；对于预期有订单但未得到的航线，在不低于成本的基础上可以下调报价；第四步，将销售反馈的航线目的港的特殊收费在报价单备注中予以标注。

最后，Carl 将基础报价表提交销售人员进行核对，核对完毕后提交空运部经理审核。

表 1-3 是 Carl 在 2 月 26 日上午拿到的土耳其航空公司的国际航空物流报价表，表 1-4 则是她编制的公司关于土耳其航空公司所有航线的航空运价表。

表 1-3　　2021 年 3 月 1 日—8 日土耳其航空公司的国际航空运价表

TURKISH AIRLINES　　　　TK PEK ADHOC RATES

起运港：北京首都国际机场

开始执行日期：2021 年 3 月 1 日起直到下一个报价单通知

此版价格所有等级均为 ALL IN 价格

单位：人民币（元）

destination	M	N	Q45	Q100	Q300	Q500	Q1000
IST	800	100	70	41	40	39	38
ISL	800	100	70	41	40	39	38
ADA	800	100	70	41	40	39	38
ESB	800	100	70	41	40	39	38
AYT	800	100	70	41	40	39	38
ADB	800	100	70	41	40	39	38

续表

destination	M	N	Q45	Q100	Q300	Q500	Q1000
ALG	800	100	71	42	41	40	39
FIH	800	100	75	48	47	45	44
ACC	800	100	72	43	42	40	39
NBO	800	100	72	43	42	40	39
TNR	800	100	87	60	59	57	56
MRU	800	100	87	60	59	57	56
CMN	800	100	66	39	38	36	35
KAN	800	100	71	42	41	40	39
LOS	800	100	71	42	41	40	39
DSS	800	100	75	48	47	45	44
CPT	800	100	79	52	51	50	49
JNB	800	100	75	48	47	45	44
KRT	800	100	73	45	44	42	41
TUN	800	100	66	39	38	36	35
EBB	800	100	72	43	42	40	39
EZE	800	100	84	57	56	55	54
GRU	800	100	84	57	56	55	54
YYZ	800	100	66	39	38	36	35
BOG	800	100	84	57	56	55	54
MEX	800	100	84	57	56	55	54
ATL	800	100	66	39	38	36	35
BOS	800	100	66	39	38	36	35
ORD	800	100	66	39	38	36	35
IAH	800	100	66	39	38	36	35
LAX	800	100	66	39	38	36	35
MIA	800	100	66	39	38	36	35
JFK	800	100	66	39	38	36	35
SFO	800	100	66	39	38	36	35
IAD	800	100	66	39	38	36	35
GYD	800	100	62	35	34	32	31
TSE	800	100	72	43	42	40	39

Above rates only good in use for general cargo, others please OTR.
DG cargo please add 5cny based on adhoc rate.
PIL（PHARMA under passive temp）And XPS cargo please multiply 1.5 times based on Rate break.

表1-4 ××公司2021年3月1日—8日土耳其航空公司航线基础航空运价表

TURKISH AIRLINES 起运港：北京首都国际机场		TK PEK ADHOC RATES					
开始执行日期：2021年3月1日起直到下一个报价单通知 此版价格所有等级均为ALL IN价格，不含操作费 单位：人民币（元） 目的港KBP自2020年11月13日开始加收10美元/票的税金 目的港MSQ每票有0.5元/kg税金、50元杂费							
destination	M	N	Q45	Q100	Q300	Q500	Q1000
IST	840	120	76	46	45	43	42
ISL	840	120	76	46	45	43	42
ADA	840	120	77	47	46	44	43
ESB	840	120	77	47	46	44	43
AYT	840	120	77	47	46	44	43
ADB	840	120	77	47	46	44	43
ALG	840	120	78	48	47	45	44
FIH	840	120	83	53	52	50	49
ACC	840	120	78	48	47	45	44
NBO	840	120	78	48	47	45	44
TNR	840	120	96	66	65	63	62
MRU	840	120	96	66	65	63	62
CMN	840	120	73	43	42	40	39
KAN	840	120	78	48	47	45	44
LOS	840	120	78	48	47	45	44
DSS	840	120	83	53	52	50	49
CPT	840	120	88	58	57	55	54
JNB	840	120	83	53	52	50	49
KRT	840	120	80	50	49	47	46
TUN	840	120	73	43	42	40	39
EBB	840	120	78	48	47	45	44
EZE	840	120	93	63	62	60	59
GRU	840	120	93	63	62	60	59
YYZ	840	120	73	43	42	40	39
BOG	840	120	93	63	62	60	59

续表

destination	M	N	Q45	Q100	Q300	Q500	Q1000
MEX	840	120	93	63	62	60	59
ATL	840	120	73	43	42	40	39
BOS	840	120	73	43	42	40	39
ORD	840	120	73	43	42	40	39
IAH	840	120	73	43	42	40	39
LAX	840	120	73	43	42	40	39
MIA	840	120	73	43	42	40	39
JFK	840	120	73	43	42	40	39
SFO	840	120	73	43	42	40	39
IAD	840	120	73	43	42	40	39
GYD	840	120	68	38	37	35	34
TSE	840	120	78	50	49	47	46

Above rates only good in use for general cargo, others please OTR.
DG cargo please add 5cny based on adhoc rate.
PIL（PHARMA under passive temp）And XPS cargo please multiply 1.5 times based on Rate break.

三、编制差异运价表

（一）任务资讯

1. 集运方式下的航空物流企业利润概念

在包机、包舱、包航空集装器进行的航空货运中，国际航空物流企业集拼多批货物，统一向航空公司办理集运，统一支付航空运费（成本），向托运人收取的运费收入，与支付航空公司的运费成本之间的差额，就是航空物流企业的毛利润。将集运收入最大化、集运成本最小化，则可以实现集运利润最大化。

2. 集运方式下的航空物流企业利润构成

（1）规模效益的利润

第一层规模利润来自航空公司基于对航空物流企业集运货量规模的预期而提供的运价折扣，运价折扣是实际运价与市场运价之间的差额，构成了航空物流企业的规模利润；第二层规模利润来自航空物流公司相对托运人的报价采用的更低计费重量等级的运费报价，而集运后的计费重量则适用更高计费重量等级的运费报价。

（2）重泡组合利润

重泡组合利润是由重泡组合的重量差而产生的额外收入。总计费重量对集运成本的核算具有决定性影响，集运的收入来自所有托运人单独计算的计费重量之和，而往往所有货物作为一批货物计算计费重量,与单件货物计算计费重量之后求和的结果之间是存在一个计费重量差的,这个重量差就成为航空物流企业的集运利润来源。

(3)临界点利润(EP 利润)

临界点利润是在特殊情况下航空物流企业还可以赚取的第三层利润,即应用计费重量的重量等级报价的分界点获取的利润,当货物的总计费重量接近重量等级报价的高位段重量时,就可以按高位段重量计价,从而产生额外利润。

3. 重泡组合的重量差原理

重泡组合对航空物流企业的集运利润贡献最大,通过重货和泡货的巧妙组合可压缩总计费重量。

GW(gross weight):毛重。它是指包括货物本身的重量以及包装材料等所有附加物的重量总和。

CW(chargeable weight):计费重量。计费重量是用来计算运费的重量标准。

VW(volume weight):体积重量。它是通过货物的体积来换算得到的重量。

在航空集运中,首先需要分别计算出 GW 和 VW。然后,根据两者的大小确定 CW。即 CW=max(GW,VW)。在集运收入 CW 与集运成本 CW 之间会产生可观的重量差。下面举例说明重泡组合的计算方式。

航空物流企业收到两批货物,第一批货物 GW=250 kg,VW=60 kg,CW=250 kg;第二批货物 GW=100 kg,VW=334 kg,CW=334 kg。

航空物流企业的收入为:CW=250+334=584 kg。

航空物流企业的成本为:GW=250+100=350 kg,VW=60+334=394 kg,CW=394 kg。

重泡组合形成的计费重量差为:584−394=190 kg。

4. 重货、泡货和平货的概念

在航空货物运输当中,为了平衡货物的实际重量和体积的关系,IATA 规定,将货物的体积按照一定比例折合而成的重量,称为体积重量。在航空货物运输中,体积重量的计算规则是:

体积重量(kg)= 货物体积(cbm)÷6 000(cbm/kg)

计费重量是用以计算货物运费的重量,既和货物的毛重有关,也和货物的体积重量有关,按照 IATA 的规则,以货物毛重与体积重量两者之中较高者为计费重量。

重货是指毛重大于体积重量的货物。

泡货是指体积重量大于毛重的货物,也称为轻货。

平货是指体积重量与毛重相同的货物。

(二)**实施过程**

航空物流企业采用包集装器运输方式的最大利润来源于重泡结合的重量差产生的

利润，因此在公司签订的包集装板运输合同下的货物运价报价单就不能采用基本运价表的报价方式，而是要根据集装板的可装载毛重和可装载体积设计利润最大化的体积毛重比，因此对不同体积重量比（也称为不同密度）的货物和不同包装形状的货物会采用不同等级的差异报价，以保证公司揽到最佳组合的货物。

在包板航空货运条件下的差异报价是指对不同体积重量比、不同包装形状货物的差异等级报价，但不包括对冷链生鲜、危险品等非普通货物的差异报价。差异运价表是根据包板订舱的实时状态进行调整的，因此一般为每日更新。

编制差异运价表的基本准则如下。

1. 编制差异运价表基本准则一

集装器剩余可装载的毛重和体积分别对应的计费重量中较大者，运价较低，即如果毛重对应的计费重量大，则重货运价低；如果体积对应的计费重量大，则泡货运价低。

举例说明：P6P 集装板的毛重装载量最大为 4.5 t，体积最大为 14 m^3，如果装载 4.5 t 毛重的货物，计费重量为 4 500 kg；如果装载 14 m^3 的货物，计费重量为 2 338 kg（按照 1 m^3 货物的体积重量为 167 kg 计算），则 4 500>2 388，因此重货的运价应低于泡货的运价。

2. 编制差异运价表基本准则二

集装器剩余可装载毛重和体积比是运价上调和下调的分界线。

举例说明：P6P 集装板目前已配载 2 t、4 m^3 的货物，剩余空间可装载最大毛重 2.5 t、10 m^3 的货物，剩余空间的体积重量比（密度）为 250 kg/m^3，此时密度大于 250 kg/m^3 的货物运价下调，密度小于 250 kg/m^3 的货物运价上调。

3. 编制差异运价表基本准则三

不规则包装的货物（如桶装货物和托盘货物）运价上调。因不规则货物在拼装中不能紧密拼装，会浪费空间。

4. 编制差异运价表基本准则四

为了统一标准，以整数值作为差异等级的分界线。

Carl 参照公司与国航和全日空签订的包板协议，计算每个集装板的运营成本（包括集装板成本——包集装板合同中约定的价格、操作人员工资成本和公司的管理成本）如下。

运营成本 =70 000（集装板成本）+200（工资成本）+200（管理成本）=70 400

一方面，制作了与国航签订的 PEK-LAX 包板差异运价表。

目前该集装板还没有预计配载货物，所以，根据与国航的包板协议，其最大配载毛重是 4.5 t，最大配载体积是 14 m^3，按照上文的差异运费准则，密度大于 321 kg/m^3

的重货运价随密度增加而下调，密度小于 321 kg/m³ 的货物运价随密度降低而上调。可以配载不规则包装的货物，但是运价均高于所有等级的运价，密度大货物运价的上调幅度小于密度小的货物。

差异运价表的基准运价参照公司和市场同行公布的面向散货的基础报价，在基础报价表的基础上根据公司规定的毛利率进行一定幅度的下调，基础报价对应密度分界线等级的报价，密度高的运价下调，密度低的运价上调。Carl 编制完成该表后，又请航线销售人员按照客户的真实需求和市场潜在需求对其进行了微调整，最终编制完成了 CA PEK-LAX 包板报价表（见表 1-5）。

表 1-5　　　　　　　　　　CA PEK-LAX 包板报价表

执行日期：2021 年 3 月 1 日开始直到下一个报价单通知
始发站：北京首都国际机场

路线	密度①	Q100	Q300	Q500	Q1000	备注
PEK-LAX	1≤100	29	29	28	28	桶/托+2，只接普通货物
	1≤110	29	29	28	28	桶/托+2，只接普通货物
	110<1<200	29	29	28	28	桶/托+2，只接普通货物
	1≥200	27	27	26	26	桶/托+2，只接普通货物
	1≥250	25	25	24	24	桶/托+2，只接普通货物
	1≥300	22	21	20	20	桶/托+1，只接普通货物
	1≥400	21	20	19	19	桶/托+1，只接普通货物
	1≥500	20	19	18	18	桶/托+1，只接普通货物
	1≥800	18	18	17	17	桶/托+1，只接普通货物
	1≥1 000	17	17	16	16	桶/托+1，只接普通货物

备注：每日航班的报价包含操作费，不含航空附加费和垫板费。

另一方面，制作全日空 PEK-JFK 包板差异运价表。在包板合同前，公司已经和客户签订了 PEK-JFK 航线的航空货运协议，客户在每个集装板稳定地发运 3 t、6 m³ 的货物，且有单件货物体积达到 2 m³，属于大货，剩余最大配载的毛重是 1.5 t，最大配载体积是 8 m³，即 8×167=1 336<1 500，因此重货运价下调，密度分界点为 187.5 kg/m³（1 500÷8=187.5 kg/m³），密度大于 187.5 kg/m³ 的货物运价随密度增加而下调，密度小于 187.5 kg/m³ 的货物运价随密度降低而上调。因为集装板已经配载货物，不规则包装货物不适宜配载。Carl 仍以市场的基础报价表为基准，在预期收入不低于公司要求的毛利率基础上，将分界点上的高密度货物运价下调，分界点上的低密度货物运价上调。请销

---

① 在包板报价表中，此处密度为体积和毛重的比，例如"1≤100"，1 代表 1 m³，100 代表 100 kg。

售人员核对微调后，编制完成了 NH PEK-JFK 包板报价表（见表 1-6）。

表 1-6　　　　　　　　　　NH PEK-JFK 包板报价表

执行日期：2021 年 3 月 1 日开始直到下一个报价单通知
始发站：北京首都国际机场

路线	密度	Q100	Q300	Q500	Q1000	备注
PEK-JFK	1≤100	52	51	50	49	此价格仅适用于散件货物，不接托盘、桶装、液体和含锂电池货物
	1≤110	52	51	50	49	
	110<1<200	52	51	50	49	
	1≥200	45	44	43	42	
	1≥250	42	41	40	40	
	1≥300	40	39	38	37	
	1≥400	35	34	33	32	
	1≥500	30	29	28	27	
	1≥800	23	22	21	20	

备注：每周一的以上报价含散件操作费，不含航空附加费、垫板费。

四、编制公司航空货运产品表

航空货运产品表包括目录、航空货运基础运价表、航空货运包板航线表、航空货运包板差异运价表、航空货运中转卡车航班报价表、航空公司燃油附加费和安全附加费表、航空公司航班航线航程目录表、航空货物运输其他费用价格表等。

航空货运产品表的编制周期：一般按照该年度与航空公司签订的航空货运销售代理协议编制该年度的航空货运产品表，其中的基础运价表和包板差异运价表按照运价调整的周期进行更换，中装卡车航班报价表和地面操作费用报价表在成本发生变化时进行调整，航空公司的航班表和航空附加费表跟随航空公司的调整变化通知单独进行更新。

航空货运产品表发布的流程：①空运部商务经理在基础运价表和差异运价表的基础上，汇集其他信息编制完成；②空运部销售经理和操作经理审核是否有遗漏信息；③空运部经理审核签字；④发送销售人员和市场部；⑤销售人员进行定向推广；⑥市场部在公共平台进行推广。

编制审核完成的公司航空产品目录表，见表 1-7。

表 1-7　　　　××国际货运有限公司 2021 年 3 月航空产品表

开始执行日期：2021 年 3 月 1 日

终止执行日期：下一个报价单日期

土耳其航空公司航线基础航空运价表

TURKISH AIRLINES	TK PEK ADHOC RATES					
起运港：北京首都国际机场						
此版价格所有等级均为 ALL IN 价格，不含操作费						
单位：人民币（元）						
目的港 KBP 自 2020 年 11 月 13 日开始加收 10 美元/票的税金						
目的港 MSQ 每票有 0.5 元/kg 税金、50 元杂费						
destination	M	N	Q45	Q100	Q300	Q500	Q1000
IST	840	120	76	46	45	43	42
ISL	840	120	76	46	45	43	42
ADA	840	120	77	47	46	44	43
ESB	840	120	77	47	46	44	43
AYT	840	120	77	47	46	44	43
ADB	840	120	77	47	46	44	43
ALG	840	120	78	48	47	45	44
FIH	840	120	83	53	52	50	49
ACC	840	120	78	48	47	45	44
NBO	840	120	78	48	47	45	44
TNR	840	120	96	66	65	63	62
MRU	840	120	96	66	65	63	62
CMN	840	120	73	43	42	40	39
KAN	840	120	78	48	47	45	44
LOS	840	120	78	48	47	45	44
DSS	840	120	83	53	52	50	49
CPT	840	120	88	58	57	55	54
JNB	840	120	83	53	52	50	49
KRT	840	120	80	50	49	47	46
TUN	840	120	73	43	42	40	39
EBB	840	120	78	48	47	45	44
EZE	840	120	93	63	62	60	59
GRU	840	120	93	63	62	60	59

续表

destination	M	N	Q45	Q100	Q300	Q500	Q1000
YYZ	840	120	73	43	42	40	39
BOG	840	120	93	63	62	60	59
MEX	840	120	93	63	62	60	59
ATL	840	120	73	43	42	40	39
BOS	840	120	73	43	42	40	39
ORD	840	120	73	43	42	40	39
IAH	840	120	73	43	42	40	39
LAX	840	120	73	43	42	40	39
MIA	840	120	73	43	42	40	39
JFK	840	120	73	43	42	40	39
SFO	840	120	73	43	42	40	39
IAD	840	120	73	43	42	40	39
GYD	840	120	68	38	37	35	34
TSE	840	120	78	50	49	47	46

Above rates only good in use for general cargo, others please OTR.
DG cargo please add 5cny based on adhoc rate.
PIL（PHARMA under passive temp）And XPS cargo please multiply 1.5 times based on Rate break.

CA PEK-LAX 包板报价表

始发站：北京首都国际机场

路线	密度	Q100	Q300	Q500	Q1000	备注
PEK-LAX	1≤100	29	29	28	28	桶／托+2，只接普通货物
	1≤110	29	29	28	28	桶／托+2，只接普通货物
	110<1<200	29	29	28	28	桶／托+2，只接普通货物
	1≥200	27	27	26	26	桶／托+2，只接普通货物
	1≥250	25	25	24	24	桶／托+2，只接普通货物
	1≥300	23	23	22	22	桶／托+1，只接普通货物
	1≥400	21	21	20	20	桶／托+1，只接普通货物
	1≥500	20	20	19	19	桶／托+1，只接普通货物
	1≥800	18	18	17	17	桶／托+1，只接普通货物
	1≥1 000	17	17	16	16	桶／托+1，只接普通货物

备注：每日航班的报价包含操作费，不含航空附加费和垫板费。

NH PEK-JFK 包板报价表

始发站：北京首都国际机场

路线	密度	Q100	Q300	Q500	Q1000	备注
PEK-JFK	1≤100	52	51	50	49	此价格仅适用于散件货物，不接托盘、桶装、液体和含锂电池货物
	1≤110	52	51	50	49	
	110<1<200	52	51	50	49	
	1≥200	51	50	49	48	
	1≥250	45	44	43	42	
	1≥300	40	39	38	37	
	1≥400	35	34	33	32	
	1≥500	30	29	28	27	
	1≥800	23	22	21	20	

备注：每周一的以上报价含散件操作费，不含航空附加费、垫板费。

美线一程包板工程卡车航班中转报价表

目的港	最低收费	单千克卡航收费	中转港	目的港	最低收费	单千克卡航收费	中转港
AUS	375	5.5	LAX	LRD	370	6.5	LAX
SJO	730	15.5	LAX	EZE	730	29.5	LAX
VCP	740	26.5	LAX	BOI	375	5.5	LAX
MCI	375	6.0	LAX	DEN	375	3.0	LAX
MSP	392	5.5	LAX	ELP	375	3.5	LAX
ORD	375	4.0	LAX	DFW	375	3.0	LAX
PDX	420	3.5	LAX	IAH	375	3.5	LAX
PHX	350	2.0	LAX	ICT	420	7.0	LAX
RNO	445	4.5	LAX	LAS	375	2.0	LAX
SAN	375	2.5	LAX	SLC	375	2.5	LAX
SEA	340	4.0	LAX	TUS	350	3.0	LAX
SFO	340	1.5	LAX	YVR	725	5.5	LAX
ABQ	370	5.0	LAX	ATL	370	5.0	LAX
BNA	430	6.0	LAX	CLT	410	6.5	LAX
MCO	720	6.5	LAX	MEM	370	6.0	LAX
MFE	370	5.5	LAX	MIA	665	6.0	LAX
MOB	495	6.5	LAX	OKC	370	4.5	LAX
RDU	410	6.5	LAX	SAT	350	4.5	LAX

续表

目的港	最低收费	单千克卡航收费	中转港	目的港	最低收费	单千克卡航收费	中转港
STL	370	5.0	LAX	TUL	370	5.5	LAX
BOG	720	14.0	LAX	UIO	720	24.0	LAX
ASU	720	32.0	LAX	MVD	720	32.0	LAX
SCL	720	25.5	LAX	EZE	720	29.0	LAX
VIX	720	37.5	LAX	LIM	720	19.0	LAX
MEX	720	9.0	LAX	GDL	720	9.0	LAX
MTY	720	10.5	LAX	QRD	720	9.5	LAX

航空公司航班航线航程目录表如图1–8所示。

AirBridgeCargo

Via	City Code	Truck Number	Operation Days	STD	STA	Days	Minimum Charge	CNY/KG
LEJ	FRA	RU8529	123456	19:00	2:00	1	N/A	1
LEJ	CGN	RU8519	12347	19:00	8:00	1	N/A	2
LEJ	AMS	RU8948	123456	19:00	10:00	2	1400	2
LEJ	MUC	RU8556	12367	19:00	10:00	2	N/A	2
LEJ	LUX	RU8548	123456	19:00	8:00	1	1400	2.5
LEJ	LGG	RU8540	12367	19:00	8:00	2	1400	2.5
LEJ	CDG	RU8518	123456	19:00	10:00	2	1700	3
LEJ	BSL	RU8514	12367	19:00	10:00	2	1600	3
LEJ	MXP	RU8557	1267	19:00	12:00	3	3100	3.5
LEJ	MMX	RU8553	1247	19:00	11:00	3	4000	4
LEJ	ZAZ	RU8586	12567	19:00	10:00	4	4600	6
LEJ	HEL	RU8537	147	19:00	12:00	4	6700	6.5

Via	City Code	Truck Number	Operation Days	STD	STA	Days	Minimum Charge	CNY/KG
LGG	ABZ	RU8603	on request				1460	5.5
LGG	AMS	RU8885	1234567	20:00	12:00	1	1250	0.9
LGG	ARN	RU8673	1257	18:00	12:00	3	2880	4.2
LGG	BCN	RU8650	12367	0:00	0:00	2	3120	4.4
LGG	BEG	RU8604	on request				9950	7
LGG	BFS	RU8613	on request				2600	5.8
LGG	BGO	RU8614	on request				3710	6.2
LGG	BHX	RU8605	on request				2290	3.8
LGG	BIO	RU8606	125	0:00	0:00	3	2290	4.4
LGG	BLL	RU8607	12367	18:00	12:00	2	2330	2.9
LGG	BLQ	RU8608	127	0:00	12:00	3	2960	4.8
LGG	BOD	RU8609	on request				2290	4
LGG	BRE	RU8610	12367	18:00	12:00	2	1590	2.2

Via	City Code	Truck Number	Operation Days	STD	STA	Days	Minimum Charge
FRA	ABZ	RU6186	1267	23:59	14:00	3	5230
FRA	AGP	RU8181	on request				5800
FRA	AMS	RU8153	1234567	23:59	10:00	1	790
FRA	ARN	RU8172	12357	23:59	16:00	2	2070
FRA	ATH	-	on request				15730
FRA	BCN	RU8165	135	23:59	14:00	2	2650
FRA	BEG	-	on request				7550
FRA	BFS	RU8189	1267	23:59	14:00	3	6150
FRA	BGO	RU8190	1257	23:59	14:00	3	5020
FRA	BHX	RU8177	1267	23:59	8:00	3	3400
FRA	BIO	RU8166	135	23:59	10:00	3	3820
FRA	BLL	RU8112	12357	23:59	11:00	2	2010
FRA	BLQ	RU8143	1237	23:59	12:00	3	2860
FRA	BOD	RU8115	1237	23:59	12:00	2	4360
FRA	BRE	RU8126	12347	23:59	8:00	1	200
FRA	BRN	RU8173	12347	23:59	10:00	2	2080
FRA	BRS	RU8922	1267	23:59	10:00	3	3400
FRA	BRU	RU8107	1234567	23:59	10:00	1	780
FRA	BSL	RU8174	12347	23:59	10:00	1	1240
FRA	BTS	RU8163	123	23:59	11:00	2	2390
FRA	BUD	RU8140	12347	23:59	12:00	2	3330
FRA	BUH	-	145	23:59	8:00	4	5140
FRA	CDG	RU8116	123467	23:59	8:00	2	970
FRA	CGN	RU8127	12347	23:59	9:00	1	200
FRA	CPH	RU8113	123457	23:59	9:00	2	1600
FRA	CWL	RU8178	1267	23:59	10:00	3	3640
FRA	DRS	RU8128	12347	23:59	9:00	1	200
FRA	DTM	RU8129	12347	23:59	8:00	1	200

图1–8 航空公司航班航线航程目录表

知识考核

一、单选题

1. 包航空集装器运输是指托运人根据所托运的货物，按照与承运人约定的条件，包用指定航线或航班上部分或全部（ ），从事航空货物运输或开展货运代理业务。

A. 舱位　　B. 集装器　　C. 座位　　D. 空间

2. 下列描述中，包航空集装器运输的优势不包括（　　）。

A. 包航空集装器（如集装箱、集装板）在较大程度上确保了舱位资源

B. 包航空集装器（如集装箱、集装板）可以自主安排航班日期

C. 包航空集装器（如集装箱，集装板）方式可以实现集运货物的重泡组合，使集装器的利用率最大化，从而实现利润最大化

D. 包航空集装器（如集装箱、集装板）可以简化航空物流操作流程，使航空货运的安全性和可靠性得到充分保障

二、多选题

1. 集运方式下航空物流企业的利润包括（　　）。

A. 规模效益的利润　　　　　　B. 重泡组合的利润

C. 临界点利润　　　　　　　　D. 垄断利润

E. 效率利润

2. 制定国际航空物流基础运价的综合考虑因素包括（　　）。

A. 公司目标利润率

B. 同行或其他提供同种业务的服务提供商的报价

C. 航空公司提供的协议报价

D. 市场淡季、旺季预期情况

E. 航空公司的公开报价

三、判断题

1. 计费重量是用以计算航空货物运费的重量，既和货物的毛重有关，也和货物的体积重量有关，按照IATA的规则，以货物毛重与体积重量两者之中较高者作为计费重量。（　　）

2. 重泡组合的利润来自决定集运成本的总计费重量和决定集运收入的所有托运人单独计算的计费重量之和之间的计费重量差额。（　　）

技能训练

1. ××国际货运代理有限公司计划与中国国际航空有限公司签订北京到德国法兰克福航线的包板协议，Linda负责与中国国际航空公司航线销售谈判签订包板协议，请以Linda的身份列出包板协议商谈内容的目录。

2. ××国际货运代理有限公司空运部商务经理Lily要编制公司的CA PEK-MXP航线包板航空货运差异运价表。

根据公司与中国国际航空有限公司签订的包板协议：

每个集装板的运营成本=65 000（集装板成本）+200（工资成本）+200（管理成本）=65 400

集装板的最大装载体积为14 m³，最大装载毛重为4.5 t，目前已经预订舱位的货物为2.5 t、3 m³。

收集到同行同航线同样服务的报价表如下。

			密度	Q100	Q300	Q500	Q1000	
CA-MXP 包板	单询	MXP（价格见右侧）转运费见转运表 注意：有些点有最低收费	1≤100	27	26	25	RQ	含HC
			1≤30	27	26	25	RQ	
			平	28	27	26	RQ	
			1≥250	24	23	22	RQ	
			1≥300	22	21	20	RQ	
			1≥400	20	19	18	RQ	
			1≥500	18	17	16	RQ	
			1≥800	16	15	14	RQ	

请以Lily的身份根据上述信息编制公司的CA PEK-MXP航线包板航空运价表。

分析评价

层级	项目名称	单项得分	总分	评分项目类型：1. 职业技能与规范 2. 专业沟通与表达 3. 工作组织与管理
1	**签订包航空集装器协议**		30	
2	选择包航空集装器的航空公司与航线	10		3
2	完成包航空集装器协议的商谈	10		2
2	完成协议的审核与签订	10		3
1	**完成基础运价表的编制**		20	
2	获取可销售航空公司航线的运价表	10		1

续表

层级	项目名称	单项得分	总分	评分项目类型： 1. 职业技能与规范 2. 专业沟通与表达 3. 工作组织与管理
2	根据市场运价等因素编制基础运价表	10		1
1	**完成差异运价表的编制**		20	
2	计算包运航空集装器的成本和订舱数据	10		1
2	根据剩余舱位的体积重量比等因素编制差异运价表	10		1
1	**完成航空货运产品目录的编制**		20	
2	整理基础运价表和差异运价表	10		1
2	整理航班基础信息和机场地面服务报价表	10		1
1	**讨论与表达**		10	
2	课堂交流沟通中语言表达清晰	6		2
2	分析结果（以文档形式提交）未出现格式、错别字等问题	4		1

参考答案

一、单选题

1. B 2. B

二、多选题

1. ABC 2. ABCDE

三、判断题

1. 正确 2. 正确

学习单元 3

产品推广与配载设计

🎧 任务目标

1. 能对公司的航空物流产品进行市场推广。
2. 能对承运货物进行利润最大化的合理集装设计。

🎧 聚焦情境

××国际货运有限公司空运部商务经理 Carl 编制完成了包含公司全部代理航空公司散货订舱的航空货运基础定价表，公司签订的所有包板航空货运的航空货运差异定价表，以及相关的地面操作费用、过程中转卡航的报价等文件在内的公司航空物流产品表，并将其提交空运部经理和公司销售总监审核签字。签字完成后，Carl 通过电子邮件将该表发送给全体销售和市场部同事。

🎧 任务发布

收到公司的航空物流产品明细表后，销售部经理召集所有销售人员和市场部同事召开每周销售会议，要求销售部和市场部配合推广公司的航空物流产品，完成公司的销售目标，同时扩大公司在区域航空物流市场的份额。

销售部人员需要第一时间将客户已经发送订舱委托书货物的件数、尺寸、毛重等信息录入公司业务系统，仓库操作人员根据系统中的货物数据进行预组板，并将预组板后集装器剩余的限载货物尺寸、毛重等数据反馈销售人员，让销售人员对能满足这个装载余量的货物进行重点揽收。销售人员和操作人员配合完成集装板最高效率、最大利润的装载。

任务分析

任务分析鱼骨图如图 1-9 所示。

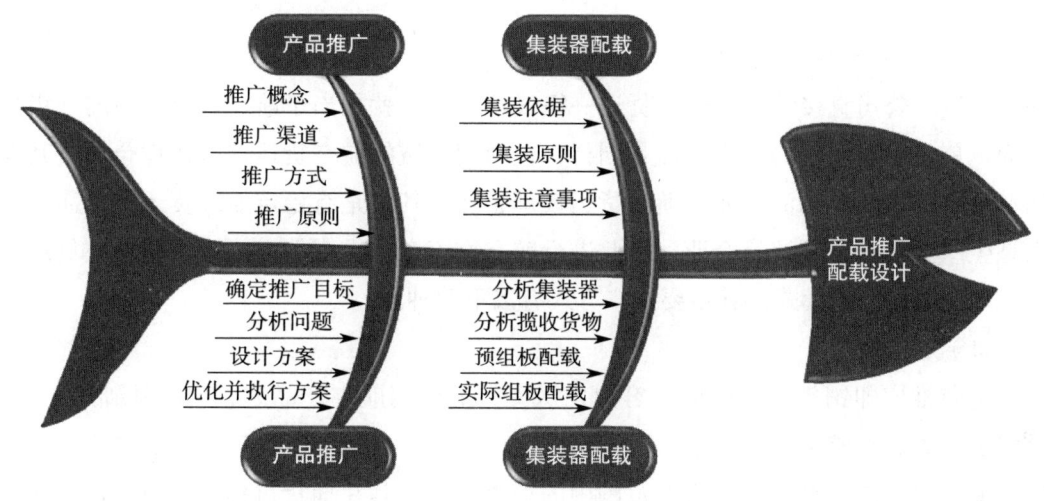

图 1-9　任务分析鱼骨图

任务实施

一、航空物流产品推广方案的制定和优化

（一）任务资讯

1. 航空物流产品推广概念

航空物流产品推广，俗称揽货。航空物流产品不同于有形产品，是一种服务产品，是指航空物流企业为客户提供的航空物流服务，是通过为客户提供空运和空运地面操作等服务实现的。航空物流企业的服务生产和客户的消费是同时进行的，在提供服务之前，客户不能像有形产品一样感受航空物流产品的质量，因此对航空物流产品质量的判断必须借助合作过的客户的评价和航空物流市场积累的口碑。航空物流服务不能通过展示吸引客户购买，而是必须通过销售人员对航空物流服务的服务价格、服务内

容和范围、操作环节、服务时效、服务可靠性和安全性等进行专业讲解，引导客户选择委托航空物流业务。

2. 航空物流产品推广渠道

（1）通过公司自有的宣传平台进行推广，如公司网页、公众号、微信小程序、App、展会中公司的宣传彩页和展板等。

（2）通过公共平台和搜索引擎进行推广，如物流行业协会网页、公众号、百度的搜索排名等。

（3）通过电子邮件、电话、即时聊天软件等方式向物流同行客户进行推广。

（4）通过电话、上门拜访、行业展会等方式向贸易企业、生产工厂等客户进行推广。

3. 航空物流产品推广方式

与航空公司直接签约的航空货运一级代理企业，就相当于航空物流产品的一级批发商，首先主要面向的客户群体是同行，包括同区域的航空货运二级代理企业、其他区域和国外的海运物流企业和航空货运代理企业；其次是有稳定航空货运服务需求的大型生产企业和国际贸易企业，因此进行航空物流产品推广的方式不同于航空货运二级代理企业的揽货模式。其主要推广方式有以下两种。

（1）定向推广

定向推广即销售人员向同行客户发送完整的公司航空产品表，包括基础运价表、差异运价表、卡航中转报价表、地面操作费用表等，进行航空物流产品的推广。定向推广能够推动同行客户进行更大范围内的揽货，便于其在揽货过程中快速报价，获取订单。

（2）公开推广

公开推广即市场部通过公开的网络平台和未合作客户的电子邮箱，发布公司航空产品表的基础运价表和包板航空货运航线目录表，但是不包含包板差异运价表、卡航中转报价表、航空附加费表、航空公司航班信息等内容。公开推广主要是为了增加公司在市场上的影响力，让客户了解公司的航空物流服务范围和总体运价水平，从而获取新客户。

4. 航空物流产品推广原则

（1）同样航线的航空物流产品，优先推广与航空公司签订包航空集装器运输和包舱运输协议的航空物流产品。

（2）所有航线的航空物流产品中，主推优势航线的航空物流产品，甚至可以给公司加一些优势航线的标签，如"美线我最优""美欧优势航空货代"等。

（3）对一些已经完成销售目标的包板航空物流产品的剩余舱位，可以通过特价宣传吸引更多潜在客户。

（4）不与同行客户直接竞争客户。作为航空物流服务商，是可以通过航空运单获取到实际发货人、收货人的详细信息和产品信息的，但是不能越过托运人直接联系实际发货人和实际收货人，进而获取下一批航空物流委托订单。

（二）实施过程

销售部经理 Charlie 在周销售会议上，要带领销售部人员和市场部同事协同完成公司本期的航空物流产品推广方案，目标是持续实现销售额增长，扩大市场份额和影响力。

Charlie 和销售人员一起分析了公司的航空物流产品，认为其优势产品为美欧线的包板航空货运产品，因此要尽可能多地揽货，达到基本的货运量。公司目前主要的客户群体是同行客户，其货运量占总货运量的 70% 左右，但有减少趋势。

公司现有的推广方案是销售人员定向、定时使用电子邮件向同行客户——二级航空货运代理发送公司的航空物流产品和报价表。目前存在的问题是，2020 年的疫情导致航空货运市场两极分化，部分二级航空货运代理退出航空货运市场，部分做大后与航空公司直接签订了包航空集装器的航空货运销售代理协议，现在公司的同行客户数量减少，导致来自同行的货运量减少，而其他客户的货运量没有增加。

因此，公司急需增加航空物流产品推广的渠道，拓展推广的范围，寻找更多稳定的客户来源。就如何制定解决当前销售困局和实现销售可持续增长的航空物流产品方案，销售人员开启头脑风暴，提出了很多推广建议；对于这些推广建议，逐条分析其可操作性、预计收益等。汇总意见后，Charlie 根据讨论结果，确定本期的航空物流产品推广方案，并将工作分配到销售部和市场部的具体人员。

（1）定向推广和公开推广相结合，销售部仍然通过定时电子邮件向同行客户发送全套最新的航空物流产品和报价表，市场部则在公共推广平台发布公司的航空物流基础运价表和包板航线目录表。

（2）定向推广除发送电子邮件外，还要增加和同行客户的沟通频次，对同行客户的询价订单及时给予支持。

（3）定向推广增加对生产企业和贸易企业客户定时推送航空物流产品目录表（不包含报价表）与定期拜访，了解客户对航空物流服务的需求点。

（4）公开推广除公司自有宣传平台——公司网页、公众号外，销售人员增加了在企业即时通信账号（如微信朋友圈、微博动态等）和一些综合推广平台、行业推广平台（如百度搜索引擎、飞啊网航空运价发布等）上的推广。

（5）公开推广增加线下推广次数，印制公司简介、航空物流产品目录等彩页，通过类似广交会的贸易展会、生产行业展会进行发放推广。

（6）将操作部发来的需要重点揽货的产品，编辑设计为醒目的特价空运产品，放在推广文案和待发送文件的首页。

小知识

完成设计的航空物流产品推广方案，第一，要深入了解公司航空物流产品的内容及优势，如是国内航空物流还是国际航空物流，是普通货物航空物流还是冷链货物航空物流，是美线航空物流还是非洲线航空物流；第二，根据公司的航空物流产品，分析公司的现有客户群体和潜在客户群体，如是同行客户还是生产企业客户、贸易企业客户，是国内客户还是国外客户；第三，根据客户类别，分析客户获取航空物流服务商信息的来源，是通过网页、公众号搜索，还是通过展会、邮件得到的一些物流服务商资料，或是通过朋友介绍；第四，根据客户类别，了解客户对航空物流产品的关注点，如同行客户关注运价、贸易企业客户关注运价和航空物流的延伸服务能力、生产企业客户最关注航空物流服务时效，并据此对不同类型客户发送不同的航空物流产品介绍资料；第五，产品推广在执行中要不断收集反馈数据，例如，购买搜索引擎广告后，整理1个月内通过搜索引擎查询公司电话并进行询盘的客户数量及成交数量，通过反馈数据了解哪些推广渠道更加有效，进而对产品推广方式进行优化和调整，以不断适应市场环境的变化。

二、包航空集装器承运货物的集装配载

（一）任务资讯

1. 航空集装器集装的依据

在使用航空集装器集装货物（行业称为"打板"）前，需要先全面分析所有承揽货物的毛重、尺寸、包装材料、重泡程度、货物运输要求（如不能倒置）等状况，再结合待集装的集装器的规格和参数，以及航空公司限定的集装器最大装载长、宽、高尺寸限制和毛重限制，设计货物集装方案。

2. 航空集装器集装的一般原则

（1）严格遵循装卸"三不"要求作业，即大不压小、重不压轻、木不压纸。

（2）严格按照货物外包装的指示标志作业。

（3）货物集装前，应清除集装板、集装箱和卡扣上的杂物、积水。

（4）必须严格执行航空公司提供的组板、箱技术参数，保证货物重心平衡；货物装载必须紧密、安全，严禁超出航空公司规定的集装器装载最大尺寸进行装载。这主要是因为每个航空集装器都对应机舱里面的一个位置，而不同机型机舱的内壁形状是

不同的，货物必须按照机舱内壁的形状进行堆砌，因此对放在不同位置的集装器所装载货物整体形状的要求也是不同的。相同规格的集装板所能装载货物的形状和容积取决于其在机舱中的位置，在上机舱弧度的位置，装载货物就要收角；在下机舱弧度的位置，集装板上面的货物就可以窄探。

（5）大货、重货装在集装板上；体积较小、重量较轻、货值较高的货物装在集装箱内。

（6）同一票货物（同一个分运单号）应尽可能地集装在同一个集装器上。

（7）应将集装器的货物紧凑码放，在不过度积压、不损坏货物的前提下，间隙越小越好。

（8）集装板集装货物前必须在集装板上加铺一层航空公司提供的塑料雨布。

（9）集装板集装货物完毕后应对集装板实施罩网，并在上面加盖航空公司提供的塑料雨布。

3. 航空集装器集装的注意事项

（1）对形状不规则、可能危害飞行安全的货物，应将其稳妥固定，可以用填充物将集装器塞满，或用绳带捆绑固定货物，以防货物损坏集装器甚至损坏飞机，危害飞行安全。

（2）当集装箱内的货物为一件，且体积不超过集装箱容积的 2/3、单件货物重量超过 150 kg 时，需要加绑带固定货物，可以用标准绳将货物固定在集装箱的卡锁轨里。

（3）底部为金属的货物和底部面积较小、重量较大的货物必须使用垫板，以减小压强、分散货物对集装器底板的压力，防止因集装器底板和飞机货舱地板受损而影响飞行安全，如图 1-10 所示。

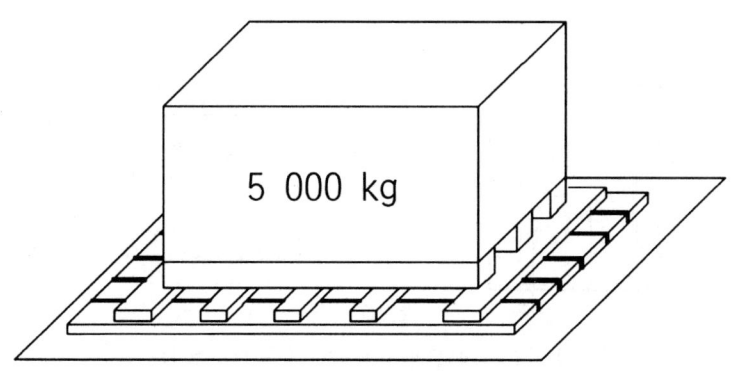

图 1-10　集装板使用垫板装载货物示意图

具体多大、多重的货物需要垫板，根据飞机机型的不同和货舱地板每平方米所能承受的最大重量，各航空公司的要求也不相同。垫板的材质宜为质地坚硬的木材，如杉木、松木等，若使用其他材料，抗压强度不能小于木质材料的抗压强度。垫板既可以整块使用，也可以组合使用，如图1-11至图1-13所示。

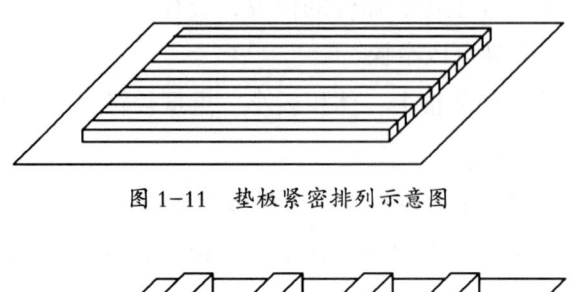

图1-11　垫板紧密排列示意图

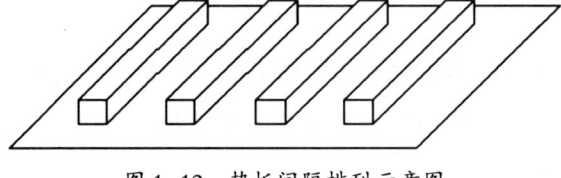

图1-12　垫板间隔排列示意图

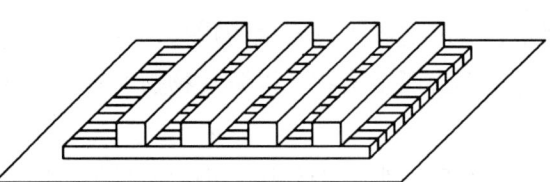

图1-13　垫板组合使用示意图

垫板面积不能小于货物的受力面积，如果货物下面没有垫板，货物的受力面积就是货物的底面积；如果下面有垫板，货物的受力面积指最外两块垫板的外边沿之间的区域，如图1-14所示（黑色粗线条内的区域）。

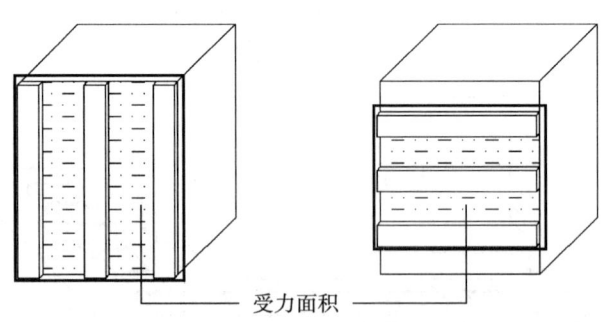

图1-14　加垫板后货物受力面积示意图

（4）集装在集装板上的小件货物，最好装在其他货物相互交错的中间或予以固定，尽量减小货物之间的空隙，以防止其从网套及网眼中滑落，此类小件货物在一般情况下不组装为低探板货物。

（5）集装在集装板上的货物要紧凑码放，上下层货物之间要相互交错、骑缝码放（T字形码放），以防止货物松散坍塌或滑落，如图1-15所示。

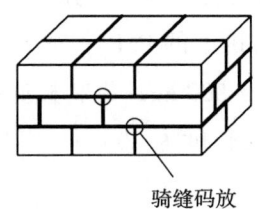

图1-15 货物骑缝码放示意图

（6）使用大托盘装载两个小集装箱时，其突出部分必须双向朝内。使用小托盘装箱时，装好货物后箱盖方向必须朝左或者朝右。如果箱盖插销有损坏未能固定时，则必须用绳子加以固定。

4. 包航空集装器运输协议下航空集装器利用率最大化原则

根据包航空集装器的型号和技术参数，以及航空公司协议中对装载尺寸和重量的严格限制，计算体积和重量均达到最大值时的体积重量比，然后通过重泡结合，使装载货物的平均体积重量比达到该值。

以集装箱为例说明，因为各航空公司对集装箱的装载限制基本一致，而针对不同机型和货舱的不同位置，各航空公司对集装板的装载体积和重量限制都不相同。例如AKE标准集装箱，最大毛重为1 580 kg，减去自重80 kg，剩余最大装载毛重为1 500 kg，最大装载体积为4 m^3，如果货物的总重量和总体积恰好达到上限，则所装载货物的平均体积重量比（密度）为1 500÷4=375 kg/m^3，这样集装箱的利用率最高。从利用率最高时货物的平均密度看，整箱装重货比整箱装泡货的计费重量更高，但最佳方案是重泡结合，即优先装载密度高于375 kg/m^3的重货接近载重定额，再装载密度低于375 kg/m^3的泡货填充剩余箱容空间，使总计费重量大于集装箱载重定额的计费重量。

（二）**实施过程**

李工是在空运出口地面操作部工作超过10年的老员工，一直在现场从事集装板组板工作，组板技术高，组板经验丰富，应对突发问题解决方案多。集装板组板不是简单的体力工作，而是一项技术含量很高、需要丰富操作经验的工作。科学、合理地组板，可以使集装器做到利用率最高，不仅能使集装板的货物顺利装机，而且也是从事包板航空货运业务的航空物流企业在行业竞争中的核心优势，是除销售以外为公司创造包板业务利润的关键环节。

因此公司将李工升任操作主管，负责公司组板模拟系统中的预组板，并在现场处理实际组板中的疑难问题。徒弟小王跟随李工学习预组板和现场组板的全套流程。

1. 在组板模拟系统中进行预组板

首先，研究预组板的集装板装载技术参数与航空公司限载的重量、尺寸等数据。

以全日空（NH）PEK-JFK航班上的P6P窄探集装板为例，根据航空公司的装载机型和机舱位置规定：最高载重4 500 kg，集装板底部的长为318 cm、宽为244 cm，起探高度为30 cm，窄探单侧最大长度为20 cm，集装板装载最高高度为163 cm，如图1-16所示。

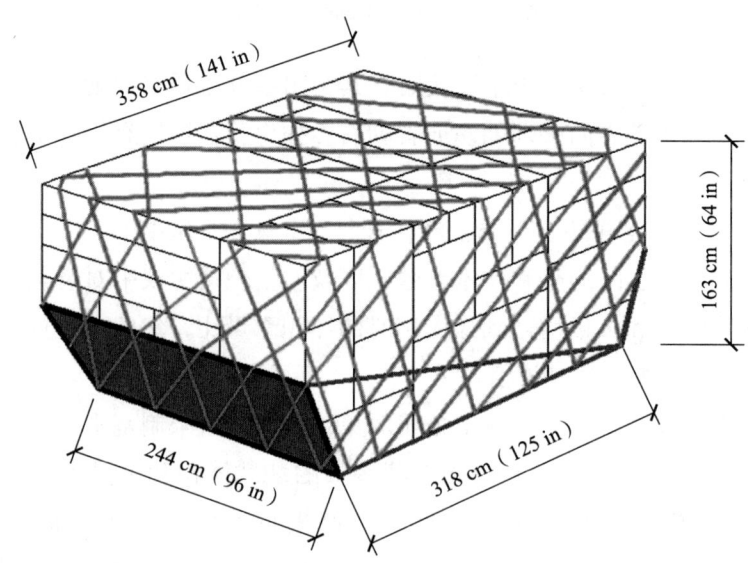

图1-16 集装板窄探装载示意图

之后，整理已订舱货物的装载条件、件数、尺寸、毛重等信息。

表1-8是李工从业务系统中调取的已订舱货物的信息明细。

表1-8　　　　　　　　　　已订舱货物的信息明细

订舱单号	件数	包装	单件尺寸/cm	单件毛重/kg	装载要求
YD2021033	19	纸箱	36×32×17	5	
	1	纸箱	57×22×18	12	
	1	纸箱	57×57×58	25	
	1	纸箱	36×32×32	3.5	
	4	纸箱	25×25×18	2	
	1	纸箱	42×43×33	17	
	3	纸箱	37×38×22	9	
	11	纸箱	50×22×50	22	

续表

订舱单号	件数	包装	单件尺寸/cm	单件毛重/kg	装载要求
YD2021033	8	纸箱	50×48×35	20	
	2	纸箱	59×40×20	20	
	21	木箱	61×49×50	45	
YD2021042	2	木箱	172×86×66	354	不能倒置
	8	纸箱	109.5×63×63	16	
YD2021045	3	木托	113×63×109.5	130	不能拆托

然后，进行预组板设计，基本操作步骤如下。

（1）查看是否有货物需要垫板，如果需要，先平铺一层垫板。

（2）将托盘货物放在集装板最下层的最中间，散货则根据剩余空间尺寸码放在集装板四周。

（3）将体积最大、毛重最大的货物放在集装板的中间。

（4）将散货按照包装、尺寸大小、毛重大小排序。

（5）从下到上的码放顺序为：木包装重货、木包装泡货、纸包装重货、纸包装泡货。

（6）在不挤压货物的情况下，按照货物的尺寸骑缝紧密叠放，尽量不留缝隙。

根据上述流程，李工带着小王开始在模拟组板系统中进行组板设计。

第一步，判断是否需要铺设垫板。有单件货物毛重超过 300 kg 的木箱 2 个，一般单件毛重超过 300 kg，需要加装垫板，因此先铺设垫板。第一层垫板无间隔铺设，公司使用的木质垫板厚度为 3 cm，第一层垫板同时作为集装器底板的保护层；第二层垫板有间隔铺设，间隔距离不超过垫板厚度的 3 倍，且横向铺设时垫板之间的最大距离不超过 50 cm，纵向铺设时垫板之间的最大距离不超过 60 cm。垫板铺设完成后，经测量得知集装板上可配载货物的高度最高为 154 cm。

第二步，将所有的托盘货物和大件重货整理出来，按包装尺寸码放在集装板的最下层。有 3 个 113 cm×63 cm×110 cm 尺寸的木托、2 个 172 cm×86 cm×66 cm 尺寸的木箱，根据 P6P 底板的面积，按照这 5 件货物的长和宽进行摆放，发现其不能同时码放在最下层，按照同一运单货物尽量装载在同一个集装器的原则，将 2 个木箱码放在 1 个 P6P 窄探集装板上，将 3 个木托码放在另一个 P6P 窄探集装板上。2 个木箱因为单件货物重量重，被紧密码放在集装板的中间位置（见图 1-17），3 个木托则靠另一集装板一侧紧密码放（见图 1-18）。

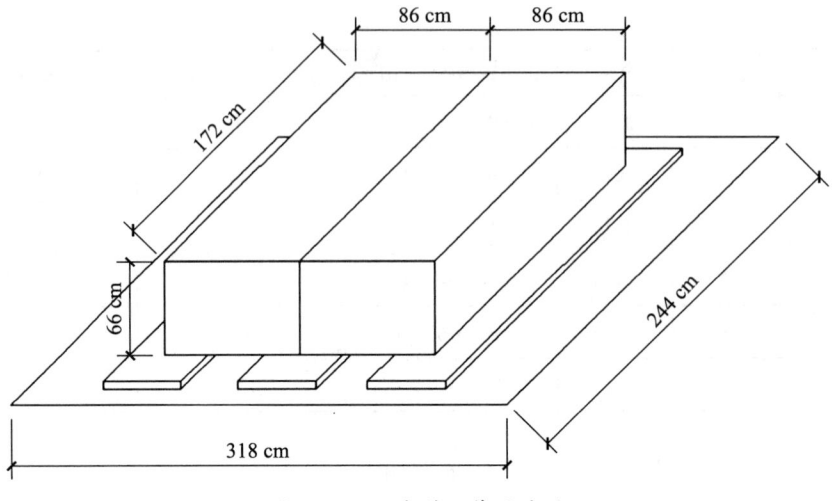

图 1-17 两木箱预装设计图

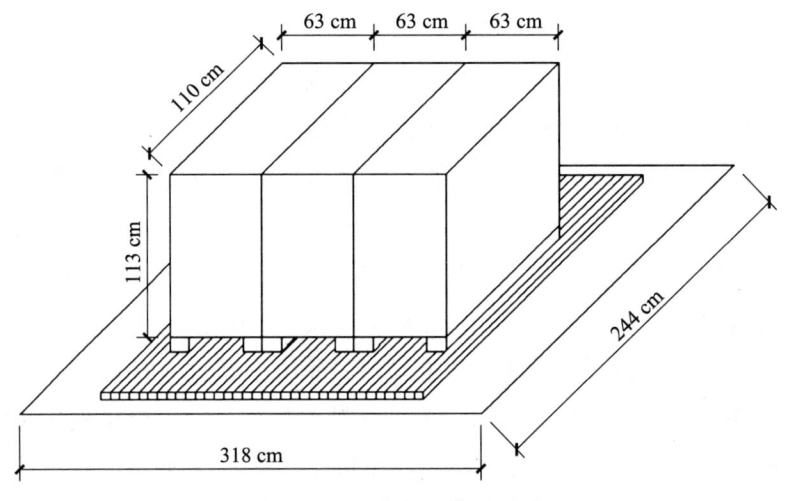

图 1-18 三木托预装设计图

第三步，将剩余散件货物按照木包装、纸包装、重货、泡货顺序排列，先码放木包装货物，找出两个集装板第一层剩余的空间，如将 9 个尺寸为 61 cm × 49 cm × 50 cm 的木箱码放在已码放木托的集装板上，在集装板空余长边一端竖着码放 5 个木箱，在集装板空余窄边一端竖着码放 4 个木箱，将剩余的 3 个木箱横向骑缝叠放在长边的 5 个木箱上（为什么不叠放在窄边的木箱上？这是为了避免空间浪费，窄边可以留给适合探出 20 cm 码放的货物）。

第四步，按照重货、泡货的顺序以适宜的尺寸、骑缝紧密贴合的方式将货物依次向上叠放。在叠放中需注意整个集装板的重心平衡，避免出现集装板两侧货物密度差异较大的问题。

第五步，注意重货和泡货的搭配比例，尽量使货物的平均密度接近组板利用率最高的货物平均密度。和木托相比较，木箱密度较大，因此将密度最小的 8 个 109.5 cm×63 cm×63 cm 的纸箱码放在载有两个木箱的集装板上，以实现重货、泡货的有效结合。

第六步，计算预组板后集装板剩余空间可以装载货物具体的长、宽、高限制及可以装载的最高重量，将这些数据反馈给销售人员。

第七步，考虑到客户订舱时所提供的货物尺寸数据不能保证完全正确，预组板做码放堆叠设计时，在最大装载尺寸上要预留一定的空间，长、宽、高都预留 5~10 cm。此举虽然会损失一些装载空间，但是避免了因实际货物尺寸大于订舱货物尺寸导致甩货而造成集装板更大的浪费。

预组板需要根据订舱数据多次进行调整，只有在停止揽货或者集装板预组板达到装载上限后，才能形成最后的预组板设计图。

2. 订舱货物入库实际组板操作

实际组板操作须严格按照预组板设计图进行组板，货物组板完成如图 1-19 所示。

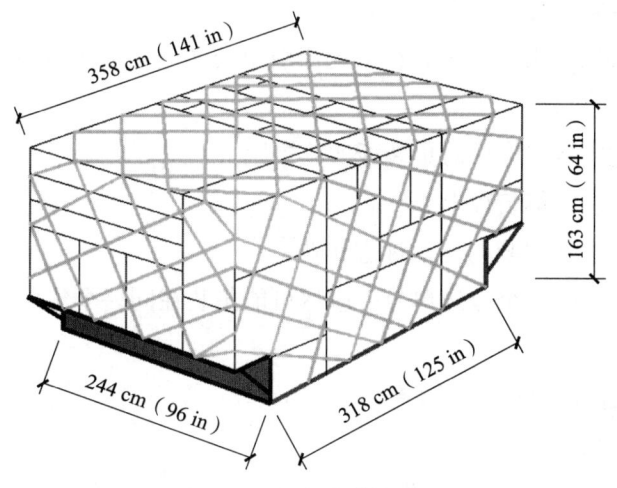

图 1-19　组板完成示意图

当实际的货物尺寸或毛重大于订舱的货物尺寸或毛重时，货物无法按原有预组板设计图全部装载，这时应首先卸掉的是订舱数据与实际货物数据不一致的货物，该货物将被安排在后面航班有空舱位的集装板上；在航空运输旺季连续爆仓的情况下，可能会建议客户退舱，空出的舱位可以由下一航班的货物补齐。

如果数据相差不大，则可以通过预组板预留空间和调整散件货物的码放装载。

如果实际的货物数据小于订舱数据，空出的空间可以从下一个航班已交货的货物中找适宜的填补。

知识考核

一、单选题

1. 航空集装器集装严格遵循装卸"三不"要求作业，其中不包含（　　）。
A. 大不压小　　　　　　　　　　　B. 纸不压木
C. 木不压纸　　　　　　　　　　　D. 重不压轻

2. 同样航线的航空物流产品，优先推广（　　）。
A. 与航空公司签订普通代理协议的产品
B. 同行的低价产品
C. 与航空公司签订包航空集装器协议的产品
D. 直航到达的产品

二、多选题

1. 航空集装器集装的一般原则包括（　　）。
A. 货物装载必须紧密、安全，严禁超出航空公司规定的集装器装载最大尺寸装载货物
B. 集装板货物集装完毕后对集装板实施罩网
C. 大货、重货装在集装板上
D. 严格按照货物外包装的指示标志作业
E. 同一票货物（同一个分运单号）应尽可能集装在同一个集装器上

2. 航空集装板使用垫板的方式有（　　）。
A. 紧密排列垫板
B. 第一层紧密排列，第二层间隔排列
C. 骑缝交叉排列垫板
D. 间隔排列垫板

三、判断题

1. 全部装载重货的航空集装器利用率最高。　　　　　　　　　　　　（　　）

2. 航空集装器装载货物的尺寸严禁超出航空公司规定的集装器装载最大尺寸，但是货物的重量不受限制。　　　　　　　　　　　　　　　　　　　　（　　）

技能训练

1. Tom 是 ×× 国际货运代理有限公司的空运销售部经理,其公司的航空物流产品主要为北京到欧洲航线包板运输产品,请以 Tom 的身份根据公司航空物流产品的特点,制定产品的推广方案。

2. 张工是 ×× 国际货运代理有限公司的地面操作主管,现在要装载北京飞法兰克福航班的 P6P 窄探集装板,根据装载机型和机舱位置,规定其最高载重为 4 500 kg,集装板底部的长为 318 cm、宽为 244 cm,起探高度为 30 cm,窄探单侧最大长度为 20 cm,集装板装载最高高度为 163 cm,现有订舱货物数据信息如下。

订舱单号	件数	包装	单件尺寸 /cm	单件毛重 /kg	装载要求
KFS0201	3	木箱	128×100×80	368	
	1	纸箱	79×79×19	35	
	1	纸箱	37×32×33	25	
	1	纸箱	31×21×22	3.5	
	4	纸箱	60×33×42	12	
KFS0202	2	木箱	55×65×70	213	不能倒置
	8	纸箱	62×33×64	16	
	2	纸箱	110×10×10	5	
	1	纸箱	58×57×60	10.5	
KFS0203	109	纸箱	52×52×23	15	

现请以张工的身份,根据航空集装板集装的一般原则和装载限制,判断以上货物是否可以全部装载在一块 P6P 窄探集装板上,并标出货物的装载顺序。

分析评价

层级	项目名称	单项得分	总分	评分项目类型: 1. 职业技能与规范 2. 专业沟通与表达 3. 工作组织与管理
1	**制定航空产品的推广方案**		30	
2	分析航空产品特点及客户群体		10	3

续表

层级	项目名称	单项得分	总分	评分项目类型： 1. 职业技能与规范 2. 专业沟通与表达 3. 工作组织与管理
2	选择适宜的航空产品推广方式及渠道	10		3
2	设计产品推广的内容	10		3
1	**优化和改进产品推广方案**		20	
2	分析评价产品推广的效果	10		3
2	分析现有推广的问题，提出改进和优化策略	10		3
1	**完成集装器的预配载**		30	
2	计算集装器最优配载方案	10		1
2	根据已订舱货物信息计算最优揽收货物	10		1
2	对已订舱货物进行预配载设计	10		1
1	**完成集装器的配载**		10	
2	按照预配载方案配载货物	2		1
2	处理实际货物与订舱货物不符的配载	8		1
1	**讨论与表达**		10	
2	课堂交流沟通中语言表达清晰	6		2
2	分析结果（以文档形式提交）未出现格式、错别字等问题	4		1

参考答案

一、单选题

1. B 2. C

二、多选题

1. ABCDE 2. ACD

三、判断题

1. 错误 2. 错误

培训任务二

客户管理

学习单元 1

客户拜访

任务目标

1. 能在拜访前充分做好准备工作。
2. 能灵活运用话术和营销技巧，挖掘客户需求，达成合作意向。
3. 能规范填写拜访记录表，并做好后续跟进工作。

情境聚焦

与其他货运方式相比，航空物流具有运输速度快、空间跨度大、运输安全准确、不受地面限制等特点，航空货运是国际贸易中贵重物品、鲜活易腐货物和精密仪器不可或缺的运输方式，能够为客户提供安全、便捷和优质的服务。航空货运主要采用集中托运的形式，或直接由发货人委托航空货运代理人进行，货物到达目的地后，再通过发货地航空货运代理的关系人代为转交给收货人。据有关数据统计，近年来海关出口的商品主要包括机电产品（电器及电子产品、仪器仪表等）、高新技术产品（电子技术产品、生命科学技术产品等）和冷链产品（肉、禽、蛋、水产品、蔬菜、水果、花卉、医药针剂、药剂等）。随着我国互联网及冷链技术的不断发展，生鲜市场的交易规模巨大。小王是前程国际物流公司的业务员，为开拓业务，已与九方达果业有限公司的业务负责人李经理约好，将进行首次客户拜访。

任务发布

为确保客户拜访的效果,小王需要完成以下四项任务。

1. 做好拜访前的各项准备工作。
2. 有效实施客户拜访。
3. 规范填写"客户拜访记录表"。
4. 做好拜访后的跟进工作安排。

任务分析

任务分析鱼骨图如图 2-1 所示。

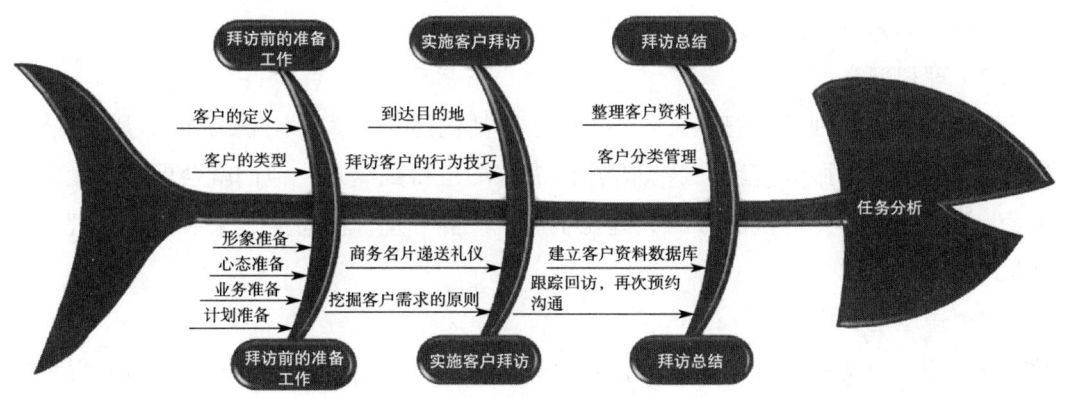

图 2-1　任务分析鱼骨图

任务实施

一、拜访前的准备工作

(一)任务资讯

1. 客户的定义与类型

客户是指通过购买你的产品或服务来满足其某种需求的群体,也就是指与个人或企业有直接经济关系的个人或企业。

根据其本身的个性及特点,客户这一群体有不同的类型,因此对其差别化对待十分必要。

从企业与客户的关系划分,客户可以分为四种:一般零售型消费者个人客户;B2B 商业型客户;渠道客户,包括代理商、商品批发商、零售商、分销店等;内部客户，是指相对于外部客户而言，在企业内部结构中相互有业务交流的员工、股东、经营者等。

根据个性及特点进行分类，客户可以分为以下四种。

（1）严格要求型客户

严格要求型客户非常关注结果，而且还对产品及服务要求较高，无论事情的发展是否与其期望相符，他都会立即表达个人意见。严格要求型客户喜欢表达自己的需求和期望，并希望被认真聆听，这类客户希望企业严格按照自己的要求做。在与这类客户交往时，最好采取迅速而自信的行事方式。

（2）和蔼可亲型客户

和蔼可亲型客户希望被别人接受，并希望与客户服务人员保持友好的关系，而非仅仅是例行公事的商业关系。他们希望自己的问题能在业务人员的友好帮助下得到解决。在与这类客户交往时，要给予特别的关注。

（3）理智型客户

理智型客户条理性很好，有耐心，对于事情的运作方式、问题的处理过程很感兴趣，希望有确定的服务流程，这类客户的需求如果得到满足，他们就会保持高度的忠诚度。为理智型客户提供服务的关键在于保持冷静、理性的态度，采取富有条理的处理方式。

（4）遵从型客户

遵从型客户重视对规则的遵守，对业务人员提供的信息很敏感，他们希望得到的服务是准确而高质量的。因此，业务人员提供的服务应清晰、准确，传达的信息应谨慎、诚实。

综上所述，我们在与客户沟通时，一定要明确客户的类型及特点，进而确定相应的沟通方式。

2. 准备工作主要内容

陌生拜访是指与客户无预约的拜访，也称 strange visit，是一种直接、有效的客户开发方式。万事开头难，第一次拜访顾客，难免相互存在一点儿戒心，陌生拜访往往会遭遇门难进、脸难看、事难办等情况，因此业务人员要充分做好准备工作，特别重视自己留给别人的第一印象。准备工作共分为形象准备、心态准备、业务准备、计划准备四个方面。

（1）形象准备

1）"TOP"原则。初次见面给客户留下一个非常好的印象能够为后期的工作开展奠定较好的基础。在服装、仪容、言谈举止乃至表情动作上都力求自然，就可以保持良好的形象。第一印象的好坏90%取决于仪表，要成功，就要选择与职业相适应的服装,以体现专业形象,从而通过良好的个人形象向顾客展示品牌形象和企业形象。着装有一个简要的"TOP"原则,TOP是由三个英文单词的首位字母拼写而成的,分别是time(时间)、objective(目的)、place(地点)。TOP原则是国际通用的着装原则,主要是指着装一定要和具体的时间、目的和地点结合起来,要与周围的环境和个人的身份相适宜,即要在特定的时间、特定的场合穿特定的服饰。

2)着装要求。一般而言,最好是穿公司的统一服装,让顾客觉得公司很正规、企业文化良好。男士上身穿公司统一上装,戴公司统一领带,下身穿深色西裤、黑色平底皮鞋,避免留长发、染色,不佩戴任何饰品。女士上身穿公司统一上装,下身穿深色西裤或裙子、黑色皮鞋,避免散发、染发,不佩戴任何饰品。

(2)心态准备

1)积极心理。业务人员的心理素质是决定成功与否的重要原因,不良的情绪,如畏难、害怕、担心、焦虑、烦躁等是影响成功的大敌。因此,业务人员要学会管理自己的情绪,保持乐观开朗的心态,努力展现自己的专业、自信。只有做到"相信公司、相信产品、相信自己",才可以具有一个好心态。

2)拒绝准备。大部分客户是友善的,但是,遭遇拒绝是业务人员的必修课。因此,要提前分析客户所面临的最大风险和最大需求,预估客户可能会拒绝,并想好应对方法。

(3)业务准备

1)客户资料准备。在拜访前,要精准收集所拜访企业的详细资料,包括客户的名称、地址、联系方式、主营业务、规模、市场地位、合作伙伴、需求特点等,以便对客户有一个全面、准确的认识,找出客户的优势和痛点,制定合适的拜访目标和方案。如果有可能,还要尽量掌握拜访对象的教育背景、兴趣爱好等。

2)拜访资料准备。凡是能促进客户服务的资料,拜访人员都要带上,包括企业宣传资料、产品报价单等。

货代业务员在拜访客户时应该携带一些能够展示本公司的资料,如公司简介、业务范围、成功案例、优惠政策等,以便向客户介绍公司的实力和特色,提升客户的信心和兴趣。此外,货代业务员也可以根据客户的喜好和文化背景,准备一些合适的礼品,如名片夹、笔记本、茶叶等,以表示对客户的尊重和感谢,拉近双方的距离。

(4)计划准备

1)拜访预演。好的开始是成功的一半,同时还可以掌握75%的先机。要明确拜访的目的,选好沟通切入点,并预先演练开场白及沟通内容,熟悉需要介绍的业务内容。

货代业务员在拜访客户时应该注意控制自己的语气和态度,既要表现自信和专业,又要体现谦虚和诚恳。另外，货代业务员应该根据自己的拜访目的和方案，准备合适的话术和技巧，如开场白、自我介绍、询问需求、提供方案、解决异议、促成成交等，并根据实际情况灵活运用。应该尽量避免使用模板化或者刻板化的话术，而是要根据客户的反馈和情绪进行调整和改进。

2）确定拜访的时间和方式。货代业务员应该根据客户的习惯和喜好，选择合适的拜访时间和方式。一般来说，拜访客户应该避免客户忙碌或者休息的时段，尽量选择客户比较空闲或者有兴趣交流的时候。同时，拜访方式也要因人而异，有些客户喜欢正式的会面，有些客户则更愿意通过电话或者网络沟通。货代业务员应该尊重客户的意愿，提前与客户沟通，确认拜访的时间和方式，并做好相应的准备。

3）路线规划。在拜访前要和客户确认详细地址，并做好路线规划，以确保能够提前到达目的地，提高拜访效率。

（二）任务实施

1. 预约拜访时间

小王在和九方达果业有限公司的业务负责人李经理交谈后，了解了九方达果业有限公司在每周三的下午都会有两个小时的下午茶时间，这段时间李经理也较为空闲。在跟李经理确认后，小王将拜访时间定在本周三下午的 14:30，拜访地点为九方达果业有限公司。

2. 准备工作检查

（1）检查形象准备

小王决定身穿公司统一定制的黑色西装，于是提前一天将衣服熨烫平整，将配套的衬衫、领带、皮鞋、袜子等一一准备好，并在出门前进行了仪容、仪表检查，确保穿着得体、大方。

（2）做好心理准备

因为本次拜访准备得非常充分，小王心态较为平静，相信自己将会迎来一次成功、愉快的拜访。

（3）检查业务准备

在出发前，小王仔细检查了公文包，确保名片、公司宣传手册、业务方案、合同文本、报价单等必备物品都已全部带齐。另外，小王还邀请了一名做航空物流操作的同事一同前往，以便更专业地回答客户的问题。

（4）检查计划准备

小王在出发的前一天查阅路线及行车时间，发现所经路段堵车严重，故决定提前 1 个小时出发，以确保能够准时到达。另外，小王还在出发前再次与李经理联系，确定没有时间变动。

> **小知识**
> 1. 在拜访之前先通过电话联系，以免因客户临时有事不能见面而扑空。
> 2. 逐字斟酌电话词，并多次演练，将之烂熟于心。
> 3. 设想各种各样可能会出现的客户拒绝理由，针对每一种拒绝准备应对策略。
> 4. 事先尽可能多地了解客户的背景及目前客户需要的产品和服务，并初步预测达成合作意向的可能性。
> 5. 准备拜访客户时必需的各种方案和资料。

二、实施客户拜访

（一）任务资讯

1. 到达目的地

（1）在进入企业之前要观察客户企业的规模以及周边的设施。

（2）遵守企业的纪律，在相关人员的指引下登记进入。登记时要留意是否有竞争对手到访，以做好应对准备。

（3）观察客户企业的环境卫生、办公室的整洁度。

观察客户企业的环境卫生、办公室的整洁程度、前台的礼貌程度、人员的忙碌程度等，可以直接反映客户的管理状态。

2. 拜访客户的行为技巧

（1）打招呼和自我介绍

进行开场 30 秒的自我介绍，站在客户角度提炼介绍词，以快速引起客户的兴趣。

（2）巧妙运用询问方式

一名销售高手应该是一位很好的提问者，这样才能真正抓住客户的需求。这里推荐两种常见的提问方式。

1）开放式提问。

① "怎么样"或者"如何"，如"您是怎样应对这些问题的""我们怎样做才能满足您的要求"。

② "为什么"，如"为什么会出现这样的问题呢？"

③ "什么"，如"您还有什么建议吗？"

④ "哪些"，如"您对我们的服务还有哪些看法呢？"

2）封闭式提问。封闭式提问可以有意识地将客户引导至自己期望的方向，并有效控制问题的讨论时间，如"对于产品的使用效果，您还满意吗？"

（3）要体现细致、专业性

客户常问的或者最关心的问题，无非是围绕产品、价格、服务这三大方向。一名合格的货代业务员要对所经营的专线十分精通，对于能接的货物类型、不同运输方式的选择、海关和运输的各种限制条件烂熟于心，还要充分理解客户需求，做到有问必答，有竞争力的价格和实时响应的服务是最重要的。因此，在和客户聊天的时候，你要将有用的东西告诉客户，以帮助对方。

例如，公司最近产品的价格、空运和海运的近期价格走势；最近的报关行情是否有大变动，比如最近有大检查等；国外最近要放假了，比如中东地区的斋月、西方的圣诞节等；遇到台风或其他因素，会导致港口机场运营出现问题，此时各航空公司航期的变动等；还有节假日前，仓库放假，入仓需要排队等，以帮助客户分析并作出决策。

总之，只有货代业务员讲的内容是能帮助客户的，才能充分体现自身的细致性和专业性，这样客户才能真正记住你。

（4）面对客户，不要乱承诺

面对客户提出的刁钻条件，货代业务员不能为了达成合作而对客户作出不可能实现的承诺。这样的承诺会使客户对企业失去信任，不能达到长期合作的目的。

（5）不要欺瞒客户

现在行业发展得很快，作为货代业务员，要比客户懂得多，要比客户更专业，也要比客户了解更多的行业信息，在与客户聊天时，才能引导客户的思路。对于一些专业问题，懂就是懂，切忌不懂装懂，甚至欺瞒客户。

（6）不要诋毁竞争对手

不要天真地以为诋毁竞争对手能更好地销售自己的产品，这种行为只会让客户反感，甚至会觉得销售人员的素质不高而拒绝合作。

（7）不卑不亢，要和客户站在平等的位置上

货代业务员在和客户沟通时，一定要站在平等的位置上解决问题，货代业务员越妥协示弱，客户就会越不重视货代业务员。

（8）巧妙处理客户提出的异议

在回复客户提出的异议时，不要直接否定，而要加上对自己有利的附加条件。比如客户问：价格可以再低点儿吗？你就可以回答：可以，但是需要达到多少数量。

（9）在客户忙的时候，不应该随意打扰

在拜访客户的时候一定要注意不能打扰客户，不能在客户休息的时间或者正在忙的时候拜访。

（10）做好记录，客户会认为得到了重视。

（11）手机一定要保持"安静"。

（12）结束时，对客户提出的问题要给出一个大概的回复时间。

3．商务名片递送礼仪

（1）名片的递送

在社交场合，名片是做自我介绍时使用的最简便的方式。交换名片的顺序一般是：先客后主，先低后高。当与多人交换名片时，应依照职位高低的顺序，或是由近及远，依次进行，避免跳跃式地交换，以免对方产生厚此薄彼之感。在递送时应将名片正面面向对方，双手奉上，眼睛应注视对方，面带微笑，并大方地说，"这是我的名片，请多多关照"。名片的递送应在介绍之后，在尚未弄清对方身份时不应急于递送名片，更不要将名片视同传单随便散发。

（2）名片的接受

在接受名片时应起身，面带微笑注视对方。接过名片时应说"谢谢"，随后有一个微笑阅读名片的过程。阅读时可以将对方的姓名、职称等念出声来，并抬头看看对方的脸，使对方产生一种受重视的满足感。然后，回敬一张本人的名片，如果身上未带名片，应向对方表示歉意。在对方离去之前，或话题尚未结束时，不必急于将对方的名片收藏起来。

4．挖掘客户需求的原则

挖掘客户需求是指通过买卖双方的沟通，逐渐发掘客户对项目或业务的具体需求，将客户心里模糊的认识以精确的方式描述并展示出来的过程。挖掘客户需求时需要注意以下问题。

（1）全面性原则。对于列入客户范畴的客户，要全面地挖掘其所有需求。

（2）突出性原则。时刻不能忘记营销人员的第一要务是为公司销售产品、帮助客户满足需求。

（3）深入性原则。沟通不能肤浅，否则只能是空谈，要深入了解客户的生活、工作等各个环节。

（4）广泛性原则。在与客户的沟通中要了解所接触客户的需求状况，学会对比分析，有针对性地准备相关工具和说服方法。

（5）建议性原则。客户认同的观念跟我们或多或少会存在一些差异，因此对客户需求进行发掘时只能说"我们认为您的需求是……，您认同吗"。

5．小结

总体来说，拜访客户可以按照以下4个步骤进行。

（1）探索。发现客户需求。

（2）提议。为客户需求提供解决方案。

（3）行动。实施方案。

（4）确认。向客户确认对结果的认知。

（二）任务实施

1. 提前到达

小王根据计划提前一小时出发，并提前20分钟到达九方达果业有限公司。在传达室做来访登记后，小王先熟悉周围环境，缓解紧张情绪，同时整理自己的形象，回顾拜访措辞。

2. 见面礼仪

小王见到李经理后，先打招呼，并做了简短的自我介绍，然后将名片双手递送到李经理手中，并对李经理接受这次拜访表示感谢。

3. 业务介绍

双方落座后，小王向李经理详细介绍了本公司的基础信息、业务范围及核心竞争力，分析了目前航空物流货运市场的现状和同行的运价水平。双方针对九方达果业有限公司目前的业务需求及解决方案进行了深入讨论，小王提供了相应的报价标准。对于无法立刻回答的问题，小王也一一详细记录，承诺最迟3日给出回复。

4. 致谢告辞

交谈两个小时后，小王已对所有内容介绍完毕，对李经理提出的问题也一一作答，并针对九方达果业有限公司的现状初步制定了解决方案。至此，小王便起身与李经理握手告辞，再次向他表示感谢，并约定了下次拜访的时间。

小知识

拜访客户的"雷区"

忌准备不足。不打无准备之仗，营销拜访亦是如此。如果对即将拜访的客户一无所知，那么你的拜访不但不能促成交易，反而会适得其反。

忌贬低对手。将自己的产品和竞争对手的产品进行比较是应该的，但是不能不负责任地贬低对手，这样会影响你在客户心目中的形象。

忌过度承诺。在拜访中，作为购买条件，客户可能会提出一些你做不到或者不在你授权之内的事情，一定要谨言慎行，千万不要承诺做不到的事情。

忌急于求成。一次成功的营销一般不会简单地通过一次拜访就能成单，因此在拜访时不要急于求成，将价格一降到底而不留余地。

三、拜访总结

（一）任务资讯

1. 整理客户资料

系统、有计划地做好客户资料整理，一方面可以大大提高营销人员的工作效率；另一方面可以更好地维护客户关系，理顺跟进情况，从而提高成单率。这些信息包括三个方面的内容。

（1）客户的个人信息，如穿着打扮风格、行为举止如何，办公室的摆设，聊天的兴趣点等。

（2）在交流过程中，客户对产品的关注点是什么，提出了哪些问题，双方约定了哪些事宜。

（3）总结自己在拜访期间的表现，以及实现了哪些目标、有哪些你觉得有用的信息。

2. 客户分类管理

20%的客户创造了80%的利润，80%的客户只创造20%的利润。企业资源有限，不同客户的利润回报差别很大，不可能对其投入相同的精力，让所有客户都满意。如果将大量时间都花在"80%"客户身上，则提升业绩肯定非常困难。所以，根据贡献率为客户分类尤为重要。

可以使用ABC分类管理法对客户进行分类，如图2-2所示。

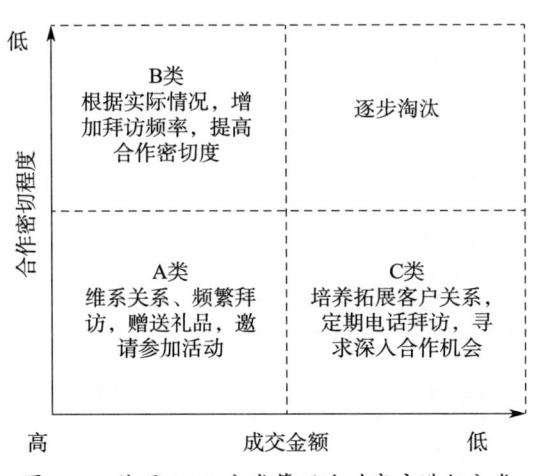

图2-2 使用ABC分类管理法对客户进行分类

客户分类管理能够为销售指明外部市场重点客户，使得公司内部有限的营销资源得到最优配置；能够为规划客户管理标准提供依据，避免出现过度服务和服务不足的错位。A类客户应每月回访1次，B类客户应每2个月回访1次，C类客户应每3个月回访1次。也可以以回访A类客户为中心，顺道回访附近的B、C类客户；A类客户尽量排在月初第一周优先拜访；C类客户可以运用电话以减少拜访次数。

3. 建立客户资料数据库

学会借助CRM（customer relationship management，客户关系管理系统）辅助建立客户资料数据库。在欧美国家，99%的业务员会通过CRM工具建立和管理客户数据，无论是在计算机上还是手机上，用文字、图片或是文档，都可以详细地记录客户资料和联系情况。

4. 跟踪回访，再次预约沟通

对于已经签单的客户，要做好售后回访，关注产品使用情况，提高与客户的黏度，切勿成交之后就将客户打入"冷宫"，这样客户只会越做越少。

对于尚未签单的客户，回去之后就开始准备，然后以满足客户提出的要求或反馈公司的不同意见为由，与客户电话预约后再次面谈；也可以以送新资料的名义再次拜访。总之，拜访的次数越多，接触的机会越多，成交的概率就越大。

（二）任务实施

1. 填写客户拜访记录表

小王回到公司后，及时填写了如下的客户拜访记录表。

客户拜访记录		
客户名称：九方达果业有限公司		
拜访日期：2024年9月6日	地点：九方达果业有限公司	记录人：小王
拜访目标：了解客户需求，提供解决方案，并促成合作		
与会人员：李经理、小王、小杜		
内容纪要： 1. 介绍我司的业务类型、优势及报价 2. 针对李经理提出的业务需求提出解决方案及报价 3. 双方进行友好协商，客户有较强烈的合作意向		
下一步跟进要点： 定期拜访，加深与客户的关系，并针对客户提出的问题给出具体的解决方案		

2. 建立客户资料数据库

小王利用CRM建立了客户资料数据库，用来统一记录和管理客户资源及跟进情况。

3. 制订跟进计划

通过本次拜访，小王判断李经理对公司的服务以及报价较为满意，合作意向比较强烈，故制订了详细的跟进计划。

知识考核

一、单选题

1. 拜访客户一般应提前到达的时间是（　　）。
A. 2 小时　　　　B. 1 小时　　　　C. 10～60 分钟　　　　D. 30 分钟

2. 在拜访客户时，如果客户没有时间接待，需要等待的时间底线为（　　）。
A. 5 分钟　　　　B. 20 分钟　　　　C. 1 小时　　　　D. 一直等下去

3. 在递送名片时，正确的方式是（　　）。
A. 字体朝向对方　　　　B. 字体朝向自己
C. 无所谓　　　　D. 依据情况而定

4. A 类客户回访的频率是（　　）。
A. 每月 2 次　　　　B. 每月 1 次
C. 随时回访　　　　D. 每周 1 次

二、多选题

1. 根据企业的个性特点进行分类，客户可以分为以下几种（　　）。
A. 理智型　　　　B. 遵从型
C. 和蔼可亲型　　　　D. 严格要求型

2. 处理异议的技巧包括（　　）。
A. 转换话题　　　　B. 追求双赢
C. 有限妥协　　　　D. 据理力争

3. 交换名片的顺序一般是（　　）。
A. 先客后主　　　　B. 先低后高
C. 由近及远　　　　D. 按照职务高低依次递送

4. TOP 是由三个英文单词的首位字母拼写而成的，是指（　　）。
A. time（时间）　　　　B. objective（目的）
C. place（地点）　　　　D. plan（计划）

三、判断题

1. 凡是能促进客户服务的资料，拜访人员都要带上。（   ）
2. 客户一般指购买或消费企业产品或服务的个人或组织。（   ）
3. 拜访前只要调整好心态即可。（   ）
4. 开放式提问的主要目的是收集信息。（   ）
5. 发现客户频繁看表，应该主动起身告辞。（   ）

技能训练

客户回访是企业用来进行产品或服务满意度调查、客户消费行为调查、客户维系的常用方法。由于客户回访中往往会与客户进行比较多的互动沟通，因此是企业完善客户数据库、进一步促进销售、增进关系的有效方式。你是公司业务部的业务员，在整理客户数据时，发现公司有一个合作了2年的客户，近期无合作业务，你决定对客户进行回访。请制订一份客户回访计划，并按照回访时间、回访目的、回访方式、回访结果、存在问题、细节分析、跟进措施等要素编制回访报告。

分析评价

层级	项目名称	扣分	总分	评分项目类型： 1. 专业能力 2. 职业素养
1	**拜访前准备工作**		20	
2	形象良好，着装恰当		10	1
2	客户拜访准备工作充分		10	1
1	**实施客户拜访**		30	
2	有效挖掘客户需求，达到沟通目的		20	1
2	恰当处理客户异议，沟通效果好		10	1
1	**拜访总结**		30	
2	能按格式规范填写客户总结		10	1
2	正确分类客户		10	1
2	持续跟进客户		10	1

续表

层级	项目名称	扣分	总分	评分项目类型： 1. 专业能力 2. 职业素养
1	**专业沟通与表达**		20	
2	与客户沟通时语气、语调平稳自信，态度诚恳		6	2
2	细致、专业地解答客户疑问		10	2
2	与客户的沟通顺畅、有效		4	2

参考答案

一、单选题

1. C 2. C 3. A 4. B

二、多选题

1. ABCD 2. ABC 3. ABCD 4. ABC

三、判断题

1. 正确 2. 正确 3. 错误 4. 正确 5. 正确

学习单元 2

客户评价指标体系建立

任务目标

1. 能制定客户评价指标体系，并确定客户价值。
2. 能根据客户价值进行客户关系战略管理。
3. 能恰当处理客户的不满和异议。

聚焦情境

××国际货运代理有限公司市场部通过市场调查与分析，收集了大量的客户信息。经统计分析，客户大部分为企业客户、代理人和快递加盟企业，各类客户因运输需求不同，可能会给公司带来不同的收益。为了使收益最大化、挖掘客户价值、增加客户利润贡献度，进行客户管理就成为市场开发、获取订单的必要环节。客户管理系统中的一项重要工作就是企业通过客户评价体系对客户进行评价、量化及全面描述客户概貌。

任务发布

市场部为了快速占领市场，需对客户的价值进行分析，评估客户群体，针对不同的客户进行分类管理，从而尽快地获取客户订单，为公司创造更大的利润。市场部经理 Luke 在周例会上布置了本周的工作任务。

1. 根据公司的业务，建立客户评价指标体系。
2. 根据客户群体特征进行客户关系战略管理。
3. 处理客户的不满和异议。

任务分析

任务分析鱼骨图如图 2-3 所示。

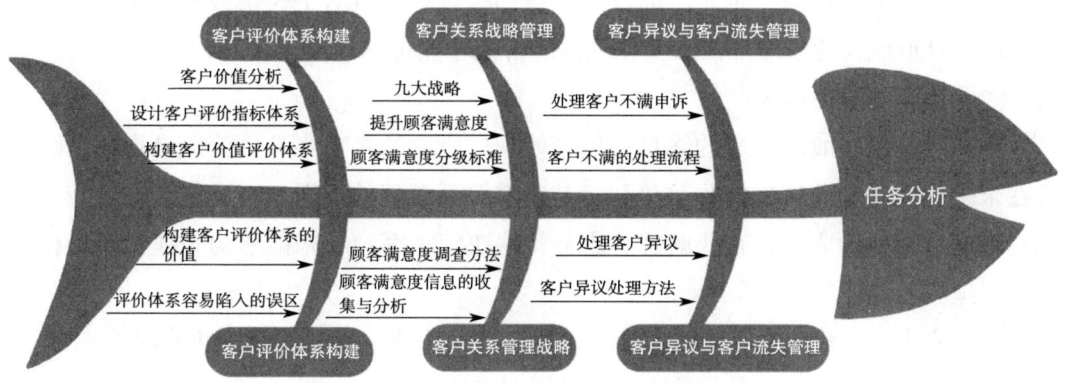

图 2-3　任务分析鱼骨图

任务实施

一、客户评价体系构建

（一）任务资讯

1. 客户价值分析

（1）客户价值的体现

客户的价值是指客户对企业的价值，它不单单是指客户直接购买产品或服务为企业带来的利润贡献，而是指该客户为企业所创造价值的总和。

客户的价值体现在以下 5 个方面。

第一，客户是企业的利润源泉。企业要实现利益必须依赖客户，因为只有客户购买了企业的产品或者服务，才能使企业的利润得以实现。因此客户是企业的利润源泉，管理好客户就意味着管好了利润。

第二，客户具有聚焦效应。人气是企业发展的商业基础，一般来说，人们的从众

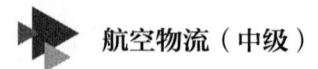

消费心理较强，拥有大量客户是客户选择该企业的重要因素。

第三，客户具有信息价值。客户为企业提供信息，可以使企业更有效、更有的放矢地开展经营活动。客户的信息价值包括客户的信息需求、竞争对手信息、客户满意度信息等。

第四，客户具有口碑价值。客户会向他人宣传本企业的产品或者服务，从而吸引更多的客户加入，使企业的销售额增长、收益增加。

第五，客户是赢得竞争的利器。在产品或服务的供求过程中，买方市场日渐形成，客户对产品的选择空间越来越大，企业间的竞争已经从产品的竞争转向有限的客户资源的争夺。企业所拥有的技术、资金、管理、人力、信息等，在如今很容易被竞争对手模仿或者购买，然而，企业所拥有的客户却很难被竞争对手模仿或者购买，客户的忠诚度一旦形成，竞争对手往往要花数倍的价值才能将其挖走。

（2）客户价值的构成

客户的价值一般以客户的终身价值来体现。所谓的客户终身价值，是指每个购买者在未来可能为企业带来的收益总和，是客户关系管理的准绳，它决定了企业应当为谁提供服务、如何服务。企业的客户服务策略决定了客户将来能够为企业带来怎样的投资回报。

在现实中，客户的终身价值由历史价值、当前价值、潜在价值三部分构成。

历史价值是指客户与企业发生的交易所创造的价值。

当前价值是指客户在生命周期内按照过去的交易模式，即固定的交易量和交易频率预测将创造的利润。

潜在价值是指客户对自己的购买行为作出评价，然后影响其他新客户的行为，从而为企业带来的客户价值增值。

2. 设计客户评价指标体系

（1）指标选取原则

第一，量化原则。在选取指标时应尽可能选取可量化的指标，如利润额、购买量、购买频率、账期回款率等，只有这样，才能测算客户具体的价值，便于筛选客户。

第二，尽量剔除干扰因素。这项原则主要是考虑到有些指标在使用过程中会受一些因素的干扰，如购买率会因为季节性的影响而失真，因此要剔除这些因素的干扰。

第三，符合目标性。选取的指标只有符合测算的目标，才能真正衡量客户的价值。

（2）企业常用的评价指标

在设计具体的测算方法或评估客户价值指标的过程中，企业会根据自己的业务和偏好差异选择不同的指标。企业对客户价值的评价指标一般分为当前价值和潜在价值两部分。

当前价值中常用的指标有毛利润、购买量、购买频率、服务成本、重复购买率、支付能力。

1）毛利润是指客户为企业创造的利润总额。

2）购买量是指客户在企业购买产品或服务的总量。

3）购买频率是指客户在企业购买产品或服务的频率。

4）服务成本是指企业为客户提供服务所需花费的成本。

5）重复购买率是指客户重复购买企业产品或服务的频率。

6）支付能力是指客户本身的货币支付能力。

潜在价值的常用指标有信用度、忠诚度、信任度等。

3. 构建客户价值评价体系

（1）评价客户价值的原因

不同的客户对企业意味着不同的价值，甚至有些客户只会给企业带来亏损，所以客户的价值是需要评估和测算的。根据客户价值的大小进行分类，并采取不同的客户服务策略，是提升客户忠诚度、增加企业长期利润的重要途径。

客户价值是一个动态、综合的概念和现象。客户给企业带来的价值既有近期价值，也有长远价值；既有显性价值，也有隐性价值；既有目前价值，也有终身价值。如何根据客户价值进行客户分类尤为关键，这将决定企业占有市场份额的大小。

（2）客户价值评价体系的构建方法

在评价或测算客户价值时，其测评方法主要分为3个环节。

1）第一个环节是设计评价指标。构建评价体系，首先要确定评价指标，一定要严格按照以下3个要求确定评价指标。

①贴合使用场景。不同的使用场景，所需要的指标方向也是不一样的。如果项目是为了增长，则指标也要往增长的方向靠，如订单涨幅、份额涨幅等；如果项目是为了提升营业收入，则指标就要确定变现率涨幅、收入涨幅、客单价涨幅等。即项目方向是什么，指标就定什么。

②使用方认同。评价体系最终是给业务方使用的，所定的指标一定要与业务方进行对焦，包括收集业务方的建议。只有业务方的认同感强，指标才能被具体执行。

③能通过行动改善。指标的变化会影响最终的评估结果，如果一项指标无法通过行动改善，则其对于评价体系是没有任何意义的。

2）第二个环节是赋予指标权重。在评价体系中，每项指标的重要程度都是不一样的。所以，要针对不同指标赋予不同的权重，对指标进行加权。需要注意的是，权重分配要有相应的逻辑，企业可以根据行业特点、竞争对手做法以及企业自身对评价权重的偏好，设计符合自身所需的指标权重。

3）第三个环节是测算客户价值。最后的步骤是对指标进行整合计算。因为各项指标都不在同一量纲上，所以要对数据进行无量纲化处理，通过"客户总价值 = $\sum$ 指标$_i$ × 权重$_i$"的测算方法，测算具体的客户价值，以便进行客户管理。

4. 构建客户评价体系的价值

（1）让评估结果更加全面和客观

要对一个客户进行考核，不能只从业务量进行单方面考核，还需要结合客户忠诚度、回款时效等多个方面评估，同时可以通过权重让评估结果更加合理。

（2）业务方的"指南针"

业务方在使用评价体系的时候，会明确地知道自己当前哪一项是好的、哪一项是急需改善的，从而对业务展开起到重要的指导作用。

5. 评价体系容易陷入的误区

（1）没有与业务方达成一致就开始落实并实施

业务方是评价体系的使用方，如果没有得到其认可，评价体系将无法落实并实施，否则将不利于业务方的具体执行。

（2）没有相应的奖惩机制

评价体系如果没有对应的奖惩机制，在具体执行中就不会形成威慑力，业务方对于评价结果也不会重视，自然不会主动改善指标。所以必须有相应的奖惩机制形成执行压力。

（3）没有做到及时调整

评价体系一定要及时跟随业务的变化作出调整，不然会导致指标与业务脱节，降低使用价值。

（二）任务实施

1. 评价指标体系设定

货运代理企业主要提供的产品属于服务类，客户主要是企业客户，因此，根据公司的业务特点，结合客户群体的分布情况，设计如下评价指标（见表2-1）。

表2-1 客户价值评价指标表

总类别	价值类别	评价指标	设定参数
客户价值	当前价值	营业额	X1
		毛利润	X2
		回款及时率	X3
		货物破损赔偿比例	X4
		航空运输业务比例	X5

续表

总类别	价值类别	评价指标	设定参数
客户价值	潜在价值	客户忠诚度	Y1
		企业发展潜力	Y2
		价格敏感度	Y3

2. 客户价值分析

根据以上指标进行客户价值分析。

（1）根据企业现有的客户，收集评价指标中的相关数据（见表2-2）。

表2-2　　　　　　　　　　客户指标数据统计

客户	营业额 X1	毛利润 X2	货物破损赔偿比例 X4（1–实际数值）	航空运输业务比例 X5
客户 1	100 000	0.2	0.8	0.8
客户 2	110 000	0.2	0.7	0.7
客户 3	80 000	0.25	0.8	0.8
客户 4	60 000	0.15	0.7	0.4
客户 5	14 000	0.1	0.8	0.2
客户 6	78 000	0.15	0.7	0.4
客户 7	56 000	0.15	0.8	0.3
客户 8	32 000	0.2	0.7	0.4
客户 9	45 000	0.3	0.9	0.5
客户 10	60 000	0.35	0.8	0.7

（2）由于以上数据对于客户价值分析的目标作用、趋势表现可能受到其他因素的影响，因此采取直线无量纲化处理，得到以下数据（见表2-3）。

表2-3　　　　　　　　　　客户指标无量纲化数据

客户	营业额 X1	毛利润 X2	货物破损赔偿比例 X4（1–实际数值）	航空运输业务比例 X5
客户 1	0.896	0.40	0.5	1.000
客户 2	1.000	0.40	0	0.833
客户 3	0.687	0.60	0.5	1.000
客户 4	0.479	0.20	0	0.333
客户 5	0.000	0.00	0.5	0.000

续表

客户	营业额 X1	毛利润 X2	货物破损赔偿比例 X4（1-实际数值）	航空运输业务比例 X5
客户 6	0.667	0.20	0	0.333
客户 7	0.437	0.20	0.5	0.167
客户 8	0.187	0.40	0	0.333
客户 9	0.323	0.8	1.0	0.500
客户 10	0.479	1.00	0.5	0.833

（3）对指标中的非量化数据用评价等级进行衡量（见表2-4至表2-7）。

表2-4　　　　　　　　　　回款及时率X3评价等级表

等级	完全及时	通常及时	偶尔及时	通常不及时	完全不及时
得分	5	4	3	2	1

表2-5　　　　　　　　　　客户忠诚度Y1评价等级表

等级	100%	80%	50%	30%	10%
得分	5	4	3	2	1

表2-6　　　　　　　　　　企业发展潜力Y2评价等级表

等级	很好	好	一般	差	很差
得分	5	4	3	2	1

表2-7　　　　　　　　　　价格敏感度Y3评价等级表

等级	不敏感	迟钝敏感	敏感	一般敏感	特别敏感
得分	5	4	3	2	1

（4）经过评价，得出客户非量化指标等级评分表（见表2-8）。

表2-8　　　　　　　　　　客户非量化指标等级评分表

客户	X3	Y1	Y2	Y3
客户 1	5	4	3	4
客户 2	4	4	3	4
客户 3	5	2	5	4

续表

客户	X3	Y1	Y2	Y3
客户4	4	1	3	1
客户5	5	4	2	3
客户6	4	3	5	2
客户7	5	4	1	4
客户8	1	5	1	4
客户9	2	4	5	5
客户10	4	2	4	4

（5）将表2-8的数据进行直线无量纲化处理，结果见表2-9。

表2-9　　　　　　客户非量化指标等级评分无量纲化处理

客户	X3	Y1	Y2	Y3
客户1	1.00	0.75	0.50	0.75
客户2	0.75	0.75	0.50	0.75
客户3	1.00	0.25	1.00	0.75
客户4	0.75	0.00	0.50	0.25
客户5	1.00	0.75	0.25	0.50
客户6	0.75	0.50	1.00	0.25
客户7	1.00	0.75	0.00	0.75
客户8	0.00	1.00	0.00	0.75
客户9	0.25	0.75	1.00	1.00
客户10	0.75	0.25	0.75	0.75

（6）根据公司业务特点及评价目标设定各指标权重（见表2-10）。

表2-10　　　　　　客户当前价值评价指标权重赋值表

指标	X1	X2	X3	X4	X5
权重值	0.25	0.2	0.2	0.2	0.15

（7）客户当前价值结果比较（见表2-11）。

表2-11　　　　　　客户当前价值结果比较表

客户	数值计算结果	排名
客户1	0.697	1

续表

客户	数值计算结果	排名
客户 2	0.605	3
客户 3	0.692	2
客户 4	0.360	8
客户 5	0.250	9
客户 6	0.407	6
客户 7	0.424	5
客户 8	0.176	10
客户 9	0.386	7
客户 10	0.594	4

（8）根据公司业务特点及评价目标设定客户潜在价值评价指标权重（见表2-12）。

表2-12　　　　　　　　客户潜在价值评价指标权重赋值表

指标	Y1	Y2	Y3
权重值	0.4	0.4	0.2

（9）潜在价值结果比较（见表2-13）。

表2-13　　　　　　　　客户潜在价值结果比较表

客户	数值计算结果	排名
客户 1	0.65	2
客户 2	0.65	2
客户 3	0.65	2
客户 4	0.20	6
客户 5	0.50	4
客户 6	0.65	2
客户 7	0.45	5
客户 8	0.55	3
客户 9	0.90	1
客户 10	0.55	3

（10）以0.6的当前价值权重与0.4的潜在价值赋值进行综合统计（见表2-14）。

表2-14　　　　　　　　客户价值综合结果比较表

客户	当前价值	潜在价值	综合得分
客户 1	0.697	0.65	0.678

续表

客户	当前价值	潜在价值	综合得分
客户 2	0.605	0.65	0.623
客户 3	0.692	0.65	0.675
客户 4	0.360	0.20	0.296
客户 5	0.250	0.50	0.350
客户 6	0.407	0.65	0.504
客户 7	0.424	0.45	0.434
客户 8	0.176	0.55	0.326
客户 9	0.386	0.90	0.592
客户 10	0.594	0.55	0.576

3. 结论

由上述表格中的数据综合得出，客户1、客户2、客户3为贵宾客户，客户9为特别战略客户，客户6、客户10为重要客户，客户4、客户5、客户7、客户8为一般客户。

二、客户关系战略管理

（一）任务资讯

1. 九大战略

客户是企业重要的战略资产，以客户为中心、为客户创造价值已经成为企业长期收益的源泉。客户关系管理是一个战略过程，它起始于目标客户选择，落脚于客户忠诚。只有将客户关系管理视为一个贯穿于企业营销的战略性过程，才能真正实现客户关系管理的目标。可以通过以下九大战略实现更优质的客户关系管理。

第一，选择目标客户。很少有企业有能力、有资源满足所有客户的需求。这不仅仅因为客户需求千差万别，也因为竞争对手众多。绝大多数企业需要通过市场细分，准确选择目标客户。即便是那些实力雄厚、野心勃勃的企业，也必须通过市场细分，针对不同目标客户提供差异化产品或服务。

第二，研究客户需求。只有通过对目标客户进行专业、科学的研究，发现客户的价值取向、偏好，才能为客户提供适切价值，让客户获得满足，最终建立客户忠诚度。

第三，确立市场定位。通俗地讲，确立市场定位就是与竞争对手区别开来。其最高目标是别具一格，最低要求是做出产品的差异化。如果研究客户需求解决的是"必须达到的基本高度"问题，那么市场定位解决的则是"必须达到的理论高度"问题。许多企业之所以不够成功，原因就是只达到了客户需求的基本高度，没有达到理论高度。所谓"基本高度",是指竞争力一般的普通产品;所谓"理论高度",是指有一定竞争力的差异化产品和有超强竞争力的高品质的独特产品。

第四,确定营销组合。同一目标客户群,由于文化、地理、性别和收入的不同,也具有不同的偏好,因此,企业必须提供不同的产品组合、价格组合,以及与之配套的渠道组合、推广和促销组合。而没有对客户、竞争对手的精准研究,就很难制定精准的营销组合。

第五,建立客户关系。包括三个环节:对客户的认识,对客户的选择,对客户的开发。

第六,维护客户关系。包括五个环节:对客户信息的获取,对客户的分级,与客户的互动与沟通,对客户的满意度分析,努力实现客户的忠诚。

第七,挽回客户关系。即在客户关系出现危机时,如何挽回流失或者即将流失的客户。

第八,建设和应用 CRM 系统。包括如何应用呼叫中心、数据库、数据挖掘、商务智能、互联网、电子商务、移动设备、无线设备等现代信息技术工具辅助客户关系管理。

第九,实现"以客户关系管理为核心的营销"的良性循环。包括如何进行基于战略性客户关系管理理念的营销,如何实现客户服务与支持的业务流程重组、营销创新、经营方式转变和组织机构设置,以及如何实现 CRM 软件系统和其他信息技术管理手段的协同与整合。这一步既是一项工作,也是实现战略性客户关系管理使命的关键,就是让企业的营销、经营、管理实现良性循环。

2. 提升顾客满意度

顾客满意度,是指顾客对某一事项满足其需求和期望的程度,也是顾客在消费后感受到满足的一种心理体验。

由于不同国家和地区、不同消费人群对这些需求有不同的需求强度,因此在消费后又存在不同的满意水平。当顾客需求强度高时,稍有不足,他们就会表示不满或强烈不满;当需求强度低时,只需低水平的满足即可。例如,购买彩色电视机,由于人们收入水平和消费心理的不同,对电视机的功能、款式、价格有不同的需求强度。收入丰厚的人,喜欢高档名牌,因此对品质和功能的需求强度较高,而对价格需求不强烈。也就是说,当品质和功能不能满足要求时,他们就会产生不满。而低收入工薪族的消费心理是追求价廉物美,以实惠为原则,因此对价格和服务的需求强度高,价格高、服务差是他们产生不满的主要因素,而对功能的需求则不强烈。

因此,企业应该根据不同的顾客需求确定主要的需求结构,以满足不同层次顾客的要求,使顾客满意。

顾客满意度指标，是指用以测量顾客满意程度的一组项目因素。要评价顾客满意的程度，就必须建立一组与产品或服务有关、能反映顾客对产品或服务满意程度的指标。由于顾客对产品或服务的需求结构强度不同，而产品或服务又由许多部分组成，每个组成部分又有许多属性，当产品或服务的某个部分或属性不符合顾客要求时，他们都会作出否定的评价，产生不满意感。因此，企业应根据顾客的需求结构及产品、服务的特点，选择那些既能全面反映顾客满意状况又有代表性的项目，作为顾客满意度的评价指标。全面是指评价项目的设定应既包括产品的核心项目，又包括无形的和外延的产品项目。否则，既不能全面了解顾客的满意程度，也不利于提升顾客的满意水平。另外，由于影响顾客满意或不满意的因素很多，企业不能将之都用作测量指标，因而应该选择那些具有代表性的主要因素作为评价项目。

3. 顾客满意度分级标准

顾客满意度测评指标体系是一个多指标的结构，运用层次化结构设定测评指标能够由表及里、深入清晰地表述顾客满意度测评指标体系的内涵。这里将测评指标体系划分为四个层次，每一层次的测评指标都是由上一层测评指标展开的，而上一层次的测评指标则是通过下一层测评指标的测评结果反映出来的。其中，"顾客满意度指数"是总的测评目标，为一级指标，即第一层次；顾客满意度模型中的顾客期望、顾客对质量的感知、顾客对价值的感知、顾客满意度、顾客抱怨、顾客忠诚六大要素为二级指标，即第二层次；根据不同的产品、服务、企业或行业的特点，可以将这六大要素展开为具体的三级指标，即第三层次；三级指标可以展开为问卷上的问题，形成了测评指标体系的四级指标，即第四层次。

由于顾客满意度测评指标体系是依据顾客满意度模型建立的，因此测评指标体系中的一级指标和二级指标的内容基本上对所有的产品和服务都适用，具体内容见表2-15。

表2-15　　　　　　　　　　顾客满意度测评指标体系

一级指标	二级指标	三级指标
顾客满意度指数	顾客期望	对产品或服务质量的总体期望
		对产品或服务质量满足顾客需求程度的期望
		对产品或服务质量稳定性的期望
	顾客对质量的感知（产品）	顾客对产品质量的总体评价
		顾客对产品质量满足需求程度的评价
		顾客对产品质量可靠性的评价

续表

一级指标	二级指标	三级指标
顾客满意度指数	顾客对质量的感知（服务）	顾客对服务质量的总体评价
		顾客对服务质量满足需求程度的评价
		顾客对服务质量可靠性的评价
	顾客对价值的感知	给定价格时顾客对质量级别的评价
		给定质量时顾客对价格级别的评价
		顾客对总成本的感知
		顾客对总价值的感知
	顾客满意度	总体满意度
		感知与期望的比较
	顾客抱怨	顾客抱怨
		顾客投诉情况
	顾客忠诚	重复购买的类别
		能承受的涨价幅度
		能抵制的竞争者的降价幅度

4. 顾客满意度调查方法

顾客满意度调查已进入中国十多年了，从最初的服务落实度调查，到感知质量调查，再到满意度指数模型调查，顾客满意度调查不断与多种研究技术和理念相结合，发展为满足不同需求的满意度调查技术。根据满意度调研关注点和解决问题的不同，截至目前，满意度调查的方法一般有以下三种。

（1）服务落实度调查

服务落实度调查通过服务规范的落实检查，将调查数据作为通报或考核的依据，从而传递服务压力，督促员工落实服务标准，规范员工行为，培养员工良好的服务习惯。

服务落实度调查主要采用两种方式：一种方式是以问卷方式，在门口拦截或用电话回访，让客户确认之前工作人员是否按规范进行操作；另外一种方式是神秘顾客检测（暗访），如对营业厅、汽车4S店、百货商场等的暗访，主要针对一线窗口部门，假扮客户接受服务，全程录音、录像作为证据。问卷方式覆盖面广、成本低，但考核证据力较弱；神秘顾客检测成本高，但有录音、录像，考核证据力强。

（2）感知质量调查

感知质量调查与服务落实度调查的区别是"服务过程"不同，它不是向客户询问、确认工作人员做了什么，而是直接询问服务感受或满意程度，关注的是客户"感受到的服务质量"和最终的"服务效果"。

与服务落实度调查只能评价前端部门不同，由于感知质量满意度是对服务效果的评价，因此不与客户直接接触的后端部门也能被评价，从而构成完整的前后端服务评价系统。感知质量满意度指标体系根据客户与企事业单位接触的服务流程、环节、触点，按照逻辑包含关系，分为一级、二级、三级指标，逐一对应、关联各相关责任部门。

（3）满意度指数模型调查

服务质量不等于满意度，满意度指数模型认为，除了"感知质量（即服务质量）"外，"品牌形象""用户预期""价值感知"都是影响客户满意度的因素，并且在四个满意度影响因素之间存在路径和因果关系，形成一个结构方程。

满意度指数模型适用于国家、行业层面的满意度调查。因为企事业单位之间存在明显的差异性，一个单位的感知质量满意度模型不能适用于另一个单位，如果要对整个国家或整个行业进行满意度调查，就必须有一个无关企事业单位差异性的模型。满意度指数模型根据客户满意度形成心理路径设计，与企事业单位服务的差异性无关，因此其满意度指数调查具有跨行业、跨企业可比的特点。

5. 顾客满意度信息的收集与分析

收集顾客满意度信息的方式有多种多样，包括口头方式和书面方式。企业应根据信息收集的目的、信息的性质、所需费用等确定收集信息的最佳方法。收集顾客满意度信息的渠道有顾客投诉、与顾客的直接沟通、问卷和调查、密切关注的团体、消费者组织的报告、各种媒体的报告、行业研究的结果等七种渠道。

收集顾客满意度信息的目的是针对顾客不满意的因素寻找改进措施，进一步提高产品和服务质量。即对收集的顾客满意度信息进行分析整理，找出不满意的主要因素，确定纠正措施并付诸实践，以达到预期的改进目标。

在收集和分析顾客满意度信息时，必须注意两个方面。

第一，顾客有时是根据自己在消费商品或服务之后所产生的主观感觉评定满意或不满意的，因此，往往会由于某种偏见、情绪障碍和关系障碍，而将心中完全满意的产品或服务评价为很不满意。此时的判定不能仅靠顾客的主观感觉报告，也应考虑是否符合客观标准的评价。

第二，顾客在消费产品或服务后，如遇到不满意时，也不一定都会提出投诉或意见。因此，企业应针对这一部分顾客的心理状态，利用更人性化的方法获得他们的意见。

（二）**任务实施**

××国际货运代理有限公司根据客户管理战略，借鉴同行业企业的先进经验，制定了如下客户关系维护方案。

××国际货运代理有限公司客户关系维护方案

1. 客户关系维护的对象和目的

（1）对象

客户关系维护对象以现有的客户为重点，同时包括未来客户和潜在客户。

（2）目的

客户关系维护的目的在于巩固同客户的关系，维护双方的利益，实现合作和共赢。

2. 客户关系数据库（卡）的建立与使用

（1）客户关系数据库（卡）的建立

客户服务人员要根据固定的格式建立数据库（卡），内容包括客户的姓名、性别、联系方式、单位、职务、住址等。

（2）客户关系数据库（卡）的管理

公司对客户关系数据库（卡）实施区别化管理，主要根据重要程度将客户划分成重点客户和一般客户，对重点客户进行单独管理，单独制作数据库（卡）。

（3）客户关系数据库（卡）的使用

1）坚持准确性、有效性、及时性的使用原则。

2）根据客户关系数据库（卡）信息定期开展客户回访、产品促销等活动。

（4）客户关系数据库（卡）的信息更新

客户关系数据库（卡）的信息应随着客户的变化加以调整修改，相关信息要实时更新。

3. 客户关系维护措施

（1）积极地将各种有利的情报提供给客户，包括最新的行业信息、政府信息等。

（2）给客户提供企业新产品信息以及使用新产品的感受。

（3）耐心地处理客户的异议，经常帮助客户。

（4）企业进行促销优惠活动时应及时通知客户。

（5）邀请重要客户参加公司举办的优秀客户服务人员奖励会，并根据情况请客户颁奖。

（6）每年召开一次客户服务会议，邀请客户代表参观本企业，增强客户对本企业的了解。

（7）国家法定节假日期间向客户表达祝福，并赠送带有公司特点的小礼品。

4. 客户关系评估

客服人员应定期对客户进行评估，并填写客户关系评估表（见表2-16）。

表 2-16 客户关系评估表

客户名称：   编号：

分析指标	指标权重	指标得分	客户等级	得分依据	备注
合计					
评估结果	最终得分				
	建议	□ 改进关系　□ 维持关系　□ 终止关系			

5. 客户评估结果的使用

（1）客户评估完成后，由客户服务部人员对客户评估结果进行汇总并复印，然后送营销总监、市场营销部经理以及相关部门审阅。

（2）各相关部门根据客户评估的结果提出反馈意见，市场营销部根据客户评估结果拟定客户关系改进措施。根据上述对客户的评价，将客户分为贵宾客户、战略客户、重要客户、一般客户四个等级。为了解顾客对本公司提供服务的满意度，抓住客户市场，提升客户的忠诚度，市场营销部分别从顾客满意度与顾客忠诚度等方面展开调查。

6. 顾客满意度战略分析

（1）根据本公司业务构建顾客满意度调查指标体系（见表 2-17）。

表 2-17 本公司顾客满意度调查指标表

一级指标	二级指标	三级指标
合作情况	合作项目	物流方案策划
		仓储、包装、航空运输
		特种货物航空运输（活动物、鲜活易腐货物运输）
		包裹、快件运输
		报关、报检办理
		费用结算
	优势评价	经验丰富
		价格有竞争力
		产品丰富
		抗风险能力强
		服务质量好

续表

一级指标	二级指标	三级指标
服务满意度	服务质量感知	解决方案符合贵公司要求
		解决特殊需求能力
		服务创新性
		业务跟踪与推进
		处理突发事件能力
		信息沟通与反馈及时、准确
		运作安全性
	服务价值感知	费用结算及时、准确
		成本控制能力
	产品质量感知	货物包装
		仓储服务
		报关、报检
		上门取货\送货上门
		航空运输

（2）构建顾客满意级别

为更好地分级评价顾客满意度，本公司构建七级级别，并赋予分值（见表2-18）。

表2-18　　　　　　　　本公司顾客满意度表

级别	很不满意	不满意	不太满意	一般	较满意	满意	很满意
分值	-60	-40	-20	0	20	40	60

（3）调查结果统计（见表2-19）。

表2-19　　　　　　　　本公司顾客服务满意度综合统计表

产品属性	满意级别	权重	分值
解决方案符合贵公司要求	很满意	0.1	60
解决特殊需求能力	很满意	0.1	60
服务创新性	满意	0.1	40
业务跟踪与推进	满意	0.05	40
处理突发事件能力	一般	0.1	0
信息沟通与反馈及时、准确	一般	0.1	0
运作安全性	满意	0.1	40

续表

产品属性	满意级别	权重	分值
费用结算及时、准确	一般	0.1	0
成本控制能力	一般	0.1	0
货物包装	很满意	0.025	60
仓储服务	满意	0.025	40
报关、报检	满意	0.025	40
上门取货\送货上门	满意	0.025	40
航空运输	满意	0.5	40

统计综合分值结果为46.5，本公司客户对公司产品的满意度属于"满意"，但离"很满意"还有一定的差距，差距突出表现在信息沟通、突发事件处理、成本控制等方面。

（4）改进措施

根据以上满意度调查，顾客对于信息沟通、突发事件处理、成本控制等方面满意度不高，为此制定以下改进措施。

1）成立信息部门，根据物流行业特点开发或购买信息管理平台，增强与客户的实时沟通能力。

2）成立呼叫中心，及时处理各种投诉。

3）制定详细的工作手册，尤其是要明确特殊、突发情况的处理规程。

4）积极构建供应链，与相关优质企业开展优质合作，提高服务质量，降低服务成本。

三、客户异议与客户流失管理

（一）任务资讯

在现实生活中，经常会看到客户表现的各种不满，不满原因包括价格、服务、质量等。为了获得更大的市场，我们必须维护好客户关系。只有维护好客户关系，正确处理客户的不满申诉，才能创造更多的客户价值，获得足够的市场资本。

1. 处理客户不满申诉

（1）正视客户不满申诉

客户所表现的不满为企业提供了与其深入沟通、建立客户忠诚度的机会，同时，也可以从中获得新产品开发、新服务投入的契机。客户的不满是对企业服务或产品期望的一种表现。

1）客户不满包含商机。正确分析客户对产品的不满可以使企业抓住商机，提高业绩。

2）客户不满是创新的源泉。企业如果能通过客户的不满发现客户没有提到的问题，就会增加客户对产品的兴趣。

3）客户不满可以提高企业的服务质量。客户对企业的不满意往往是企业服务的漏洞所在，通过改进可以使自身的服务更加完美。

（2）辨别客户不满

企业只有针对客户的申诉，迅速查找客户不满的原因，才能有针对性地处理问题。

1）分清恶意不满。随着市场竞争的激烈化，竞争手段也层出不穷，有些企业可能会利用客户不满向竞争对手发起攻击。

2）分清善意不满。大多数客户之所以投诉企业，确实是因为对企业的产品或服务感觉非常不满意，认为企业应该做出相应的改进，这一出发点是无恶意的，反而是对企业产品改善的一种期望，解决这一问题可以增加客户的忠诚度。

（3）平息客户不满

平息客户不满有以下两种方式。

1）让客户发泄。最好先不要打断客户的发泄，让客户感觉你是在仔细聆听，否则会让客户感觉不负责任或者推脱，让情况变得更糟。

2）充分道歉。不论对与错，首先通过道歉平息客户的怒火，然后对客户提出的问题进行重复确认，并做好相应的记录。

2. 客户不满的处理流程

（1）收集信息

通过提问从客户口中得到更加详尽的信息，以便了解客户的真正需求，要问清客户的信息，对问题、结果的描述，客户需要解决的问题。尤其需要注意问清整个问题的相关信息、听客户完整的回答，避免自己下结论。

（2）给出解决方案

拿出双方认可、接受的解决方案，必要时作出补偿性的关照。补偿性的关照是指企业所采取的具体行动，目的是使企业所犯的错误不再发生。这是在情感上的一种安抚，但不能代替服务。

（3）询问客户意见并做好跟踪

当给出处理方案以后，客户仍然存在不满，这时询问客户可以得到结果反馈。同时要做好客户的跟踪，强调客户的重要性。

3. 处理客户异议

（1）客户异议的种类

1）根据性质，客户异议可以分为真实异议、虚假异议、隐藏异议三种。

真实异议是指客户表示目前对产品或服务没有需求，或者直接表示不满或偏见。

虚假异议主要有两种形式，一种是客户用借口敷衍，另一种是客户提出的异议不是他们真正在意的地方。

隐藏异议是指客户并不将真实的异议说出来，而是提出了各种虚假的异议，借以表达隐含的异议。

2）根据内容，客户异议可以分为需求异议、价格异议、产品异议、购买时间异议、客服人员异议、服务异议及支付异议，是对产品具体属性的异议。

（2）产生异议的原因

异议的产生原因可以从客户、产品、销售人员三个方面进行分析。

1）从客户方面分析，产生异议的原因包含了客户的情绪、客户的购买意愿、对现状的抵触、购买能力、其他隐藏异议等。

2）从产品方面分析，产生异议的原因主要包含产品的质量、价格、品牌、包装、销售服务等。

3）从销售人员方面分析，产生异议的原因主要是销售人员本身表现不当，比如言谈举止不妥、沟通方法不当、描述夸大等。

（3）客户异议的处理原则

在处理客户异议时需要注意以下原则。

1）准备充分。对事前、事中、事后三个环节可能出现的异议提前考虑，避免因准备不当而造成客户的误解。

2）把握时机。考虑客户的情绪，在恰当的时机对客户的异议进行处理。

3）切忌争辩。无论客户如何批评、正确与否，与其争辩只会使矛盾激化，使客户更加情绪化。

4）尊重客户。客户提出的问题是各种各样的，有时过于幼稚，但这时需要注意正视客户、微笑面对，对客户表示充分的尊重。

4. 客户异议处理方法

（1）转折处理法：即客服人员根据有关事实和理由间接否定客户的意见。使用该种方法首先要承认客户的看法有一定的道理，也就是说，先对客户做出一定的让步，然后再讲出自己的看法。需要注意的是，此法一旦使用不当，可能会使客户产生更多的意见。

（2）转化处理法：即利用客户自身的反对意见处理。客户的反对意见是双重的，既是交易的障碍，又是交易的机会。这种方法是直接将客户的反对意见转化成肯定意见。此法不适用于敏感型客户的反对意见。

（3）以优补劣法：又称为补偿法。当客户对产品的异议是产品确实存在的，此时应该对客户给予肯定，再淡化处理，利用产品的优势弥补产品的缺点。

（4）委婉处理法：即处理客户的异议时采用委婉的语气和态度，对客户的问题进行重复确认。

（5）合并意见法：即将客户的几种意见汇总成一个意见，或者将所有的问题集中在一个时间段讨论，避免纠缠不清，以削弱反对意见对客户的影响。

（6）反驳法：是指根据事实直接否定客户异议的处理方法。此法比较容易伤害客户的自尊心，应尽量避免采用。

（7）冷处理法：对一些不影响交易的反对意见，客服人员最好不要反驳，采用冷处理的方法最佳。

（二）任务实施

××国际货运代理有限公司市场部通过与货运部和客服部同事的深度沟通，将现阶段客户异议的内容一一梳理出来，并详细标注了原因及处理方法，最终形成了一套规范性的操作手册。

另外，市场部将近三年来流失的客户筛选出来，逐个回访，分析原因，并制定相应的解决方案，为后续的合作做好准备。

知识考核

一、单选题

1. 关于客户的说法，下列正确是（   ）。

A. 客户是产品或服务的最终接受者

B. 客户就是用户

C. 客户都在企业之外

D. 客户是所有接受产品或服务的个人或组织的统称

2. 关于客户价值，下列说法错误的是（   ）。

A. 企业要实现利益必须依赖客户

B. 人气是企业发达的商业基础

C. 客户的信息价值不包含竞争对手信息

D. 满意度高的客户会向他人宣传企业的产品或者服务

3. 客户关系管理的内涵不包括（   ）。

A. 顾客价值　　　B. 关系价值　　　C. 信息技术　　　D. 客户流失

4. 下列不属于客户异议的是（   ）。
   A. 真实异议　　　　B. 虚假异议　　　　C. 隐藏异议　　　　D. 形式异议

二、多选题

1. 客户指标选取的原则包括（   ）。
   A. 量化原则　　　　　　　　　　　B. 干扰剔除原则
   C. 符合目标原则　　　　　　　　　D. 利益至上原则

2. 客户需求结构包括（   ）。
   A. 外延需求　　　　B. 品质需求　　　　C. 价格需求　　　　D. 功能需求

3. 顾客满意度调查方法包括（   ）。
   A. 服务落实度调查　　　　　　　　B. 感知质量调查
   C. 满意度指数模型调查　　　　　　D. 客户关系调查

4. 平息客户不满的方式包括（   ）。
   A. 让顾客发泄　　　　　　　　　　B. 充分道歉
   C. 顺其自然　　　　　　　　　　　D. 让客户投诉

三、判断题

1. 客户的终身价值是指每个购买者在未来可能为企业带来的收益总和。（   ）
2. 纯利润是指客户为企业创造的利润总额。（   ）
3. 顾客满意度分级是指顾客在消费相应的产品或服务之后，所产生的满足状态等级。（   ）
4. 恰当处理客户不满可以提高企业产品质量。（   ）
5. 客户的不满既有善意的，也有恶意的。（   ）

技能训练

小组作业，每组 4 人。假设你是某货运代理公司客服部门的工作人员，现需进行客户满意度调查，要求如下。

1. 设计顾客满意度评价指标。
2. 对评价指标给出权重，并对权重分配进行说明。

3. 利用问卷星设计调查问卷并进行调查。
4. 对调查数据进行整理，分析客户满意度。

分析评价

层级	项目名称	扣分	总分	评分项目类型: 1. 专业能力 2. 职业素养
1	**客户指标体系建立**		20	
2	客户指标选取合理		10	1
2	客户评价指标体系设计客观、合理		10	1
1	**客户关系战略管理**		30	
2	正确管理客户关系		20	1
2	客户满意度调查方法恰当		10	1
1	**客户异议与客户流失管理**		30	
2	正确处理和辨别客户不满		15	1
2	恰当平息客户不满，解决方案有效		15	1
1	**专业沟通与表达**		20	
2	与客户沟通时自信从容、顺畅有效		6	2
2	与客户沟通用语规范、专业		10	2
2	对待客户热情亲切、态度诚恳		4	2

参考答案

一、单选题

1. D 2. C 3. D 4. D

二、多选题

1. ABC 2. ABCD 3. ABC 4. AB

三、判断题

1. 正确 2. 错误 3. 正确 4. 正确 5. 正确

培训任务三

订单执行

学习单元 1

航空项目物流的商务入围

任务目标

1. 掌握航空项目物流前期业务开发和客户初步合作的流程。
2. 掌握航空项目物流的内容和操作要点。
3. 掌握航空项目物流的供应商入围资质要求和入围流程操作。

聚焦情境

××国际货运有限公司的销售人员Lily参加广州汽车行业展会时,与××汽车集团生产减震器的HNT公司物流部陈经理进行了一次长时间的交流,了解到因为汽车行业供应链整体时效要求非常高,为了应对供应链的一些突发状况,该汽车集团下属多家汽车零配件生产企业和两家全资整车生产企业、几家合资汽车品牌企业,从国外采购的零配件和销售到国外的零配件有一定比例的国际物流服务需要通过航空运输完成。Lily向陈经理简单介绍了公司的航空物流产品,并重点介绍了公司的包板航空运输航线及海外的分布网点。陈经理对此非常感兴趣,他正好刚刚接到电话,销售部要求他们紧急空运出口一批配件到波兰,交货周期非常短,要求配明天的航班到欧洲,但是他们的航空物流供应商表示现在是爆仓状态,最早可以订到的舱位是5天以后。Lily马上告诉陈经理,公司在欧洲主要航线的航班有包板,舱位可以优先保证,包板相对散货可以更晚交货，如果需要，现在马上可以预留舱位。陈经理有些犹豫，因为××国际货运有限公司不在他们集团的采购供应商名单中，因此也不在他们公司的采购和结算系统里，无法发送订舱委托书和结算费用。

任务发布

Lily向销售部经理汇报了与陈经理沟通的信息，销售部经理意识到这是一个开发航空项目物流的绝佳机会，便让Lily按照陈经理可以接受的运价范围和费用结算方式机动商谈，灵活地报价和处理运费结算问题，确保拿下HNT公司这批出口货物的空运服务订单；同时借助这次合作机会，详细了解××汽车集团的航空项目物流业务，和××汽车集团建立联系，争取在××汽车集团供应商的年度入围流程中顺利进入供应商名单。

任务分析

任务分析鱼骨图如图3-1所示。

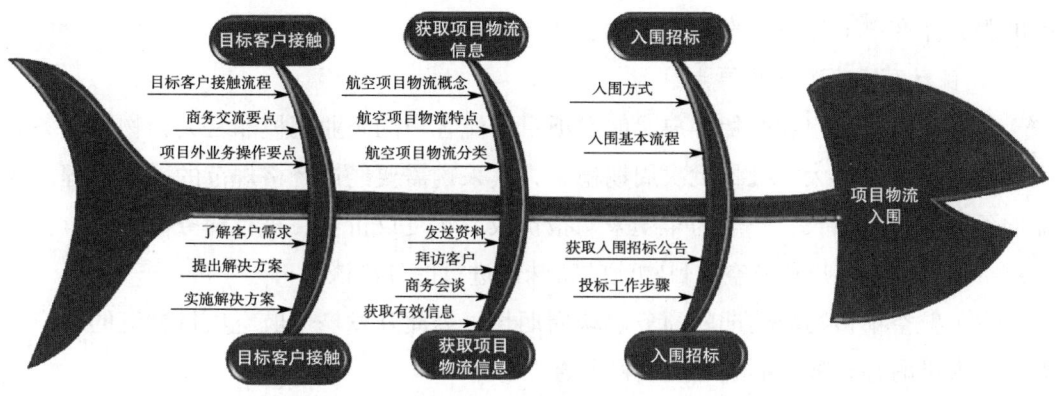

图3-1　任务分析鱼骨图

任务实施

一、目标客户接触

（一）任务资讯

1.目标客户接触流程

（1）寻找潜在的项目物流客户

一般可以通过机场地面操作货物包装箱，了解有哪些批量大、批次多的空运货物

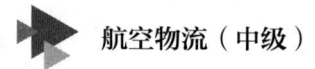

的主要生产厂家。

（2）寻求初步接触潜在客户的机会

项目物流客户一般为大型的集团型企业，通过电话总机做陌生拜访是很难找到真正的负责部门的。可以通过行业展会、集团发布会等活动与之进行初步接触，也可以通过行业内的朋友介绍进行初步接触。

（3）与潜在客户进行深度商务交流

向客户介绍公司的背景、资质、优势资源和公司的航空物流产品、成功项目物流案例、航空物流专业解决方案，让客户对公司留下深刻印象。

（4）寻找初次为客户服务的机会

了解客户现有的项目物流或者单批次航空物流服务中存在的痛点和急需解决的问题。客户的问题就是业务发展的机会。

（5）为客户提供专业解决方案

利用公司的优势资源和航空物流专业服务能力，针对客户紧迫的问题提供解决方案，并立刻进入航空物流服务准备阶段。

（6）完成第一单非标准采购航空物流服务

在客户出现紧急需求时，可以促成与客户的第一单非标准采购流程合作，通过实际的服务让客户了解公司的真实业务能力和优势。

2. 目标客户商务交流要点

相对于同行客户和散货客户，航空项目物流客户的企业规模非常大，物流服务需求多样、物流总量大，批量批次周期稳定，其采购需要经过严格规范的采购流程，物流服务的报价时效长，一般为年度采购报价或者年度议价。在进行商务洽谈时，要把握航空项目物流客户和航空项目物流的特殊性进行商务洽谈。

（1）航空项目物流前期的商务洽谈周期长，因此开发一个航空项目物流的客户需要销售人员耐心和坚持不懈的接触和沟通。

（2）航空项目物流客户规模比较大，采购不是某个部门或某个人可以决定的，因此商务洽谈不能仅限于一对一的商务拜访，在适当时机要组建项目团队，并邀请客户物流部、采购部、供应链管理部等多个部门一起参加商务会谈，要进行多对多的交流。

（3）相对于常规的航空物流，航空项目物流是一种定制物流服务，要将其作为客户供应链体系的重要一环，按照客户企业和所处行业的整个供应链管理标准进行服务，因此在商务洽谈时要详细了解客户企业及其行业的供应链管理模式和流程。

（4）航空项目物流服务周期长、结算周期长，在商务洽谈中，除了向客户介绍公司的业务能力外，还要重点展现公司的规模和资本实力。

（5）航空项目物流是像项目一样进行管理的航空物流，在商务洽谈中需要展现公司的项目运营管理能力。

3. 项目外业务操作要点

一般在正式拿到航空项目物流业务之前，客户都会有一些突发、异常情况和高难度的业务进行咨询或者寻求帮助，如在航空运输旺季一些货物运输时效要求非常短、走正常航空订舱流程很难订到舱位的情况；在航空物流环节当中出现的一些异常情况，如货物丢失、舱单错误、海关申报查验环节出现错误等；一些特殊航空物流服务，如空海保税区转口联运等。客户一般会通过这些业务了解航空物流企业的专业服务能力和对客户供应链系统的理解与应急响应能力。在接到客户对这些业务的帮助请求时，需要掌握机动处理的一些原则。

（1）已在进行当中的业务不操作，但可以为客户提供有针对性的解决方案，如舱单信息错误，可以将企业在实际工作中积累的舱单错误原因和快速修改的关键环节告知客户。

（2）不在企业能力范围和航空物流项目业务范围内的不操作，做不好不如不做。

（3）对于企业优势资源与能力范围内的业务，要打破操作常规帮客户完成业务，如利用自己的包板业务资源，调配货物运输顺序，优先订舱，保证客户的运输时效。

（4）以促成业务合作为目标，可以按照客户的要求接受业务费用结算的非常规流程，如通过客户供应商名单上的物流服务供应商，让出部分利润进行结算。

（二）实施过程

1. 了解客户需求

Lily 向销售部经理汇报以后，再次迅速找到 HNT 公司的陈经理，告诉他公司有第二天汉莎到波兰华沙直航航班上的一块包板，给她提供货物信息可以马上预留舱位。陈经理向物流调度要来了货物的件数、尺寸和毛重（不打托盘总共 120 个纸箱，每个纸箱的尺寸是 30 cm × 30 cm × 16 cm、毛重是 19 kg，品名是汽车前减震器）和货物下线的时间（当日下午 4 点），提货工厂地址在北京市通州区。但是陈经理同时表示，因为 ×× 国际货运有限公司不在 HNT 公司的供应商短名单内，所以无法通过 HNT 公司的采购系统给 Lily 所属公司下订舱委托书，也无法在结算系统给 Lily 所属公司结算费用。

2. 提出解决方案

针对陈经理给出的信息和提出的问题，Lily 经过短暂思考后，迅速给出了自己的操作建议。

（1）关于采购和结算流程，陈经理可以委托集团供应商名单目录中一家 Lily 所属公司熟悉的物流企业（如物流企业 A）进行中间流程的衔接，HNT 向 A 下订舱委托书，A 再向 Lily 所属公司下订舱委托书；HNT 向 A 结算，A 再向 Lily 所属公司结算，可以约定一定比例的业务利润作为操作费用给付 A。

（2）关于舱位保证，Lily 可以提请销售部经理签字，然后在没有订舱委托书的情况下根据货物信息先做预组板和预配舱单信息发送，订舱委托书可以后发送。

（3）关于空运前操作时效的保证，Lily 给出了提货、入库、称重、安检、出口报关、海关查验放行（非必要环节）、组板、装机、运单等几个环节的具体操作步骤。

3. 实施解决方案

（1）安排车队准备车辆，下午 4 点前到达通州工厂，4 点下线后马上提货。

（2）将 HNT 通过 A 公司发送的订舱委托书转到单证部，单证部完成航空主运单和航空分运单草单制作，并发送至 HNT 进出口部进行核对确认。

（3）通知出口监管仓库操作员准备加班收货、称重、安检，上传运抵数据。

（4）通知报关部与客户进出口部联系，取得出口报关电子文件和货物品名申报要素，于运抵数据发送后当晚在国际贸易单一窗口进行在线出口报关。

（5）如果海关批准出口查验，可以在第二天早晨由报关员和出口监管仓库操作申请第一批应急查验。

（6）海关放行后，现场操作快速组板，在中午 12 点前完成组板，将货物交付航空公司，交接单据，进入停机坪，开始装机（航班预计下午 6 点起飞，航班起飞前 6 个小时向航空公司交货）。

（7）在航班起飞前将航空主运单和航空分运单的电子版交付 HNT 的进出口部，以方便客户投保和通知国外收货人。

听完 Lily 的方案，陈经理为 Lily 优秀的流程组织能力和专业素养以及对航空物流业务流程和节点的熟悉程度所打动，马上按照 Lily 的方案通知公司物流部和进出口部同事配合操作。Lily 在还没有进入 ×× 汽车集团的供应商名单之前就顺利拿到了与 ×× 汽车集团合作的第一单业务。

> **小提示**
>
> 与航空项目物流客户交流时，要对航空物流操作流程讲解有序、节点处理讲解清晰。一般生产企业的物流负责人都是物流专家，他们更关注整个项目、整个供应链的流畅性。

二、获取项目物流信息

（一）任务资讯

1. 航空项目物流概念

航空项目物流是指为完成特定项目而进行的航空物流服务。

2. 航空项目物流特点

（1）主运输方式为航空运输，既可以全部是航空运输，也可以是空陆联运、空海联运、空铁联运等多式联运运输方式。

（2）航空运输不是单批次运输完成的，是围绕项目进行的，按照项目运营方式进行管理，随着项目周期的结束而结束。

（3）不同于订单物流的一票一报价，航空项目物流的报价在一定周期内是维持不变的。

3. 航空项目物流分类

（1）按照服务项目内容的不同，可以分为航空工程项目物流、航空会展项目物流、航空采购项目物流、航空生产项目物流、航空销售项目物流等。

（2）按照航空运输方向的不同，可以分为出口航空项目物流、进口航空项目物流。

（3）按照航空运输性质的不同，可以分为国际航空项目物流、国内航空项目物流。

（4）按照航空物流服务链条的不同，可以分为全程航空项目物流，出口到港航空项目物流，进口航空清关、配送项目物流。

（5）按照运输物资的不同，可以分为工业品航空项目物流、危险品航空项目物流、冷链品航空项目物流等。

（二）实施过程

1. 发送资料

在出口波兰的货物顺利操作完成后，Lily 将一份公司简介 PPT（包含了公司的资质、公司合作的航空公司、公司的包板航线等）和结算账单、报关单、公司的财务信息一起通过电子邮件发给了陈经理。

陈经理：

您好！很高兴在广州展会上和您交谈，受益匪浅。特别感谢您对我公司的信任，波兰货物已经顺利抵达华沙机场，并通知收货人安排报关提货。按照约定的流程，我将费用结算账单、报关单和我公司的开户信息发送给您，请您审核。

上次广州见面时间匆忙，未能全面向您介绍我公司的情况，随附一份我公司的简介 PPT，请您查阅。上次听您说您的办公室也在北京，我和我的部门经理 John 想到贵司拜访您，不知道您近期什么时间方便？

期待您的回复！祝您工作顺利！

Lily

Lily：

您好！很高兴收到您的邮件。非常感谢贵司对我们波兰业务的支持，在这批货物的顺利运输中，我看到了贵司非常优秀的航空物流资源和操作能力，也看到了您本人出色的专业素质。我会尽快处理账单和结算事宜。

> 关于来访事宜，我一般每周一、周三、周五上午会有工作会议，这周没有安排出差计划，你们可以在工作会议外的任何时间过来，来的前一天电话告诉我，我到门卫做一下访客申请。非常欢迎您和John的到来。
>
> Chen

2. 拜访客户

Lily在电话通知陈经理后，和经理John一起到HNT公司拜访了他。John又向陈经理详细地介绍了公司的成立历史、注册资本、年运营量、在航空公司的资源、运营的项目物流案例等。

陈经理带着Lily和John参观了HNT公司办公室后面的生产车间、仓库和装卸场地，在参观过程中同时介绍了HNT公司和××汽车集团的基本情况。××汽车集团下面有控股的整车生产企业2家、合资整车生产企业8家、汽车零配件子公司15家，投资子公司下面还有几十家参股的汽车零配件企业。

3. 商务会谈

回到办公室，Lily按照拜访之前和经理一起整理的提纲，就××集团的航空项目物流向陈经理进行了详细的询问。

（1）HNT公司和××汽车集团目前的航空项目物流供应商有几家？

（2）HNT公司和××汽车集团的航空项目物流主要是企业的采购物流还是销售物流？

（3）采购物流和销售物流单批次货物完成全流程操作要求的时效分别是多长时间？超时如何进行赔偿？

（4）HNT公司航空项目物流一年进口和出口的平均货运量是多少？

（5）HNT公司航空项目物流运输的主要货物是什么？是否有特殊货物（如含机油、电磁设备、锂电池等货物）？

（6）HNT公司和××汽车集团的航空项目物流出口主要发往哪些国家？进口主要来自哪些国家？

（7）HNT公司和××汽车集团的航空项目物流服务是全程委托一家航空物流服务商，还是分段委托？是一个项目分区域委托不同的航空物流服务商，还是一个项目全球签订一家航空物流服务商？

（8）HNT公司和××汽车集团航空项目物流的运输频次和频量是相对固定的，还是随机的？

（9）HNT公司和××汽车集团航空项目物流海外的集运机场是固定的，还是航空物流供应商可以自行设计航空运输方案？

(10）航空项目物流费用的结算周期是多长？是否需要垫付关税、增值税等税费？

（11）航空物流供应商的选择方式是招标，还是定向询价？如果招标，招标的周期和合同的期限是多长？

（12）选择航空物流供应商时主要考察企业哪些资质？

4．获取有效信息

因为拜访前经过周密的准备，Lily通过这次拜访获取了关于HNT公司航空项目物流的大量信息，他们将HNT公司目前正在运行的航空项目物流的信息与公司的业务能力和资源优势做了匹配，觉得公司完全具有承接HNT公司航空项目物流的能力和资金实力。客户物流需求与公司资源的比对见表3-1。

陈经理又补充提醒说，因为HNT公司是××汽车集团的全资子公司，无论航空项目物流的采购是邀约招标还是定向询价，都必须从××汽车集团的供应商名单中遴选，因此建议Lily和John一定要关注××汽车集团发布公开采购招标和入围招标信息的中国招标投标公共服务平台（http://www.cebpubservice.com/）。

表3-1　　　　　　　　　客户物流需求与公司资源比对表

考察指标	HNT公司要求	公司能力
出口目的国	东欧国家和美国	美欧线均有直航航班的包板
进口来源国	欧洲	德国有分公司，欧洲所有国家均有长期签约合作代理
出口操作时效	从提货到目的港机场3日	利用直航包板可以达成
进口操作时效	从国外工厂到HNT公司工厂5日	海外代理都是与航空公司直接签约的，一般可以在提货后2日内发货，公司在国内有自己的进口清关团队，现在在航班起飞以后就可以进行进口申报，即使海关查验货物入库后，半天内也可以放行配送
货物品种	主要是普通货物，偶尔有需要做航空鉴定的含电池或电磁设备的货物	有专门负责办理航空鉴定手续的人员，熟悉航空鉴定流程
服务阶段	一个项目全球签约一个航空物流服务商	海外代理网络几乎分布在所有国家
提货频率	相对固定，遇到生产线调整或者供应链危机时会有随机性	有一套应急物流操作流程和许多应急物流操作案例
结算周期	3个月，按月出账单，审核流程1个月，申请付款后45日内付款；3个月垫付运费在100万元左右；无须垫付税款	公司账户流动资金比较充裕
需要资质	企业注册资本500万元以上；航空货运一级代理；在首都机场有二级监管仓库；有三个以上航空项目物流操作业务等	资质全部满足

三、入围招标

（一）任务资讯

1. 入围方式

为什么要提前做目标客户的供应商入围工作？因为就大企业客户而言，如果不是其供应商名单企业，没有在其采购系统和结算系统中录入企业信息，则无法直接给其提供物流服务，也无法直接结算付款，更无法参加其定向邀约招标。

航空物流企业作为物流服务供应商入围客户的供应商名单一般有以下四种方式。

（1）直接询价合作入围

一般小规模的客户没有单独供应商入围的流程，而是通过询价议价签订航空货运代理协议，提供公司的资质文件和财务结算信息后，与操作业务同时完成入围流程。

（2）公司资质信息备案审核入围

大规模的生产型企业采购部门一般在年底会向建立过联系或者具有市场口碑的供应商发送邀请入围供应商名单的邮件，在邮件中会列明需要供应商填写的供应商信息表和相关企业资质文件。供应商按照要求通过电子邮件发送电子版文件或者快递部分盖章签字的正本文件，文件的递交程序和文件的格式文本没有严格要求，只要提供的信息完整即可。企业对文件的真实性和提供服务的基础资质进行审核，然后将供应商信息录入企业采购和结算系统，就此完成入围。

（3）物流服务采购招标中标直接入围

大规模的生产企业会在公共的招投标平台发布一些项目物流的公开招标公告，通过公开投标流程中标的物流企业，在收到中标通知书后同时完成供应商入围和物流业务中标。

（4）供应商入围招标入围

有些生产企业，一般是集团企业，会通过类似公开招标的方式和流程进行供应商遴选，而供应商则以入围短名单的方式入围，称为入围招标。但入围招标不同于法律所规定的招标，招标是一种竞争性采购方式，是采购人通过投标人之间的竞争，确定中标供应商、中标价格，并与中标供应商签订采购合同的一种采购方式；而入围招标是非排他竞争性的，可以同时入围很多家企业，招标人只向入围供应商发送入围通知书，并不签订任何采购协议。入围的供应商在集团企业下属的各子公司、分公司需要采购时，有资格被遴选直接签订采购合同，或者是有资格被邀约投标。入围招标也可以视为正式采购招标的第一轮资格赛，入围即拥有了最终投标的资格。

2. 入围基本流程

无论是哪一种物流服务供应商入围方式，都包含以下流程。

第一步，与客户初步接触，互留联系方式。

第二步，给客户发送企业简介。

第三步，填写客户要求的供应商信息表（样例见表 3-2）。

表 3-2　　　　　　　　　　　　　供应商信息表

		填表日期		
公司名称（中文）		分系统号		
公司名称（英文）		商品名称		
地址		常用联系人		
邮编		部门		
联系电话		职务		
传真		联系方式		
邮箱		海外经验（有/无）	□有	□无
法人代表		合作项目（有/无）	□有	□无
注册资金（万元）		①（此处填写项目名称）		
成立日期（年/月）		②		
资产总额（万元）		③		
生产能力		更多		
质量认证				
工商注册号				
纳税人登记号				
主营业务范围				
开户行				
银行账号		提供营业执照、资质证书、许可证（有效的彩色清晰扫描件）		

发起部门：　　　　　　　　　　制表人：

部门经理签字：　　　　　　　　副总/主管签字：

第四步，提供客户要求的企业资质文件。一般需要提交的文件包括企业营业执照、主管部门颁发的对应物流服务许可证（如航空运输销售代理业务资质证书、道路运输许可证、危险品道路运输许可证、水路运输服务许可证等），近三年真实企业业绩（一般用包含相关服务内容的合同影印件证明），近三年企业财务报表等。

第五步，资质文件审核通过后将信息录入客户的采购和结算系统。

（二）实施过程

1. 获取入围招标公告

2020 年 10 月，Lily 在和陈经理通电话时得知××汽车集团近期要进行采购物流的汽车零配件航空运输项目入围招标，便开始每天关注中国招标投标公共服务平台和

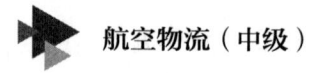

××汽车集团官网采购平台的信息。

2020年11月19日，Lily在中国招标投标公共服务平台看到一条招标公告，名称为《2020××汽车集团有限公司汽车零配件航空运输入围项目招标公告》，公告内容如下。

**2020××汽车集团有限公司汽车零配件航空运输
入围项目招标公告**

日期：2020年11月19日

AA国际招标有限责任公司受<u>××汽车集团有限公司</u>（以下简称招标人）的委托，依照《××汽车集团有限公司招标投标管理办法》和《××汽车集团有限公司供应商管理办法》对<u>集团内汽车零配件航空运输服务项目</u>以国内公开入围招标方式进行采购。本次招标内容为货物需求一览表中货物的供应商入围，招标人将根据评标结果选定两家中标商作为入围供应商，招标人将为入围供应商发入围通知书，录入××汽车集团有限公司供应商目录，入围供应商将可以参加××汽车集团有限公司航空运输项目采购的邀约招标。

1. 招标编号：××ZB2012AHB601685/001
2. 招标人名称：<u>××汽车集团有限公司</u>
   联系人：侯某某　010-88888888
3. 招标代理机构：AA国际招标有限责任公司
4. 采购内容：<u>汽车零配件航空运输</u>
5. 采购数量、用途、简要技术要求：
   项目背景、运输地点、具体需求等内容，详见招标文件正文技术要求。
6. 投标人资格要求：
   （1）投标人必须是在中华人民共和国依照《中华人民共和国公司法》注册的独立法人，且投标人注册资金要求达到100万元。
   （2）投标人须具有航空货运代理合法资质及经营许可。
   （3）业绩（投标人有同类技术的业绩）：投标人具有与招标项目相同/相近、服务2年以上良好的运行经验，并且未发现重大的事故。
   （4）具有良好的银行资信和商业信誉，没有处于被责令停业，财产被接管、冻结，破产状态。
   （5）本项目不接受联合体投标。
7. 招标文件发售：首先在××汽车集团有限公司采购电子商务平台（http://××.×××.com.cn/）上注册，注册成功后，即可搜索到本项目，并在平台完成"投标报名"操作，可以从2020年11月19日起至2020年11月26日（节假日除外），每日上午9：00—11：30、下午1：00—4：00（北京时间），持法定代表人授权委托书原件（格式自拟，盖章）、有效营业执照（复印件盖章）到北京市AA国际招标有限责任公司（详细地址）购买招标文件，每份售价人民币500元（现金），售后不退。注：投标人购买文件时，须提供投标人的"纳税人识别号、公司注册地址和办公电话、开户行及账号"，用于开具增值税发票。
   邮购方式：在采购电子商务平台上完成<u>线上报名</u>的投标人向邮箱×××@×××××.com发送购买申请邮件，邮件须包括如下内容：
   （1）法人授权委托书原件（格式自拟，盖公章），营业执照（复印件加盖公章）的扫描件。
   （2）500元标书款转账凭证（如是个人汇款，凭证中应包含汇款人姓名）。
   （3）在邮件【正文】中写明投标人的纳税人识别号、公司注册地址和办公电话、开户行及账号，并注明开票类型（普通/专用）。

（4）在邮件【正文】中写明投标联络人的姓名及电话。

注：电汇标书款 500 元可以使用个人账户。

开户名称：AA 国际招标有限责任公司

开户银行：工行××××××支行

账号（人民币）：××××××××××××××××

银行地址：×××××××××××××××××

银行邮编：××××

<u>招标代理机构每天会查阅办公邮件和采购平台</u>，收到"已完成注册准入"的投标人发送的上述授权书、营业执照盖章扫描件和标书款 500 元的电汇凭证及开票信息后，将给投标人提供电子版招标文件。

【办公电话如无人接听，有问题请发邮件咨询】

8. 投标截止时间：2020 年 12 月 9 日上午 9 时 30 分（北京时间），逾期收到或不符合规定的投标文件恕不接受。

9. 投标地点：北京市××××××××××大楼二层 D111 会议室。

10. 开标时间：2020 年 12 月 9 日上午 9 时 30 分（北京时间）。

11. 开标地点：北京市××××××××××大楼二层 D111 会议室。

12. 评标方法和标准：综合评分法。

13. 重要提示：

（1）本项目相关公告在中国招标投标公共服务平台（http://www.cebpubservice.com/）和××汽车集团有限公司采购电子商务平台（http://××.×××.com.cn/）上发布；

（2）依照《××汽车集团有限公司供应商管理办法》，本项目只接受在××汽车集团有限公司采购电子商务平台上已经成功注册的单位购买招标文件；

（3）本项目在评标过程中，如果遇到电子投标文件和纸质投标文件不一致的情况，评标委员会将以投标人在投标现场递交的纸质投标文件为准进行评审。

注：本项目在中国招标投标公共服务平台上发布的招标公告中所写的"项目资金"仅为"项目建档统计数据"，既不是预算金额，也不是招标控制价，对本项目的招标和投标不具有任何约束力，特此说明。

地址：××××××××××××　　邮编：××××××
电话：010-××××××××、010-××××××××　　传真：010-××××××××
电子邮箱：×××××××@××××××.com　　联系人：王某某

Lily 将招标公告通过邮件发给经理 John，询问是否参加××汽车集团这次供应商入围投标。

John：

　　您好！我刚刚从中国招标投标公共服务平台看到××汽车集团关于零配件航空运输供应商入围的招标公告，详见附件文件。我们是否参加这次入围投标？

　　等待您的回复！

Lily

> Lily：
> 　　招标公告我已详细看过，我们公司的资质完全可以满足。我刚才也请示了刘副总，他说××汽车集团的运量规模和市场影响力都很大，非常赞成我们开发××汽车集团的航空项目物流业务，同意我们参加这次入围投标。你去购买标书，并联系行政部同事索要公司相关资质文件，准备投标文件。
>
> 　　　　　　　　　　　　　　　　　　　　　　　　　　　　　　　　　　John

2. 投标工作步骤

Lily立刻按照招标公告的要求开始这次投标准备。

第一步，在××汽车集团有限公司采购电子商务平台上注册。

第二步，在××汽车集团有限公司采购电子商务平台搜索此次入围招标项目，在平台上进行投标报名。

第三步，填写购买标书付款申请单，按照请款程序，由公司财务部向购买标书指定银行账户支付购买标书费，然后将电子付款凭证保存。

第四步，按照"邮购方式"给指定的电子邮箱发送购买标书申请邮件，将已盖章的法人授权委托书原件、已盖章的营业执照复印件的电子扫描件和500元购买标书款的转账记录作为邮件的附件发送，在邮件正文中写明公司的"纳税人识别号、公司注册地址和办公电话、开户行及账号"，并注明开票类型为专用发票，同时留下自己的联系电话和姓名。

第五步，Lily发送标书申请的邮箱收到了电子版的招标文件。

第六步，认真读完招标文件全部内容，并将其中的重要条款做了醒目标记，包括但不限于：投标文件的构成及格式、投标有效期、投标保证金金额及交款方式、投标的商务和技术要求、投标的流程、投标截止日期、开标时间及地点、开标商务评审表和技术评审表等。

第七步，按照招标文件中列明的对投标文件格式和顺序的要求开始编写投标书，包括：

（1）投标函；

（2）开标一览表；

（3）商务偏离表；

（4）技术偏离表；

（5）法人代表授权书；

（6）资格证明文件；

（7）投标人基本情况表；

（8）经营业绩一览表；

（9）财务状况表；

（10）主要人员简历表；

（11）履约能力证明文件；

（12）同类项目成功案例；

（13）投标人认为需要加以说明的其他内容；

（14）我单位投标保证金的金额。

> **小提示**
>
> 投标文件应按照招标文件中提供的统一格式完整填写，不能自行删减内容，不能自行修改文件格式；投标文件必须在指定的位置签字盖章，不能有遗漏；投标文件必须牢固装订成册，凡用活页夹、文件夹、塑料方便式书脊（插入式或穿孔式）的，均不认为是牢固装订。

第八步，提请商务部同事审核电子版投标文件，经审核无误后打印一份正本（标注正本）和四份副本（标注副本）投标文件。

第九步，提交部门经理和主管副总签字后，交行政部盖章。

第十步，再次核对是否有文件、签字、盖章等遗漏，核对没有问题后将一份正本和四份副本分别用信封密封。

第十一步，在"××汽车集团采购电子商务平台"上进行网上投标时，须上传签字盖章后的最终版投标文件的电子版，并保证和纸质投标文件内容一致。

第十二步，在提交投标文件的截止日期之前去指定的地址递交密封的投标文件。

第十三步，在指定的开标日期到开标地点唱标。

<u>××入围投标重点：入围投标属于非竞争性的资格审查投标，有些招标人会将入围投标作为公开采购投标中购买招标书资格的审查环节，因此入围投标的重点是投标流程和投标文件的严格合规。</u>

知识考核

一、单选题

1. 航空项目物流目标客户接触流程为（　　）。

A. 商务拜访、寻找潜在客户、初步接触、提供解决方案、初步合作

B. 初步合作、寻找潜在客户、初步接触、商务拜访、提供解决方案

C. 寻找潜在客户、初步接触、商务拜访、提供解决方案、初步合作

D. 提供解决方案、初步接触、商务拜访、寻找潜在客户、初步合作

2. 入围投标的文件一般不包括（　　　）。
A. 投标函
B. 入围招标书
C. 同类项目成功案例
D. 履约能力证明文件

二、多选题

1. 物流服务供应商入围客户的供应商名单有哪几种方式？（　　　）
A. 供应商入围招标入围
B. 公司资质信息备案审核入围
C. 物流服务采购招标中标直接入围
D. 直接询价合作入围

2. 根据服务项目内容的不同可以将航空项目物流分为（　　　）。
A. 航空会展项目物流
B. 航空采购项目物流
C. 航空生产项目物流
D. 航空销售项目物流
E. 航空工程项目物流

三、判断题

1. 入围投标属于非竞争性的资格审查投标，因此入围投标的重点是投标流程和投标文件的严格合规。（　　）

2. 在与潜在的航空项目物流客户正式合作前，对于客户提出的一切问题都应该尽力解决。（　　）

技能训练

1. ××国际货运代理有限公司的业务员 Jim 在医疗展会上认识了 AA 医疗器械集团采购部的王经理，经过初步的交流，Jim 和王经理约定好时间对 AA 医疗器械集团进行商务拜访，请帮助 Jim 整理一份商务拜访中向客户了解项目物流的问题提纲。

2. Jim 在中国招标投标公共服务平台查询到 AA 医疗器械集团的物流服务供应商入围招标公告，并按照入围招标公告的流程取得了入围招标资格。为了能够成功入围 AA 医疗器械集团的物流服务供应商，Jim 专门为这次入围投标做了一个工作计划表，现在请以 Jim 的身份列出工作计划表的详细内容。

分析评价

层级	项目名称	单项得分	总分	评分项目类型： 1. 职业技能与规范 2. 专业沟通与表达 3. 工作组织与管理
1	**与潜在项目物流客户建立联系**		30	
2	收集项目物流客户的信息	10		3
2	与项目物流客户负责人进行初步接触	10		2
2	对潜在项目物流客户进行商务拜访	10		2
1	**为潜在项目物流客户提供初次合作机会**		20	
2	为客户提供专业的解决方案	10		2
2	完成客户要求的业务	10		3
1	**获取客户供应商入围信息**		20	
2	获取客户供应商的入围方式及流程	10		2
2	了解入围招标公告的渠道和平台	10		1
1	**完成客户供应商入围招标**		20	
2	获取并详细分析入围招标书	10		1
2	按照投标标准流程准备投标文件并完成投标	10		1
1	**讨论与表达**		10	
2	课堂交流沟通中语言表达清晰	6		2
2	分析结果（以文档形式提交）未出现格式、错别字等问题	4		1

参考答案

一、单选题

1. C 2. B

二、多选题

1. ABC 2. ABCDE

三、判断题

1. 正确 2. 正确

学习单元 2

项目物流的招投标

🎧 任务目标

1. 能掌握项目物流招投标的形式和流程。
2. 能编制项目物流投标的报价单。
3. 能完成项目物流投标书的制作。

🎧 聚焦情境

Lily 完成××汽车集团的供应商入围投标以后,顺利地拿到了入围通知书,××汽车集团的采购部将××国际货运代理有限公司的企业信息录入了××汽车集团的供应商信息系统,并通知 Lily 可以登录××汽车集团的采购电子商务平台,查看××汽车集团的企业信息和集团下属子公司及参股公司非公开的内部邀请招标公告和定向询价公告。

HNT 公司的陈经理对 Lily 公司入围非常高兴,他告诉 Lily,他们会在每年 12 月对集团采购名单中的物流服务商进行邀请投标。投标的项目物流一般分为五部分:一是国外集采零配件项目的航空物流服务;二是国外集采零配件项目的海运物流服务;三是国内销售循环配送的公路物流服务;四是国内销售配送的铁路物流服务;五是国外销售的海运物流服务。国外集采项目、国内销售铁路配送、国外销售海运等物流服务每个项目只签约一家物流服务供应商，而国内销售公路配送则按照区域签约 2~3 家物流服务供应商。他会让采购部同事将邀请投标的通知及招标文件发给 Lily。

任务发布

2020 年 12 月 8 日，Lily 收到了 HNT 公司采购部杨小姐发来的电子邮件，内容如下。

To ×× 国际货运代理有限公司

Lily 女士您好，

因我司 2021 年度海外采购项目航空物流业务需求，特邀请贵司参加我司物流业务招投标工作。

请查收附件：我司物流业务招投标要求及相关文件。

招标时间计划如下：
1. 2020 年 12 月 13 日，签字盖章回传投标邀请书，确认贵司参加此次物流业务招标；
2. 2020 年 12 月 11 日至 2020 年 12 月 17 日为报价准备阶段；
3. 2020 年 12 月 20 日，按招标书要求将所需报价及相关文件寄至 HNT 公司采购部。收件人：杨小姐/010××××××××；地址：北京市×××××××××××××××××××。

其他要求请仔细阅读我司招标书；如有疑问，请随时邮件/电话沟通。

请回复邮件以确认贵司已收到此封招标邀请邮件。

Best regards,

Lina Yang

Purchasing Engineer

邮件的附件是 2021 年度国外采购零配件项目的航空物流投标邀请书。

投 标 邀 请 书

To：×× 国际货运代理有限公司

1. 北京 HNT 有限公司 2021 年国外零配件采购项目航空物流业务的地点在××××××××××高端制造基地，现通过邀请招标选定 2021 年度合作单位。

2. 经 ×× 汽车集团有限公司和北京 HNT 有限公司的招投标批准，现邀请集团入围的合格投标单位进行密封投标，通过评审择优选出中标单位，完成 2021 年国外零配件采购项目航空物流业务。

3. 投标单位应具备承担国际航空物流的相关公司资质，如贵司愿意参加投标，请于2020年12月13日之前签字盖章此投标邀请书，发电子版至北京HNT有限公司采购杨小姐，邮箱：Lina.yang@×××××.com，确认参加该投标项目。

4. 该项目航空物流业务的合作方式为年度合同。

5. 招标文件由北京HNT有限公司以邮件的形式发送。

招标单位：（盖章）北京HNT有限公司

地址：北京××××××××××

邮政编码：××××××

联系人：杨小姐　电话：010-××××××××　　　　传真：010-××××××××

日期：2020年12月8日

（在此处签字盖章）　　　　　　　　　已确认收到该投标邀请书。

Lily将投标邀请书发送给销售部经理John，John让Lily按照HNT公司的投标邀请流程，请公司海外事业部的同事给予支持，做出最优报价，完成这次HNT公司的邀请投标，争取拿到HNT公司国外零配件采购项目的航空物流业务。

任务分析

任务分析鱼骨图如图3-2所示。

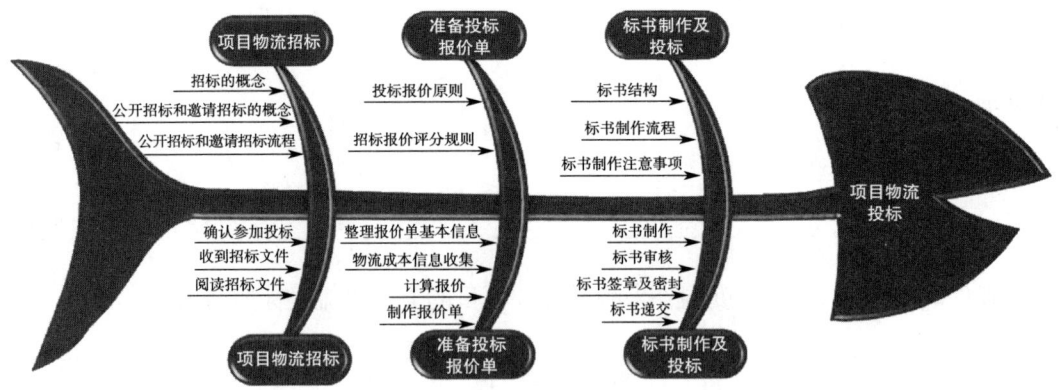

图3-2　任务分析鱼骨图

任务实施

一、项目物流招标

（一）任务资讯

1. 招标的概念

招标是一种国际上普遍运用的有组织的市场交易行为，是贸易中对工程、货物、服务的一种买卖方式，相对于投标，称为招标。招标是指招标人（买方）发出招标公告或投标邀请书，说明招标的工程、货物、服务的范围、标段（标包）划分、数量、投标人（卖方）的资格要求等，邀请特定或不特定的投标人（卖方）在规定的时间、地点按照一定的程序进行投标的行为。根据《中华人民共和国招标投标法》（以下简称《招标投标法》）的规定，招标分为公开招标和邀请招标。

2. 公开招标的概念

公开招标是指招标人以招标公告的方式邀请不特定的法人或者其他组织投标。招标人采用公开招标方式的，应当发布招标公告。依法必须进行招标项目的招标公告，应当通过国家指定的报刊、信息网络或者其他媒介发布。招标公告应当载明招标人的名称和地址，招标项目的性质、数量、实施地点和时间，获取招标文件的办法等事项。

3. 邀请招标的概念

邀请招标是指招标人以投标邀请书的方式邀请特定的法人或者其他组织投标，是有限竞争性招标，也称为选择性招标。招标人采用邀请招标方式的，应当向三个以上具备承担招标项目的能力、资信良好的特定法人或者其他组织发出投标邀请书，投标邀请书应该载明招标人的名称和地址，招标项目的性质、数量、实施地点和时间，获取招标文件的办法等事项。

4. 公开招标和邀请招标的区别

（1）发布信息方式不同

公开招标采用招标公告的方式发布，邀请招标采用投标邀请书的方式发布。

（2）选择范围不同

公开招标针对一切潜在的对招标项目感兴趣的法人或其他组织，招标人事先不知道投标人的数量；邀请招标针对招标方已经了解的法人或其他组织，事先是知道投标人数量的。

（3）竞争范围不同

在公开招标中，所有符合条件的法人或其他组织都有可能、有机会参加投标，竞争范围大，竞争性体现得非常充分，招标人拥有较大的选择余地；而在邀请招标中，投标人的数量有限，竞争范围有限，竞争性相对较小，招标人选择的余地也较小，有可能漏掉市场上最有竞争力的法人或其他组织。但是邀请招标的招标人对邀请投标方事先都有一些了解，因此投标方案会比较符合招标人的采购需求；而公开招标可能会存在投标方以低价中标，但是实际技术解决能力并不能满足招标人需求的情况。

（4）公开程度不同

在公开招标中，所有活动都必须严格按照预先制定并为大家所知的程序标准公开进行，大大减少了作弊的可能；而邀请招标的公开程度和流程的严格性都比公开招标低。

（5）时间和费用不同

公开招标发布公告，为了让投标人尽可能看到招标公告，公告期限较长；而邀请招标是招标人定向将邀请投标的通知发给数量确定的法人或其他组织，相对时间短。公开招标的投标人要严格按照招标的流程准备投标文件，按规定的投标流程进行操作，投标的时间相对比邀请招标长，因此公开招标相对来说耗时长、费用高。

5. 公开招投标标准流程

招标阶段：发布招标公告、编写和修改招标文件。

投标文件准备阶段：投标文件的组成、投标报价、投标保证金、投标有效期、资格审查、投标文件的编写。

投标阶段：投标文件密封、投标文件递交、投标文件修改和撤回、投标人对招标的异议。

开标阶段：开标时间和地点、宣布开标纪律、公布投标人名单、宣布开标现场相关人员、检查投标文件密封情况、宣布投标文件开启顺序、公布标底、当众开标、相关人员签字。

评标阶段：评标委员会回避、评标方法公布、撰写评标报告、推荐合格中标候选人。

授予合同阶段：公示或报告中标候选人、确定中标人、发出中标通知书。

签订合同阶段：细化完善合同、签订书面合同。

6. 邀请招标标准流程（见图3-3）

（二）实施过程

Lily按照HNT公司投标邀请书的要求，在投标邀请书下方指定签字盖章处签字盖章后，将原件扫描的电子版发送至HNT公司负责这次投标邀请的采购部负责人杨小姐的邮箱，随后马上收到了杨小姐发过来的招标文件正本。

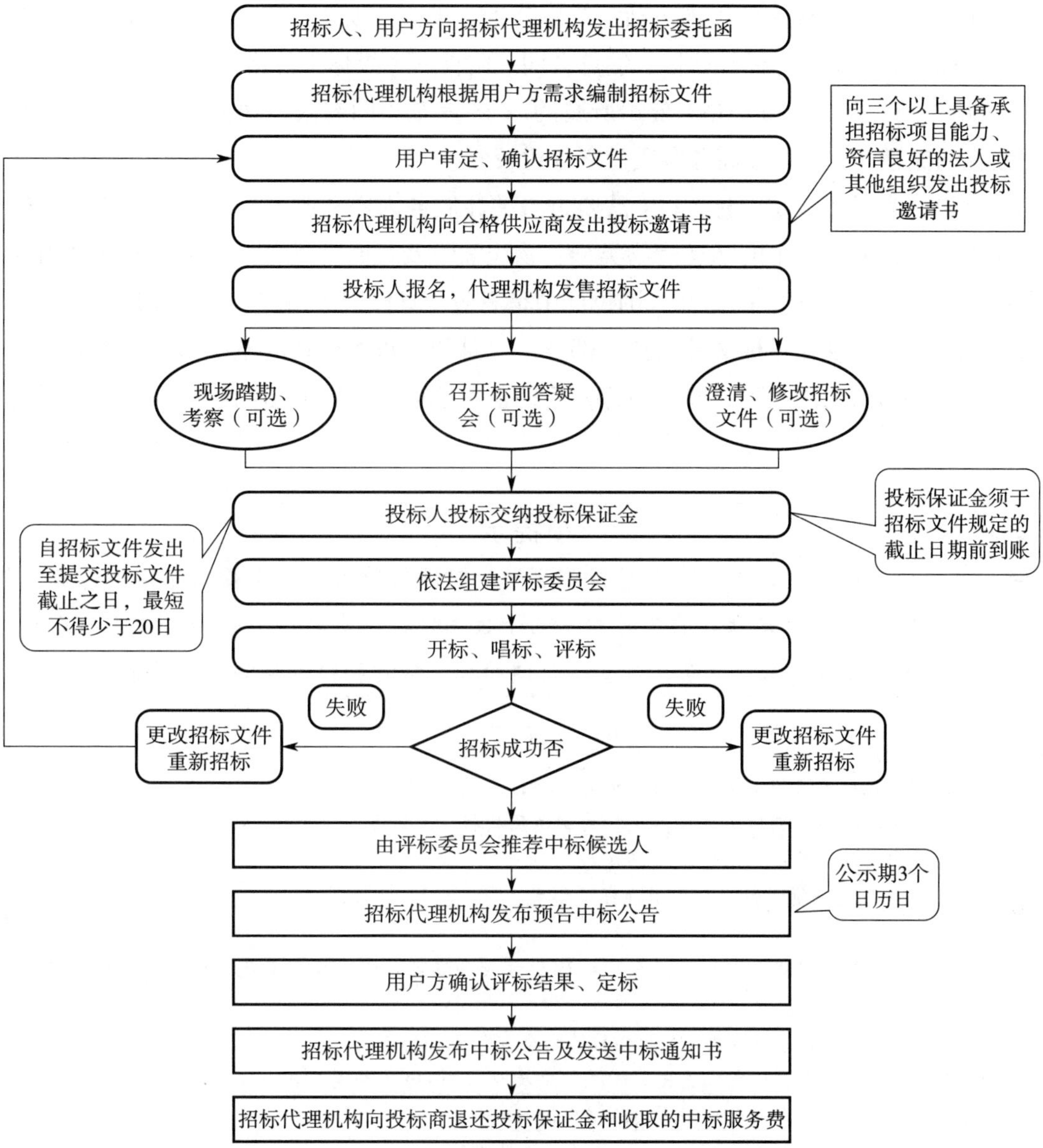

图 3-3 邀请招标流程图

小提示

拿到招标文件后要仔细阅读招标文件，确保招标文件的每一页甚至是每一行中的每个字都要看到。一本招标文件应仔细地、反复地阅读，要保证无漏项并能正确地理解招标文件的内容及要求。对招标文件中的重点事项一定要划线，重点提示，并牢记于心，包括确定投标文件的截止日期，招标代理机构的名称、联系人及联系方式，投标文件递交的时间和地点，投标保证金的金额，投标保证金的递交形式，投标文件份数，投标报价方式，技术部分中是否有特殊的要求，需要的资质及是否需要这些资质的原件等。

HNT公司的招标文件正本包括：招标公告、投标方须知、需求介绍、投标书的编制、投标书的递交、开标与评标、签订合同、附件——投标文件格式。

Lily之前已经进行过HNT公司所属的××汽车集团有限公司的入围投标，因此对投标的流程和企业一般商务资质的审查比较熟悉。

首先，为了能成功中标，Lily需要重点关注服务内容和服务报价，即在招标文件上体现在投标方须知中的承运货物类型、物流需求及线路、货量预测（一般详细内容会体现在附件表格中），因为在入围投标中是不包含具体服务内容和服务报价的。物流服务要求一是体现在投标文件的技术部分，二是切实审查公司的航空物流服务能力是否能达到，如果无法达到，即使中标，后期也可能面临高额的违约赔偿和终止合同的后果。

> **小提示**
>
> 每一个不同行业、不同生产厂家都有一套特殊的物流服务流程，包括流转文件格式、正常操作和应急操作响应时间、电子数据传输、实时信息查询、服务人员要求，以及服务硬件要求——仓库位置、仓储面积、提货和配送车辆的配置等。

> **第二部分　投标方须知**
>
> 1. 招标方式：本次招标采取企业邀请公开招标方式。
> 2. 承运货物类型：<u>乘用车减震器及相关制造原材料、工装等</u>。
> 3. 物流需求及线路：见附件报价格式。
> 4. <u>2021年原材料货量预测</u>：见附件报价格式。
> 5. 运输服务要求。
> （1）服务质量：提供最安全、最合理的运输方式和满足时限，提供最优价格，<u>可提供货物实时查询、实时定位功能</u>。
> （2）服务方式：服务商根据HNT公司的指令，负责安排运输。
> （3）货物出现延期、损失、丢失等情况需要及时通知HNT公司，出具正式的书面说明，并按货物实际价格和对主机厂造成的停线实际损失进行赔付。
> （4）遵守HNT公司的<u>物流运输一般条款</u>（详见附件）。
> （5）航空物流服务商自行购买国际运输及国内运输保险，HNT公司将不另行支付该部分费用。
> （6）运输到货时间要求：提货后5个工作日。
> （7）航空物流服务商及其国外代理和我司物料供应商的提货沟通需要保留邮件记录。

其次，需要关注针对这次项目物流服务新增加的商务和技术资质要求，例如，对于企业资质的要求不同于入围招标的有：①注册资金500万元人民币以上；②提供国际航空运输投保证明。

投标人资质要求

1. 注册资金 500 万元人民币以上。
2. 投标人必须是具有国际航空物流服务相关资质的航空货运代理或专业物流公司，具有独立法人资格，不挂靠第三方，须提供年检有效三证合一的营业执照、法人代表身份证复印件及相关国际航空物流资质证书。
3. 具有良好的商业信誉和健全的财务会计制度。
4. 车况良好，购买了商业险、交强险、货物运输险或者物流责任险，具备较强的抗风险能力。
5. 具有较强的资金保障能力。
6. 具有国际航空运输投保证明或者类似证明文件。
7. 持有单位的授权书原件，并加盖单位公章。
8. 投标方在递交投标书的同时承诺文件真实、有效、可行，避免投标弄虚作假。

最后，需要注意评标的评分标准以及商务评审、技术评审和经济评审的赋分比例和赋分标准。综合评分表（商务评审表）见表 3-3。

表 3-3　　　　　　　　　　综合评分表（商务评审表）

招标编号：
项目名称：北京 HNT 有限公司国外零件采购项目航空物流服务采购

序号	评审因素	分值	评分标准说明	标准分	投标人	
1	企业财务状况	5	根据投标人财务报表进行综合评估并相对比较	0~5		
2	企业规模	2	根据投标人注册资本、经营年限进行综合评估并相对比较	0~2		
		5	根据企业组织机构、人员配备、可支配物流服务硬件资源等情况进行综合评估并相对比较	0~5		
3	投标人 2019 年、2020 年同类项目业绩	8	承担过与本项目类似的业绩，根据业绩规模大小进行综合评估并相对比较	0~8		
			合计：			

评委签字：

当 Lily 整理完招标文件重点内容以后，就开始着手准备制作投标文件。整个投标文件的核心是报价单的制作，因为报价单的准备周期最长、编制难度最大，所以评标赋分权重也最高，为 60%。Lily 准备先完成投标文件中的报价单部分。

二、准备投标报价单

（一）任务资讯

1. 投标报价原则

（1）关注招标文件中的经济评分规则是最低价赋分高还是平均价赋分高。

（2）严格按照招标文件报价单项目进行全部报价，币种、按计费重量计费的单价、按票计费的单价和实报实销的费用需要标注清晰。

（3）项目物流报价因为周期比较长，要兼顾淡、旺季运价，兼顾固定成本和浮动成本。

（4）投标报价是竞争性报价，因此要兼顾成本、竞争对手报价和客户的预算。

（5）对于项目期限内波动较大的空运价格，应取服务时效最好的航空公司的年度平均价格与旺季价格求平均的价格作为基准成本；如果有与航空公司包航空集装器的合同价格，则按照合同价格与集装器的平均装载量计算基准单位成本。

（6）卡车费、报关费、地面操作费等平稳的物流成本取平均成本作为基准成本。

（7）作为项目物流的投标报价，由于其费用结算相对于订单物流有较长的周期，因此需要考虑公司的资金周转率和资金成本。

（8）人员成本、资金成本和运营管理总成本占物流实际成本的比例，税点，公司的平均毛利润率都要摊入航空运费的单价中。

2. 招标报价评分规则

（1）确定评标基准价

当 $n>5$ 时，去掉一个最高价和一个最低价后再计算评标基准价；当 $3<n\leqslant 5$ 时，只去掉一个最高价后再计算评标基准价；当 $n=3$ 时，直接进行计算。评标基准公式如下：

$$评标基准价\ M=(M_1+M_2+M_3+\cdots\cdots M_n)/n$$

式中，M_n 为各有效报价；n 为参与报价的投标商数量。

（2）计算投标人投标报价的偏差率 δ

其计算公式如下：

$$\delta=(有效投标报价\ X_i-评标基准价\ M)/评标基准价\ M\times 100\%$$

式中，X_i 为各有效报价。

（3）计算投标报价得分

当 $\delta<0$ 时，$F=60-|\delta|\times 20$；当 $\delta\geqslant 0$ 时，$F=60-|\delta|\times 50$。其中，F 为投标报价得分，最低得分为 0 分，最高得分为 60 分。

（二）实施过程

为完成项目物流投标报价单的制作，Lily 按照流程进行了以下操作。

1. 整理报价单基本信息

（1）提货地址

总共 56 个提货地址，分布在 17 个国家，分别是直接料 10 个国家 25 个厂家、间接料 7 个国家 31 个厂家。

（2）预计发货量

没有每批次的准确发货量，直接料有每个月的预测总量，而间接料是随机发货，周期和货量都不确定。

（3）货物包装、尺寸、重量信息

货物包装、尺寸、重量信息缺失。

（4）货物品名

乘用车减震器及相关制造原材料、工装等。

（5）报价单涵盖的费用

报价单涵盖的费用包括空运费、燃油附加费、安全附加费、起运港提货费、起运港清关费、起运港手续费、起运港机场操作费、目的港清关费、目的港机场操作费、目的港配送费。

（6）服务时效要求

从起运港工厂到目的港工厂 5 个工作日。

Lily 按照招标文件将报价单相关信息经整理后列入表 3-4 和表 3-5 中。

表 3-4　　　　　　　　　供货商所在国家和提货具体地址信息表

No.	Country	Address of Supplier Production Site
1	Czech Republic	OKRUZNI 607; 370-01 CESKE BUDEJOVICE
2	FRANCE	Z.I Du Tonnelier; 28410 Boutigny Sur Opton, France
3	FRANCE	SVDécoupage, 3 rue des Gds Vaubrenots, 25410 Saint-Vit
4	GERMANY	Gebrüder Ahle GmbH & Co. Oberleppe 2, D-51789 Lindlar, Germany
……	……	……

2. 海外操作物流成本信息的收集整理

Lily 在整理好表格之后，按照海外同事负责的区域，分别给各海外同事发送了投标报价的询价函电。

以波兰为例，以下是 Lily 发给负责波兰的同事 Amanda 的询价函。

表3-5 供货商月度提货重量预测表

No.	Country	JAN	FEB	MAR	APR	MAY	JUN	JUL	AUT	SEP	OCT	NOV	DEC	TOTAL
1	Czech	2 324.85	1 662.17	2 384.42	2 387.29	2 742.72	2 494.82	2 733.31	2 867.28	2 368.90	2 497.62	2 740.06	2 609.84	29 813.29
2	FRANCE	1 384.13	1 136.43	1 550.51	1 485.84	1 634.39	1 486.54	1 629.57	1 708.77	1 411.61	1 488.00	1 633.11	1 556.03	18 104.93
3	FRANCE	10.09	7.67	9.93	9.03	9.93	9.03	9.93	10.38	8.58	9.03	9.93	9.48	113.01
4	GERMANY	3 361.35	2 609.30	3 360.60	3 058.16	3 362.69	3 061.42	3 345.68	3 513.76	2 905.93	3 067.48	3 358.80	3 191.60	38 196.77
……	……	……	……	……	……	……	……	……	……	……	……	……	……	……

Dear Amanda,

　　There will be a yearly air transportation contract inquiry for quotation.

　　The trade term is EXW.

　　The pick-up add and the estimated gross weight per month is just as the attached two tables.

　　Could you please offer me the air rates of direct flights to PEK for different levels at the peak season and the off season separately?

　　And could you please offer me all the local charges and the collecting charges based on the attached pick-up address lists?

　　If any questions, please feel free to contact me as soon as possible.

　　I'd appreciate it very much if you could answer me in three days.

　　Thank you very much!

Lily

很快 Lily 就收到了 Amanda 的邮件回复。

Hello，Lily

Please find our air rates for general/non-hazardous cargo：

Net/net airfreight rates WAW - PEK（LO）

min. 85 EUR

-45 kg - 2,60 EUR/kg all in

+45 kg - 2,40 EUR/kg all in

+100 kg - 1,85 EUR/kg all in

+300 kg - 1,65 EUR/kg all in

+500 kg - 1,60 EUR/kg all in

+1000 kg - 1,60 EUR/kg all in

airline doc fee: 30 EUR per AWB

Routing：WAW - PEK

TT：direct flight

…

Net/net airfreight rates WAW - PEK（CA）

min. 110,00 EUR

-45 kg - 1,95 EUR/kg

+45 kg - 1,95 EUR/kg

+100 kg - 0,95 EUR/kg

+300 kg - 0,85 EUR/kg

+500 kg - 0,75 EUR/kg

+1 000 kg - 0,70 EUR/kg

fsc - 0,50 EUR/kg cw

scc - 0,15 EUR/kg cw

Airline doc fee: 30 EUR per AWB

> Routing: WAW – PEK
> TT: direct flight or indirect, depends on availability space
> …
> Export local charges via WAW airport:
> – standard pick up 0,35 EUR/kg minimum 60,00 EUR (charged on payweight, domestics pick up 1 cbm = 250 kg) (max= dedicated truck cost from below)
> – handling (X-ray included): 0,08 EUR/kg minimum 35,00 EUR
> – customs procedure: 45,00 EUR/HAWB
> Above rates apply for all regular export clearance. In situation when shipper grands us POA for Customs.
>
> Some additional charges may occur:
> – x-ray: 0,10 EUR/kg minimum 15,00 EUR – is counted when Lufthansa RFS from Poland is used, every shipment higher that 110 cm or non-standard dimension.
> – unloading: 0,06 EUR/kg minimum 20,00 EUR
> – customs inspection: 35,00 EUR or 75,00 EUR (if takes place)
> – In case of transit/bond collection it is necessary to use dedicated truck which will be customs sealed. The rate on route:
> POLMO LOMIANKI S. A. 05-092 Lomianki – WAW will be 150,00 EUR/1,5 t truck.
> Reiner Polska sp. z o.o. 51-318 WROCŁAW – WAW will be 295,00 EUR/1,5 t truck.
> STOMIL SANOK S. A. 38-500 Sanok – WAW will be 295,00 EUR/1,5 t truck.
> TCK (Kraków) 38-400 Krosno – WAW will be 295,00 EUR/1,5 t truck.
>
> Amanda

Lily 从中整理了海外起运港除空运费外航空物流操作的所有费用，列入表 3-6 中。

3. 空运费成本信息收集整理

Lily 将 Amanda 邮件中的空运费整理成表 3-7。

4. 国内物流成本信息收集整理

Lily 请公司的首都机场监管仓库和车队根据营运管理成本提供了仓库操作人员和车队司机的人员成本信息，油费、汽车折旧费用等成本信息，并进行整理。

5. 企业运营管理成本信息收集整理

Lily 请公司财务部门协助核算项目人员总成本、税点成本和资金使用成本。

根据 Lily 对项目业务量的核算和客户的操作要求，项目团队由一位项目经理（兼）、一位客服（兼）、一位单证员（兼）和一位驻客户工厂操作员（专）组成。

财务部门经核算后为 Lily 提供以下成本。

人员成本：每月 10 000 元。

税务成本：增值税成本为 6%。

保险费成本：根据公司与保险公司签订的年度货运代理保险合同，费率为 0.05%。

资金成本：按照银行企业经营贷款年利率折算，每个月的资金成本为 0.4%。

表 3-6 海外物流费用成本表

编号	地址	1.5 t 整车提货费	运单费	零担提货费	操作费（含 X 射线）	清关费	X 射线	卸货费	海关查验费
10	05-092 LOMIANKI, WARSZAWSKA 31 POLAND	150.00 EUR							
11	"Ul. Akacjowa 19 .Blonie, PL 55-330 Miekinia UL. ZAKRZOWSKA 21, 51-318 WROCŁAW, POLAND"	295.00 EUR	30.00 EUR/ AWB	0.35 EUR/kg minimum 60,00 EUR（按计费重量，国内提货 1 m³=250 kg）	0.08 EUR/kg 最低收费：35.00 EUR	45.00 EUR / HAWB（适用于一般贸易货物出口报关）	X-ray: 0.10 EUR/kg 最低收费：15.00 EUR（仅适用于高于 110 cm 的货物或者非标准货物）	0.06 EUR/kg 最低收费：20.00 EUR	35.00 EUR or 75.00 EUR（仅在海关查验时收取）
12	Ul. Reymonta 19, Poland, 38-500 Sanok, POLAND	295,00 EUR							
13	38-400 Krosno, Ul. Gen. L. Okulickiego 7	295,00 EUR							

表 3-7 空运费成本表

航空公司	航线	航程	货币	M	N	+45	+100	+300	+500	+1 000	FSC	SSC
LO	WAW–PEK	DIRECT	EUR	85.00	2.6	2.4	1.85	1.65	1.6	1.6	inc	inc
CA	WAW–PEK	DIRECT	EUR	110.00	1.95	1.95	0.95	0.85	0.75	0.7	0.5	0.15
LH	WAW–FRA–PEK	2–4	EUR	110.00	3.1	2.8	2.1	1.9	1.9	1.9		0.74
QR	WAW–DOH–PEK	2–4	EUR	70.00	3.2	2.8	1.9	1.8	1.65	1.6	inc	inc
TK	WAW–BUD/VIE–IST–PEK	3–5	EUR	80.00	2.5	2.1	1.65	1.55	1.45	1.45	inc	inc
EY	WAW–BUD/VIE–IST–PEK	3–5	EUR	240.00	/	/	1.85	1.80	1.75	1.65	inc	inc

注："/"代表这一等级没有报价，"inc"代表燃油附加费和安全附加费已包含在前面的空运费中。

公司固定资产分摊成本：0.5%。

公司业务基本毛利率标准：10%。

6. 计算各项报价

（1）核对报价单格式和项目

需严格按照招标文件对报价单的要求进行核对。

1）所有报价项目均需为不含税价格，税点请另外注明。

2）只填写标黄项目（H、I、J、K列），其他不能动，只填写数字。

3）报价币种要求：欧元、美元、英镑、瑞士法郎、人民币。

4）空运运费费率：费率（price/kg）；海运运费费率：费率[price/（kg·m^{-3}）]。

5）提货费用：每个重量级都需要填写。

6）实报实销费用：除了海关检疫的费用，没有其他实报实销费用。

报价单的费用项目有：提货费、空运费、空运附加费、起运港清关费、起运港手续费、起运港操作费、目的港操作费、目的港清关费、目的港配送费。

（2）计算各项费用的报价

1）空运费。选择直航航班；直航航班中选择每个等级报价的高值作为成本；加人员成本的单位金额（年总成本除以年预计总运量），计算每千克的人员成本，再除以汇率，经计算为EUR0.29/kg；加乘财务成本（不包含税点成本）比例为0.4%+0.5%=0.9%；保险费因为不知道货值，费用也较低，所以在报价中不单独考虑；加乘毛利率10%，得出空运费报价表（见表3-8）。

表3-8　　　　　　　　　　　空运费报价表

货币	M	N	+45	+100	+300	+500	+1 000	FSC	SSC
EUR	122	3.3	3.3	2.2	2.0	1.9	1.9	inc	inc

2）提货费：利用整车报价和零担报价计算一个整车装货的最少重量。150/0.35=428.57（kg），295/0.35=842.86（kg）；在这个重量之上用整车报价作为成本，在这个重量之下用零担报价作为成本；再加乘财务成本比例；加乘毛利率。

零担报价：EUR0.39/kg，MIN EUR70.00

整车报价：10号工厂 EUR170.00/1.5TON TRUCK

　　　　　　11号、12号、13号工厂 EUR330.00/1.5TON TRUCK

3）起运港费用：加乘财务成本比例和毛利率。

运单费报价：EUR35.00/AWB

操作费（含X-RAY）报价：EUR0.09/kg MIN EUR40.00

清关费报价：EUR50.00/HAWB

卸货费报价：EUR0.07/kg MIN EUR25.00

X-RAY（特殊货物）：EUR0.11/kg

海关查验费（查验时发生）：EUR40.00 OR EUR85.00

4）目的港费用：加乘财务成本比例和毛利率（见表3-9）。

表3-9　　　　　　　　　　　　目的港费用报价表

费用名称	成本	报价
机场地面费用	CNY0.80/kg，MIN100.00	CNY0.9/kg，MIN120.00
舱单录入费	CNY30.00/SHIPMENT	CNY35.00/SHIPMENT
报关费 CUSTOMS CLEARANCE	CNY200.00/SHIPMENT	CNY250.00/SHIPMENT
查验服务费	CNY100.00/SHIPMENT	CNY120.00/SHIPMENT
查验仓储费	at cost	at cost
仓储费	CNY0.08/kg/day	CNY0.09/kg/day
配送费（2 t 到北京通州区）	CNY300.00/SHIPMENT	CNY350.00/SHIPMENT
配送费（5 t 到北京通州区）	CNY500.00/SHIPMENT	CNY600.00/SHIPMENT
配送费（10 t 到北京通州区）	CNY600.00/SHIPMENT	CNY700.00/SHIPMENT

报价小常识：报价在计算后要四舍五入，固定收费按照通行报价方法末位升为5或0。

（3）按照招标文件的报价单对应填入费用，每个国家具体的费用明细都有差异，报价单没有列出的费用，可以合并计入报价单中有名称的费用。合并规则：第一，同类计费方法的费用可以合并，如操作费和卸货费合并；第二，在物流操作同一环节的费用可以合并，如同是发生在海关报关环节的费用，清关费、查验服务费等可以合并。

（4）特殊情况产生的费用全部列入客户指定的实报实销费用中，如海关查验费。

7. 填写完成报价单（见表3-10）

8. 调研客户招标预算和竞争对手报价

（1）报价要尽量贴近客户预算。

（2）根据评标规则，本项目招标不是最低价中标，可以在毛利率上加乘一定比例进行调整报价，但切忌不顾成本低价抢标。

表3-10 报价单

国家	工厂信息	出货港	费用名称	费用明细	路程	重量上限	重量下限	费率/kg	最低收费	固定费用	费用上限	币种	备注
Poland		WAW	空运费			0	45	3.3	122	/	/	EUR	
Poland		WAW	空运费			45	100	3.3	122	/	/	EUR	
Poland		WAW	空运费			100	300	2.2	122	/	/	EUR	
Poland		WAW	空运费			300	500	2.0	122	/	/	EUR	
Poland		WAW	空运费			500	1 000	1.9	122	/	/	EUR	
Poland		WAW	空运费			1 000	5 000	1.9	122	/	/	EUR	
Poland		WAW	附加费	FSC				/	/	/	/	EUR	
Poland		WAW	附加费	SSC				/	/	/	/	EUR	
Poland		WAW	本地费	清关费				/	/	50	/	EUR	
Poland		WAW	本地费	手续费				/	/	35	/	EUR	
Poland		WAW	本地费	机场操作费				0.16	65	/	/	EUR	实报实销
Poland		WAW	本地费	海关查验费				/	/	/	/	EUR	
Poland	10	WAW	提货费			0	100	0.39	70	/	/	EUR	CW 1 : 250
Poland	10	WAW	提货费			100	200	0.39	70	/	/	EUR	CW 1 : 250
Poland	10	WAW	提货费			200	300	0.39	70	/	/	EUR	CW 1 : 250
Poland	10	WAW	提货费			300	500	0.39	70	/	/	EUR	CW 1 : 250
Poland	10	WAW	提货费			500	1 000	170	/	/	/	EUR	1.5ton truck
Poland	10	WAW	提货费			1 000	5 000	170	/	/	/	EUR	1.5ton truck
Poland	11	WAW	提货费			0	100	0.39	70	/	/	EUR	CW 1 : 250
Poland	11	WAW	提货费			100	200	0.39	70	/	/	EUR	CW 1 : 250
Poland	11	WAW	提货费			200	300	0.39	70	/	/	EUR	CW 1 : 250
Poland	11	WAW	提货费			300	500	0.39	70	/	/	EUR	CW 1 : 250
Poland	11	WAW	提货费			500	1 000	330	/	/	/	EUR	1.5ton truck

续表

国家	工厂信息	出货港	费用名称	费用明细	路程	重量上限	重量下限	费率/kg	最低收费	固定费用	费用上限	币种	备注
Poland	11	WAW	提货费			1 000	5 000	330	/	/	/	EUR	1.5ton truck
Poland	12	WAW	提货费			0	100	0.39	70	/	/	EUR	CW 1 : 250
Poland	12	WAW	提货费			100	200	0.39	70	/	/	EUR	CW 1 : 250
Poland	12	WAW	提货费			200	300	0.39	70	/	/	EUR	CW 1 : 250
Poland	12	WAW	提货费			300	500	0.39	70	/	/	EUR	CW 1 : 250
Poland	12	WAW	提货费			500	1 000	330	/	/	/	EUR	1.5ton truck
Poland	12	WAW	提货费			1 000	5 000	330	/	/	/	EUR	1.5ton truck
Poland	13	WAW	提货费			0	100	0.39	70	/	/	EUR	CW 1 : 250
Poland	13	WAW	提货费			100	200	0.39	70	/	/	EUR	CW 1 : 250
Poland	13	WAW	提货费			200	300	0.39	70	/	/	EUR	CW 1 : 250
Poland	13	WAW	提货费			300	500	0.39	70	/	/	EUR	CW 1 : 250
Poland	13	WAW	提货费			500	1 000	330	/	/	/	EUR	1.5ton truck
Poland	13	WAW	提货费			1 000	5 000	330	/	/	/	EUR	1.5ton truck
北京			操作费					0.9	120	/	/	CNY	
北京			仓储费					0.09	/	/	/	CNY	/kg/day free 3 days
北京			查验费					/	/	250	/	CNY	实报实销
北京			清关费					/	/	350	/	CNY	
北京			送货费			0	2 000	/	/	600	/	CNY	
北京			送货费			2 000	5 000	/	/	700	/	CNY	
北京			送货费			5 000	10 000	/	/		/	CNY	

三、制作投标书并完成投标

（一）任务资讯

1. 标书结构

（1）商务部分

标书一般包括投标人说明、投标人介绍、业绩、合同、法人授权书、企业营业执照、资格证书、付款方式、承诺书、商务偏离表、商务应答等，要严格按照标书内容的要求及顺序编写。在编制时需要注意将主要业绩（案例图片）放在突出位置；资质文件需要检查有效性，避免放错文件或者放入过期文件；业绩合同需要注意合同的金额、时间是否要体现，原则上体现高价。

（2）技术部分

服务投标的技术部分一般包括服务参数、服务质量要求、服务硬件和人员要求等，要严格按照标书内容的要求及顺序编写。技术部分要抓重点，服务的优势要清晰并放到突出位置，要审核服务质量是否符合要求，表述一定要注意满足要求。

（3）报价部分

在报价部分一定要有报价一览表和分项报价表；注意审核大小写是否正确，数目是否相符；注意报价表中的货币单位是否前后一致，是否符合招标文件要求；格式一定要和招标方要求的一致；要多打印几份空白报价表备用（招标文件有特殊格式要求的除外）。

2. 标书制作流程

（1）准备标书的文件

按照招标文件要求将所有商务文件、技术文件和报价文件准备完整。

（2）目录编排

初次目录编排是为了收集文件、标注重点；后期目录编排要严格按照招标文件顺序要求，对正文内容设置标题1、标题2、标题3等，自动生成投标文件的目录，排好字体、大小和行间距。

（3）编辑标书

掌握一些编辑小技巧（将标书中常用的内容单独制作成一个文件，可以快速复制到投标文件中，以保持格式内容一致，避免出错）；格式要保持统一；在标书的制作过程中要注意及时保存。

（4）互审标书

参与人员要多次进行互审，修改后要通知所有参与编写人员，共同审查报价单明细是否与招标文件一致、是否前后一致；审查分项报价和总报价计算是否一致、大小

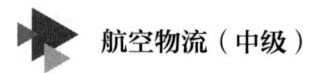

写是否一致；审查标书文件格式是否与招标文件一致，顺序、字体、大小写是否一致。

（5）标书打印、装订

按招标文件要求打印标书正本、副本、封面、封条；报价单在公司打印；需检查排版是否有错乱，确认后才可以打印；图片需彩打，其他文本黑白即可；认真核对有无缺页、夹页、顺序颠倒、页面倒转现象；对于大项目需打印一份给投标代表使用；最后按照招标文件要求和实际情况，进行打孔装订或胶装。

（6）标书签字、盖章

需签字处包括授权书法人代表、投标代表签字；需盖章处包括骑缝章、封面、封条、报价表、投标单位名称、"与原件一致"、签字处以及招标文件要求的其他盖章处；公章需盖正、清晰，若一个不明显，需重新再盖一个，且两个不能重叠在一起；在密封条上盖章时尽量一半在密封条上、一半在密封袋上。

（7）标书最后审查

审查是否有漏签字、漏盖章处，招标文件要求的文档资料是否齐全，是否需要将原件、彩页放入标书中，标书中是否有其他未发现的错误。

（8）标书密封

按招标文件要求将正本、副本、报价文件等密封文件单独进行封装，在文件袋封面、"于×××时之前不得启封处"等处加盖公章；若需要提交电子文档，将其和正本一起封装；在未得到项目负责人或投标代表同意时，投标文件封口不得密封，应贴好双面胶、盖好骑缝章后预留封口，由投标代表整理后自行密封。

3. 制作标书注意事项

（1）"投标须知"莫弄错

"投标须知"是招标人提醒投标者在投标书中务必全面、正确回答的具体注意事项的书面说明。

（2）"实质要求"莫遗漏

我国《中华人民共和国政府采购法》《招标投标法》《政府采购货物和服务招标投标管理办法》等法律、法规都规定：投标文件应当对招标文件提出的实质性要求和条件作出响应。这意味着投标者只要对招标文件中的某一条实质性要求未作出响应或遗漏，都将成为无效标。

（3）"重要部分"莫忽视

"标函""项目实施方案""技术措施""售后服务承诺"等都是投标书的重要部分，也是体现投标者是否具有竞争实力的具体表现。倘若投标者对这些"重要部分"不重视，不进行认真、详尽、完美的表述，则会导致投标者在商务标、技术标、信誉标等方面失分，乃至最后落榜。

（4）"细小项目"莫大意

在制作投标书时，容易因某些细节被忽略而导致投标失败。例如：①投标书未按照招标文件的有关要求封记；②未全部加盖法人或委托授权人印鉴，如未在投标书的每一页上签字盖章、未在所有重要汇总标价旁签字盖章，或未将委托授权书放在投标书中；③投标者的单位名称或法人姓名与登记执照不符；④未在投标书上填写法定注册地址；⑤投标保证金未在规定的时间缴纳；⑥投标书的附件资料不全，如设计图纸漏页、有关表格填写漏项等；⑦投标书字迹不端正、无法辨认；⑧投标书装订不整齐，或投标书上没有目录、页码，或文件资料装订前后颠倒等。

（5）"联合制作"莫轻视

在实际招标采购中，有时会发生两个以上的供应商组成一个投标联合体，以一个投标人身份投标的情况。这时投标书就需要几家供应商一起合作，参加联合制作的任何一方都不能轻视这项工作，如果供应商都持不重视的态度、都不认真、都不负责任，就会发生互相推诿，以至于造成无效标的情形。

（二）实施过程

Lily 完成投标文件中最重要的报价单制作后，就开始着手准备完整的投标书。按照投标书的 3 个组成部分：商务文件、技术文件和报价单，Lily 开始逐一进行整理、排序、编辑。

1. 整理商务文件

Lily 阅读投标文件后，按照投标人资质要求所列文件，找出了所需的全部企业商务资质文件。她首先阅读了投标方须知，其中显示：投标文件应按照招标文件的格式、内容，逐项齐全，不能有遗漏；投标书一式三份，正本一份，副本两份，所有商务文件都要准备三份，并加盖公章；投标文件必须用不能擦去的墨水打印，且应字迹清楚、内容齐全、表达准确，全套投标文件应无涂改；投标文件须密封盖章，按照要求分别制作正本与副本，并在相关资料上加盖公章，中标后其应标内容将作为合同附件使用。

随后，Lily 阅读了招标文件中的投标文件构成。其内容包括：目录，投标函，法人代表授权书，企业概况介绍及主要成员、人员的资质，企业近三年财务报表，企业近三年服务客户案例合同，营业执照，道路运输许可证及国际航空运输相关资质证明（以上均需加盖公章）等，项目报价（按照招标文件所附的报价单格式填写）注明报价有效期。

需要注意，如果对招标文件的技术、商务方面有任何疑问，一定要在截标时间前通过电话或邮件与招标方沟通、询问，如果过期，招标人将不再受理。

Lily 按照招标文件中投标函和法人代表授权书需要填写的内容，整理了企业概况、主要人员介绍、企业三年财务报表、三年项目物流客户合同，扫描了企业营业执照、道路运输许可证、航空运输销售代理业务资质认可证书、保险公司年度货运险保险合同、项目人员的专业从业证书等电子版的全套商务文件,然后用原件复印了企业营业执照、道路运输许可证、航空运输销售代理业务资质认可证书、保险公司年度货运险保险合同、项目人员的专业从业证书等纸质版商务文件。

应注意查看所有商务文件的有效期,核对商务文件中的投标人名称、法人代表名称、地址等信息是否一致。扫描、复印、打印都要文字清晰、纸张整洁、无污点、无涂抹,内容要完整,不能漏页。

2. 整理技术文件

项目物流服务的招标不同于产品和工程招标,技术文件涉及较少,主要针对招标文件中的服务要求做出承诺服务函。

3. 整理报价单

将上一部分做好的报价单按照招标文件中的报价单格式与内容要求再次核对,核对事项包括是否有漏报、是否有错报、货币币种、单项计算与总价是否一致、是否标注了报价有效期,然后作为电子版文件放入投标文件总文件中。

4. 制作目录

在编制完成的投标文件正文中,按照招标文件要求的目录格式,插入标题1、标题2、标题3等,然后自动生成投标文件的目录,注意目标标题要与招标文件要求的标题、顺序一致,并标注页码。

5. 互审投标文件

Lily 让参与项目的商务部和销售部同事复审制作投标文件电子版,审查格式、顺序与招标文件是否一致;审查是否有漏页、少页;审查是否有排版错误、错别字;审查报价单的分项和总项等。对审查出来的错误,Lily 逐一修改,每修改一版,便保存并标注一版(文档名为第 N 版修改版),所有修改版均保存好,然后抄送审核组所有人员进行更新。

6. 投标文件打印和装订

Lily 将审核的电子标书按照招标文件要求的正本、副本数量进行打印,并打印封面和封条;然后将之前已经用原件复印的纸质版商务文件按照顺序放入投标文件中,再次核对是否与最终确认版的电子投标文件完全一致,确保无漏页、缺页、颠倒;最后按照招标文件要求的方式进行打孔装订或胶装,装订方式不符合要求也会被视为废标。

7. 投标文件签字和盖章

需盖章处:骑缝章、封面、封条、报价表、投标单位名称、"与原件一致"、签字处、其他根据招标文件要求盖章处。公章需盖正、清晰,若一个不明显,则需重新再盖一个，且两个不能重叠在一起；在密封条上盖章时尽量一半在密封条上、一半在密封袋上。

需要签字处：招标文件要求签字之处。尤其需要注意法人代表和投标代表的前后签字要一致，法人代表的签字要与营业执照等文件上的签字一致，签字要清晰。

8. 投标文件最后进行审查

核对有无漏签字、漏盖章，有无排版错误，有无装订不整齐（或盖章中装订损坏），有无其他错误等，一旦发现有上述情况，需要重新制作投标文件。

9. 投标文件装袋、密封

按招标文件要求将正本、副本、报价文件单独进行封装，并在文件袋上标注项目名称、项目编号和投标人（与营业执照一致）；在文件袋封面、"于×××时之前不得启封处"和封条骑缝处加盖公章；若需要提交电子文档，将其和正本一起封装；最后由项目负责人对留好的封口进行密封。Lily作为项目负责人，在完成全部复查后密封投标文件，完成投标文件的制作。

10. 投标文件的递交

Lily按照招标文件的要求，在招标文件要求的投标文件投递截止日之前将密封的投标文件全套（包括正本一套、副本两套）用快递方式寄送到招标文件要求的指定地址。快递发出后，Lily将快递单号用电子邮件发送给此次招标的负责人杨小姐。第二天，Lily电话联系杨小姐，确认杨小姐已经收到投标文件。

知识考核

一、单选题

1. 公开招投标的标准流程为（　　）。

A. 投标阶段、开标阶段、评标阶段、招标阶段、投标文件准备阶段、授予合同阶段、签订合同阶段

B. 招标阶段、投标文件准备阶段、投标阶段、开标阶段、评标阶段、授予合同阶段、签订合同阶段

C. 签订合同阶段、授予合同阶段、评标阶段、开标阶段、投标阶段、投标文件准备阶段、招标阶段

D. 投标文件准备阶段、投标阶段、招标阶段、开标阶段、评标阶段、授予合同阶段、签订合同阶段

2. 投标报价不需要考虑（　　）的因素。
A. 竞争对手报价
B. 淡季、旺季价格浮动
C. 招标文件对于报价单的评分标准
D. 企业的注册资本

二、多选题

1. 公开招标和邀请招标的区别有（　　）。
A. 时间和费用不同　　　　　　B. 选择范围不同
C. 竞争范围不同　　　　　　　D. 发布信息方式不同
E. 公开程度不同

2. 标书结构包括（　　）。
A. 技术部分　　　　　　　　　B. 商务部分
C. 报价部分　　　　　　　　　D. 合同部分
E. 招标文件

三、判断题

1. 邀请招标是指招标人以投标邀请书的方式邀请不特定的法人或者其他组织投标。　　　　　　　　　　　　　　　　　　　　　　　　　　（　　）
2. 在制作投标书时，不用关注那些细节，只要将报价单做好就可以。（　　）

技能训练

1. ××国际货运代理有限公司业务经理 Linda 收到客户 BW 新项目关于航空物流服务的邀请招标通知。通过确认参加邀请招标的流程，Linda 很快就收到了正式的招标书。请帮助 Linda 列出招标书中需要重点关注的内容。

2. Linda 首先需要制作投标书中最重要的部分——报价单，为了避免报价单中的报价项目和成本有遗漏，请协助 Linda 列出制作报价单的流程单。

分析评价

层级	项目名称	单项得分	总分	评分项目类型： 1. 职业技能与规范 2. 专业沟通与表达 3. 工作组织与管理
1	**获得邀请招标书**		10	
2	及时向客户了解项目物流招标的计划及方式	5		2
2	了解邀请招标书的发放渠道	5		2
1	**分析招标书**		30	
2	标注招标书的重点内容	10		1
2	审核招标书要求的商务文件	10		1
2	分析招标书的评分标准	10		1
1	**制作投标报价单**		30	
2	获取报价项目的成本	10		3
2	调研客户的预算及同行报价	10		3
2	按招标书的格式和内容要求制作投标报价单	10		3
1	**制作投标书并完成投标**		20	
2	制作投标书	10		1
2	审核、签章、密封投标书并完成投标	10		1
1	**讨论与表达**		10	
2	课堂交流沟通中语言表达清晰	6		2
2	分析结果（以文档形式提交）未出现格式、错别字等问题	4		1

参考答案

一、单选题

1. B 2. D

二、多选题

1. ABCDE 2. ABC

三、判断题

1. 错误 2. 错误

学习单元 3

项目物流合同的签订

任务目标

1. 中标后能完成投标方的工作流程。
2. 能编制、审核项目物流合同。
3. 能完成项目物流合同条款的谈判与签订。

聚焦情境

Lily 递交投标文件给 HNT 公司以后，经常电话联系负责项目招标的杨小姐和物流部陈经理，了解项目后期的开标、评标进度，终于等到了中标结果的公布。Lily 如愿以偿地收到了杨小姐通过电子邮件发送的"中标通知书"，并接到了陈经理的祝贺电话。Lily 马上将中标的消息通知了公司部门经理 John 和投标项目组的所有成员。

中标通知书

××国际货运代理有限公司：

我们很高兴地通知贵司，在招标编号为"HNT20201208"的"2021 年度国外零配件采购项目航空物流服务采购"招标中，按照有关规定和程序，经过评标委员会的认真评审和集团公司领导的审批，确定贵公司为该项目的中标人，中标价格为人民币 ×××××万元整。

请贵司及时与北京 HNT 有限公司签订采购合同。

北京 HNT 有限公司

日期：2020 年 12 月 26 日

任务发布

拿到中标通知书后,根据《招标投标法》和《中华人民共和国招标投标法实施条例》,Lily 还要配合招标方和投标方完成中标后的一系列工作,并且就最终项目物流合同上未在招标和投标文件中体现的非实质内容进行商务谈判,确保项目物流合同的条款清晰明确地界定双方的责任和权利,准确全面地描述项目合同中的风险条款及责任排除,能够为公司顺利完成这个项目保驾护航,并最后完成项目物流合同在公司的审批、签字流程。

任务分析

任务分析鱼骨图如图 3-4 所示。

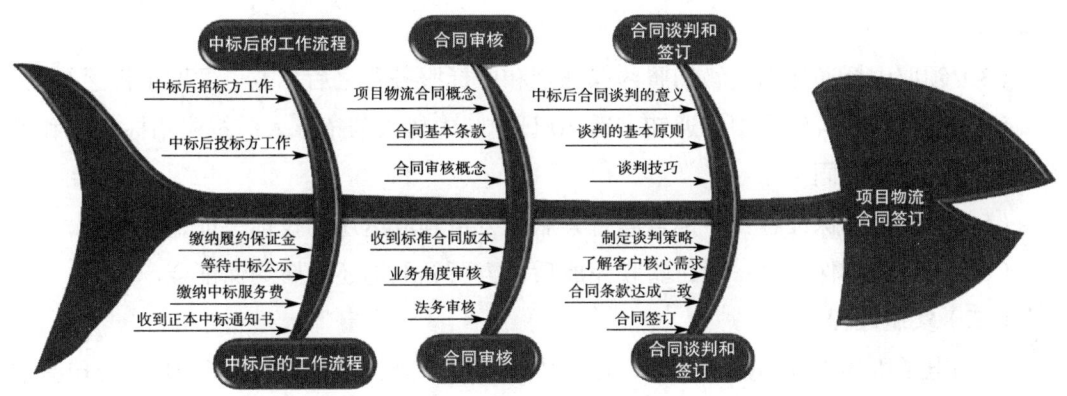

图 3-4 任务分析鱼骨图

任务实施

一、中标后的工作流程

(一)任务资讯

1. 中标后招标方的工作流程

(1)中标通知书:向中标人发出中标通知书。

(2)中标结果公示:将中标结果通知所有未中标的投标人。

(3)签订合同:中标通知书发出后 30 日内,招标人和中标人应按照招标文件和投标文件签订书面合同。

(4)提交书面报告:确定中标人后 15 日内,招标人应向有关行政监督管理部门提

交招、投标情况的书面报告。

书面报告应包括下列内容。

1）招标服务基本情况。

2）招标方式和发布招标公告或者资格预审公告的媒介。

3）招标文件中的投标人须知、技术条款、评标标准和方法、合同主要条款等内容。

4）评标委员会的组成和评标报告。

5）中标结果。

2. 中标后投标方的工作流程

（1）缴纳履约保证金：在中标后3日公示期之内缴纳，履约保证金不得超过中标合同金额的10%。

（2）缴纳中标服务费：在公示期后3个工作日内缴纳，费用参考招标文件的具体要求。

（3）领取中标通知书：缴纳履约保证金和中标服务费之后，方可领取中标通知书。

（4）签订合同：领取中标通知书后30日内，中标人与招标人应按照招标文件和投标文件签订书面合同。

（5）退还投标保证金：中标合同备案后，方可领取退还的投标保证金。

（6）退还履约保证金：项目验收完成后，方可领取退还的履约保证金。

（二）实施过程

收到电子版的中标通知书以后，按照中标通知书邮件的通知，要向HNT公司缴纳履约保证金，Lily马上向公司提交缴纳履约保证金的付款申请单，然后按照公司付款申请流程完成向HNT公司指定的银行账户付款的流程，同时将付款水单电子版通过电子邮件发送给HNT公司的招标负责人杨小姐。

中标通知书公示3日以后，杨小姐用电子邮件通知Lily中标公示结束，其他投标方没有提出异议，请Lily按照招标文件要求金额将中标服务费支付到指定的银行账户，并发送付款水单电子版。

Lily立刻安排中标服务费的请款，并在完成申请付款流程后将付款水单电子版通过电子邮件发送给杨小姐。随后，杨小姐将中标通知书的正本用快递的方式发给Lily。

杨小姐又通过电子邮件向Lily发送了一份航空项目物流合同的空白版本，请Lily审核，在确认没有问题以后签字盖章，并将两份正本快递发给HNT公司采购部。

> Dear Lily：
> 　　中标通知书正本已经通过顺丰快递到您的收件地址，快递号为××××××××××××，请注意查收。
> 　　同时附件发送了我司关于此次招标项目的航空项目物流合同空白版本，请贵司审核，确认没有问题后，请将两份签字盖章的正本快递到下面地址：<u>北京市××××××××××××</u>。
> 　　请注意根据招标文件要求，投标文件将作为此航空项目物流合同的附件；合同必须在中标通知书日期后 30 日内签字盖章。
> 　　　　　　　　　　　　　　　　　　　　　　　　　　　　　　　　　Lina Yang

二、合同审核

（一）任务资讯

1. 航空项目物流合同概念

航空项目物流合同就是根据《中华人民共和国民法典·合同编》及相关货物运输规则的有关规定，为了完成项目的航空物流服务、明确航空物流服务方和航空物流服务接受方的权利和义务，双方本着平等互利的原则，通过友好协商而订立的协议。

招投标完成后的航空项目物流合同，根据《招标投标法》应遵守以下规定。

根据《招标投标法》第四十五条的规定，中标人确定后，招标人应当向中标人发出中标通知书，并同时将中标结果通知所有未中标的投标人。中标通知书对招标人和中标人具有法律效力。中标通知书发出后，招标人改变中标结果的，或者中标人放弃中标项目的，应当依法承担法律责任。

《招标投标法》第四十六条规定，招标人和中标人应当自中标通知书发出之日起三十日内，按照招标文件和中标人的投标文件订立书面合同。招标人和中标人不得再行订立背离合同实质性的其他协议。招标文件和投标文件作为合同的一个组成部分，其条款，特别是实质性条款，是不允许改变的。

《招标投标法》第四十八条规定，中标人应当按照合同约定履行义务，完成中标项目。中标人不得向他人转让中标项目，也不得将中标项目肢解后分别向他人转让。

2. 航空项目物流合同基本条款

（1）合同的适用范围，即航空项目物流的服务内容。

（2）双方的权利和义务条款。

（3）报价和结算条款。

（4）违约责任条款。

（5）不可抗力条款。

（6）争议解决条款。

（7）合同有效期、变更和终止条款。

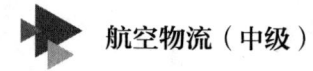

3. 合同审核概念

合同审核是对已有的合同或协议的初始文本进行修改、补充与完善，最后形成合同定稿。当然这里仅指一方的合同定稿，合同的最终定稿还需要合同双方达成一致，包括业务条款审核和法律条款审核。

（二）**实施过程**

Lily 从 HNT 公司杨小姐发来的电子邮件中下载了电子版合同，这是一份 HNT 公司对所有物流服务商通用的项目物流合同标准版。

Lily 先从业务角度对合同条款进行了第一遍审查。

小提示

为什么要对客户提供的标准版合同进行细致审查呢？因为国际航空物流服务是一个操作环节众多、风险较大的服务业务，对于很多容易造成损失的风险点，如果没有清晰界定和责任明确，在后期遇到问题时容易"吃哑巴亏"，在承担风险损失的同时还不一定能使客户满意。

从业务操作层面，Lily 主要审核以下条款。

（1）服务区域和范围，对于超出招标文件规定的服务区域和范围的业务如何报价、操作，以及对服务时效的要求。

（2）对客户承担的责任和义务是否有详尽规定，比如委托运输的货物不能夹带招标文件未列明而且未经申报的易燃品、易爆品、有毒物品、危险品、半危险品和国家禁止进出口的物品；客户是否及时提供提货委托和进出口报关的单证，单证信息是否与货物一致；在提货后客户取消货物发运是否要承担已经发生的物流成本等，要结合以往业务案例中出现的突发状况进行详细列举。

（3）报价条款中的对于实报实销费用是否可以增列，在市场价格发生大幅度波动时是否可以调整价格等条款（考虑到 2020 年国际空运费上涨幅度达到几倍的情形）。

（4）结算条款中是否有对逾期付款违约责任和滞纳金的规定，一般在客户提供的合同版本中都不会有这部分内容。

（5）不可抗力条款中是否将承运人（即航空公司）的责任、进出口国政策变化、起运港和目的港机场发生罢工、搬迁等在自然灾害以外而不受物流服务商控制的事故作为不可抗力。因为国际航空物流服务涉及的很多环节都不是由航空物流服务商控制的，如航空运输的实际承运、机场地面的装卸、进出口报关、进出口海关查验等。如果不能详细列明，当因为这些非自然灾害、意外事故原因导致服务时效未达标时，不仅会产生赔偿金，而且会降低在客户供应商考核中的服务达标率；当服务达标率降低到一定程度时，甚至有可能会被终止履行合同。

（6）违约责任的详细规定，要关注哪些行为会构成违约，如空运单制单错误、报关申报信息错误、订舱信息未提前及时通知、未达到运输服务时效的承诺；要关注违约后的责任，特别是赔偿金的数额，在汽车行业，供应链管理系统一般是JIT模式，因此对供应链的服务时效性要求非常高，如果造成整车生产线停线，赔偿金是按照延误的分钟时长进行赔偿的，赔偿的金额会非常高。

Lily将自己对合同的修改意见添加到合同的内容中，请公司部门经理审核，部门经理在合同送审表上签字后，又将合同提交公司法务部合同审查人员，同时将以下内容一起在电子邮件中提交。

（1）项目背景，包括招、投标文件。

（2）合同紧急程度，在一般情况下，合同草本应该提前3个工作日交法务部审查，而法务部将在3个工作日内进行合同的审查和修改。

（3）合同申请人的联系方式。

（4）经合同申请人部门领导签字的合同送审表。

法务部的合同审查包括以下两个步骤。

（1）合同的形式审查：包括合同资料的完整性、合同结构的清晰性、合同语言的准确性、合同格式的规范性、合同排版的美观性等，在语言的审查中如果是两种语言的合同文本，需要注意这两种语言表述内容的一致性。

（2）合同的实质审查：包括合同主体的合格性、合同内容的合法性、合同条款的实用性、权利与义务的明确性、交易需求的满足性，也称为合同的法律问题审查。

在市场经济条件下，合同审查的总体目的是实现商业交易的预期收益，并且防范商业活动中可能会出现的风险。

因为Lily后期还要就合同条款与HNT公司采购部进行协商，因此法律部帮Lily加急审核合同条款，并发送给她。Lily看过法务部审定后的合同条款，感觉改动内容比较多，如果直接给客户发电子邮件回复修改意见，或许难以和客户达成修改共识。因此，Lily决定和经理John拜访HNT公司采购部，在合同条款最终确定下来之前与客户进行一次面对面的合同谈判。

三、合同谈判和签订

（一）任务资讯

1. 中标后合同谈判的意义

根据《招标投标法》的规定，招标人和中标人应按照招标文件和中标人的投标文件订立书面合同，招标人和中标人不得再行订立背离合同实质性内容的其他协议。那

么中标后再就合同进行谈判还有必要和意义吗?

中标后,招标方和中标方可能会就招标文件和投标文件中没有包括或者彼此有不同认识的内容交换意见进行协商,并以书面合同的形式将其固定下来。中标后的合同谈判有助于双方就招、投标中没有说清、无法定量的内容达成一致认识。

中标方也可以利用中标后的商签谈判弥补投标时由于时间有限、掌握的信息资料不足而可能出现的差错。

投标前,中标方面临多家竞争对手,招标方在与投标方的关系中通常占据有利地位;但中标后,中标方的其他竞争对手退出了,中标方就可以借此商签谈判,解决某些投标方强加的不合理条款。

商签谈判可以将招标项目的内容更加具体化和条理化,推动招标后合同的及早签订。

2. 谈判的基本原则

谈判是有关各方为了自身的目的,在某项涉及各方利益的事务中进行磋商,并通过各自提出的条件,最终达成一项各方较为满意的协议的一个不断协调的过程。

谈判应当遵循以下基本原则。

(1)客观性原则

全面搜集并客观分析信息资料,寻求客观标准。

(2)求同存异的原则

谈判的前提是各方的利益诉求存在差异,但谈判不是为了扩大分歧,而是为了谋求共同利益。

(3)公平竞争的原则

谈判双方地位要平等;标准要一致;要给出不同的选择机会;最后达成的协议要公正、公平,力争实现双赢的结果。

(4)妥协互补的原则

在谈判中各方的利益诉求存在差异,但是各方的利益都不是单一层面的,因此彼此可以在非根本利益条款上作出妥协和让步,以达成一致。

(5)依法谈判的原则

谈判要遵循我国相关的法律和法规,达成的合同不能与法律、法规相违背。

3. 谈判的技巧

若想在商签谈判中更多地实现自己的利益,就要熟悉谈判技巧、掌握谈判策略。

(1)可以让对方先发言,以掌握对方的核心需求和心理底线。首先拿对方认为最重要的问题做交涉,然后作出让步,同时让对方在其他一些问题上作出妥协,双方达到心理平衡。

（2）懂得拒绝，要站在对全局有利的角度，用专业的知识分析、阐明自己拒绝的原因和坚定的立场。

（3）掌握谈判的节奏，张弛有度，控制情绪，不要让气氛紧张，要使用幽默的语言适度调节氛围。

（4）重点是用互惠互利的原则说服对方，在谈判中要拿出对对方有利的证据说服对方。

（5）有理有据，注意用真实的数据、案例说服对方，避免使用空洞的语言。

（6）充分尊重对方，懂得倾听，在适当的时候要对对方的谈话给予高度的认可与赞扬，使对方在心理上产生好感；避免口若悬河、滔滔不绝，让对方"插不上嘴"。

（二）实施过程

1. 合同的商签谈判

Lily 和 HNT 公司采购部的杨小姐约好了拜访时间，并表示希望邀请 HNT 公司物流部的人员参加会议，以更多地了解项目运行以后与物流部协作的流程。杨小姐觉得 Lily 的提议不错，便给物流部同事发送了会议邀请。

在拜访前，Lily 先和部门经理 John 就合同修改条款的顺序进行了沟通，确定了哪些条款必须添加、哪些条款可以让步；然后依据谈判策略，确定了谈判技巧，两个人在谈判角色上做了分工，Lily 作为进攻型谈判角色，John 作为让步型谈判角色，关键条款实在谈不下来就按暂停键，说要请示公司领导。

按照约定的时间，Lily 和 John 到达了 HNT 公司采购部办公室，有两位采购部人员、两位物流部人员参加会议。

会谈开始，Lily 首先非常礼貌地向 HNT 公司采购部表达了感谢，表示非常高兴能有机会为 HNT 公司服务；希望 HNT 公司物流部介绍一下项目物流操作的流程、以往物流业务中出现的一些问题以及他们希望物流服务商做到的服务内容等。

于是 HNT 公司物流部的两位人员分别介绍了物流操作中的提货通知、单证传递、进出口报关、配送、电子数据录入等一些基本流程和关键节点，并且列举了以往物流服务中出现问题的案例，讲述了对以往物流服务商的服务不满意的地方，重点集中在应答不及时、出现问题不马上沟通等。

Lily 听了物流部人员的介绍后，对客户的核心需求有了大概的了解：客户最关注的是整个物流服务的准时性、及时性和对突发状况响应的快速性，总体集中在时效要求上。针对时效性这个利益点，Lily 为客户详细分析了影响航空物流服务时效的因素：哪些是需要客户协助提高的，如及时、准确地提供进出口报关单证和货物信息；哪些是物流服务商无法控制的因素，如航空公司航班的突然取消和调整、海关进出口政策的调整等。但是 Lily 又马上给出了公司成功处理一些应急案例的方法，让客户对 Lily

公司的整体服务能力有了信心。

Lily 表示希望在合同条款中补充和增加一些不可抗力事件的条款，HNT 公司采购部却表示他们的合同是标准条款，不方便增加新的条款，只能在原有条款上修改或减少。听到这里，John 表示没问题，不修改合同正文条款，而是在附件"运输服务一般规则要求"中增加一两条，客户表示可以接受。

随后，Lily 又通过反复强调对方利益的方式，成功地让客户将超时赔偿金的条款删掉，改为根据实际损失承担责任的条款。

> **小提示**
> 谈判按照先抛出问题，让对方提出核心需求和利益，强调共同利益，在具体表现方式上让步，从而最终实现核心的谈判目的的顺序进行。

经过 Lily 和 John 的努力，HNT 公司最终接受了他们的大部分合同修改意见，双方就合同条款达成了一致。

> **小提示**
> 因为合同的基础版本是由客户提供的，因此在谈判中要将该修改的内容修改得精简、高效，可改可不改的不改，但是要全部提出来，让客户看到我方作出的让步。

2. 合同的签订

按照合同商签谈判达成的意见，HNT 公司采购部将最新版的合同重新发送给 Lily。Lily 按照公司规定，开始进行合同的签订流程。

（1）填写签订合同申请表（见表 3-11）。

（2）将合同申请表与电子合同一起提交部门经理签字。

（3）将合同申请表与电子合同一起提交公司法务部审核并签字。

（4）将合同申请表与电子合同一起提交公司财务部审核并签字。

（5）将合同申请表与电子合同交付总经理办公室，由总经理审核并签字。

（6）打印两份纸质版合同，与签字的合同申请表一起交总经理办公室在纸质版合同上加盖公司的合同专用章。

（7）将已经盖章的两份正本合同原件用快递方式邮寄给 HNT 公司采购部。

（8）HNT 公司采购部将一份盖好 HNT 合同专用章的正本合同用快递方式邮寄回来。

（9）将正本已盖章的合同扫描成电子版保存，将正本纸质版合同交总经理办公室存档。

表 3-11　　　　　　　　　签订合同申请表

编号：

申请单位	
项目负责人	
对方当事人简况	
合同名称	
合同内容摘要	
申请单位意见	
法务部门意见	
财务部门意见	
总经理意见	

填表说明：
1. 对方当事人简况包括名称、性质、资质、注册资本、地址等；
2. 合同内容摘要包括标的、金额、数量和质量、履行方式、时间及地点等。

知识考核

一、单选题

1.《招标投标法》第四十六条规定："招标人和中标人应当自中标通知书发出之日起（　　）日，按照招标文件和中标人的投标文件订立书面合同。"

　　A. 十五　　　　　　　　　　　　B. 六十

　　C. 三十　　　　　　　　　　　　D. 九十

2. 评标结束，确认中标方以后，招标人应该向中标人发送（　　）。

A. 招标书　　　　　　　　　　　B. 合同

C. 招标邀请书　　　　　　　　　D. 中标通知书

二、多选题

1. 合同谈判的基本原则包括（　　）。

A. 依法谈判原则　　　　　　　　B. 求同存异原则

C. 公平竞争原则　　　　　　　　D. 客观性原则

E. 妥协互补原则

2. 合同谈判的技巧包括（　　）。

A. 掌握谈判节奏

B. 善用幽默语言

C. 立场坚定，不让步

D. 强调共赢

E. 尊重对方

三、判断题

1. 根据《招标投标法》的规定，招标人和中标人应当按照招标文件和中标人的投标文件订立书面合同，招标人和中标人不得再行订立背离合同实质性的其他协议。因此中标后中标方没有必要就合同条款与招标人进行商务谈判。（　　）

2. 合同审核是对已有合同或协议的初始文本进行修改、补充与完善，最后形成合同定稿，包括业务条款审核和法律条款审核。（　　）

技能训练

1. ××国际货运代理有限公司在 BW 公司的新项目航空物流服务招标中中标，在中标公示期结束后，××国际货运代理有限公司收到了 BW 公司发来的中标通知书正本和航空项目物流合同，Linda 作为业务负责经理要对合同条款进行初审，请问她要完成哪些条款的审核？

2. Linda 认为客户提供的航空项目物流合同中，物流服务超时的大额赔偿条款带给公司的业务操作风险较高，希望客户对这项条款进行修改，请帮助 Linda 制定一套合同谈判策略与方案。

分析评价

层级	项目名称	单项得分	总分	评分项目类型： 1. 职业技能与规范 2. 专业沟通与表达 3. 工作组织与管理
1	**完成中标后投标方的工作**		10	
2	缴纳履约保证金和中标服务费	5		1
2	接收中标通知书及客户提供的合同	5		1
1	**审核合同条款**		30	
2	审核合同的业务条款	10		1
2	审核合同的法律条款	10		1
2	列出合同的修改条款	10		1
1	**合同谈判**		30	
2	确定谈判要解决的问题	10		3
2	制定谈判策略	10		3
2	完成谈判，形成合同终稿	10		2
1	**合同签订及备案**		20	
2	按照公司流程完成合同签订	10		1
2	合同交付客户签章后将合同备案归档	10		1
1	**讨论与表达**		10	
2	课堂交流沟通中语言表达清晰	6		2
2	分析结果（以文档形式提交）未出现格式、错别字等问题	4		1

参考答案

一、单选题

1. C   2. D

二、多选题

1. ABCDE   2. ABCDE

三、判断题

1. 错误   2. 正确

培训任务四

异常处理

学习单元 1

航空物流舱单、单证异常情况处理

任务目标

1. 了解航空物流舱单、单证流转的正常流程。
2. 能快速查找和识别航空物流舱单、单证异常的原因。
3. 能快速协调航空公司、地面操作公司、海关等第三方处理航空物流舱单、单证的异常状况。

聚焦情境

ABC电子器材科技有限公司（以下简称ABC公司）是××国际货运代理有限公司的客户，主要经营新能源科技、电力科技、机电科技、环保科技领域内的技术开发和产品进出口贸易，从欧洲和美国进口机电、电力和环保设备的关键电子零配件，经加工组装生产后将机电设备销售给国内的电力、电气等企业。

ABC公司的国际进出口货物航空货运业务主要由××国际货运代理有限公司代理。2019年1月，ABC公司从意大利米兰工厂订购一批电子元器件，向××国际货运代理有限公司负责ABC公司的客服Vivian发送了提货通知书。收到提货通知书后，Vivian首先通过电子邮件通知米兰分公司同事联系发货人工厂，按照预定时间安排了提货、订舱、报关和空运。继而Vivian按照米兰分公司提供的空运单，在航空公司网站跟踪货物运输信息，显示一切正常，在海关舱单网址查询舱单信息也显示一切正常。

随后，Vivian按照空运单和ABC公司提供的进口报关的箱单、发票、合同及进口报关品名税号、申报要素等信息，录制了报关单草单，经ABC公司确认后发送公司报关部，进行一般贸易的正常报关。

但是，Vivian很快接到报关部同事的反馈：在国际贸易单一窗口进行申报时被海关退单，在报关单回执信息里查询的原因是"舱单匹配不通过"。

任务发布

按照ABC公司与××国际货运代理有限公司签署的国际航空货运代理协议，××国际货运代理有限公司必须在国外工厂提货后的5个工作日内将货物送抵ABC公司国内指定的工厂。Vivian目前要迅速查清这单货物被海关退单的具体原因，找到问题的源头，然后协调航空公司、机场地面监管仓库和海关纠正错误，并按时完成进口报关和配送。

任务分析

任务分析鱼骨图如图4-1所示。

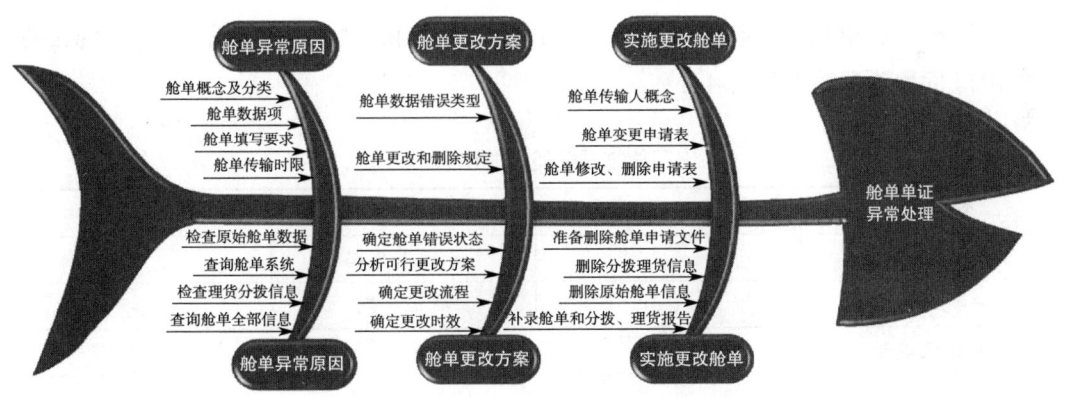

图4-1 任务分析鱼骨图

任务实施

一、查明进口申报中"舱单匹配不通过"的具体原因

（一）任务资讯

1. 舱单的概念

根据2008年3月28日海关总署令第172号《中华人民共和国海关进出境运输工

具舱单管理办法》，进出境运输工具舱单（以下简称舱单）是指反映进出境运输工具所载货物、物品及旅客信息的载体，包括原始舱单、预配舱单、装（乘）载舱单。

进出境运输工具载有货物、物品的，舱单内容应当包括总提（运）单及其项下的分提（运）单信息。

进出境运输工具负责人、无船承运业务经营人、货运代理企业、船舶代理企业、邮政企业、快件经营人等舱单电子数据传输义务人（以下统称舱单传输人）应当按照海关备案的范围在规定时限内向海关传输舱单电子数据。

海关监管场所经营人、理货部门、出口货物发货人等舱单相关电子数据传输义务人应当在规定时限内向海关传输舱单相关电子数据。

对未按照《中华人民共和国海关进出境运输工具舱单管理办法》的规定传输舱单及相关电子数据的，海关可以暂不予办理运输工具及所载货物、物品的进出境申报手续。

2. 舱单分类

（1）按照进出境方向，分为进境舱单和出境舱单，出境舱单又包含预配舱单和装（乘）载舱单。

（2）进境舱单一般称为原始舱单，是指舱单传输人向海关传输的反映进境运输工具装载货物、物品信息或者乘载旅客信息的舱单。

（3）预配舱单是指反映出境运输工具预计装载货物、物品信息或者旅客信息的舱单，出口货物预配舱单见表4-1。

表4-1　　　　　　　　　出口货物预配舱单（MT2201）

企业代码		运输方式代码	
离境地海关代码		承运人代码	
航班号		航班日期	
主提运单号			
分提运单号			
舱单传输人名称		运费支付方法代码	
装货地代码		卸货地代码	
货物装载时间			
托运货物件数		货物毛重	
货物简要描述			
发货人名称			
发货人地址			

续表

收货人名称	
收货人地址	

本公司委托北京××××××有限公司传输出口货物预配舱单，并保证以上内容真实、完整、有效，否则由此申报所引起的一切后果、责任及费用由我司承担。 （印章）　　　日期：　　年　月　日	录入人员： 录入日期：　　年　月　日 录入单位：×××××公司

（4）装（乘）载舱单是指反映出境运输工具实际配载货物、物品信息或者旅客信息的舱单。

3. 舱单传输数据填制规范

（1）进境原始舱单数据

根据海关总署关于调整水空运舱单管理相关事项的公告，航空运输进境原始舱单数据包括必填项（必须填报）、选填项（可以填报）、条件项（根据是否符合要求填报）、可以不填报项、×号项（也是数据关联项，可以根据对应的其他数据相关栏目的填报要求，在填报主要数据项时一并提前填报）。

必填项包括：舱单传输人名称、运输工具离境地海关代码、承运人代码、航次航班编号、运输方式代码、运输工具启运日期和时间、总提运单号、卸货地代码、装货地代码、运费支付方式代码、托运货物件数、货物总毛重、收货人名称、发货人代码、发货人名称、发货人地址（街道及邮箱）、国家（地区）代码、发货人联系号码、通信方式类别代码、托运货物序号、货物件数、货物简要描述、货物毛重、运输工具抵达关境内的第一个目的港代码、到达卸货地日期、货物托运的地点或者国家代码、收货人地址（街道及邮箱）。

选填项包括：货物装载运输工具时间、托运货物价值、包装种类代码、货物交付目的地地址（街道及邮箱）、城市名称、省份代码、省份名称、邮政编码、国家代码、货物包装种类、收货人AEO企业编码、发货人AEO企业编码、备注。

条件项包括：运输工具代理企业代码、分提运单号、金额类型代码、中转地点代码、承运人货物分批到/发货标识、收货人代码、国家代码、收货人联系号码、收货方具体联系人名称、收货方具体联系人联系号码、通知人联系号码。

（2）出境预配舱单数据

必填项包括：舱单传输人名称、运输工具离境地海关代码、承运人代码、航班航次编号、运输方式代码、货物装载运输工具时间、总提运单号、卸货地代码、装货地代码、运费支付方式代码、托运货物件数、货物总毛重、收货人名称、发货人代码、发货人名称、发货人地址（街道及邮箱）、发货人联系号码、托运货物序号、货物件数、货物简要描述、货物毛重。

选填项包括：货物托运的地点或者国家代码、包装种类代码、城市名称、省份代码、省份名称、邮政代码、国家代码、货物交付目的地地址（街道及邮箱）、货物包装种类、收货人 AEO 企业编码、发货人 AEO 企业编码、备注。

条件项包括：运输工具代理企业代码、分提运单号、金额类型代码、中转地点代码、收货人代码、国家代码、通信方式类别代码。

（3）数据项之间存在关联关系的，若其中一个数据项填写，则另外的数据项也必须填写。

1）通信方式类别代码、联系号码。

2）托运货物价值、金额类型代码。

3）前一海关单证号、前一海关单证类型代码。

4）收货方具体联系人名称、收货方具体联系人联系号码、收货人联系号码、通信方式类别代码。

5）中间承运人标识、中间承运人联系号码、通信方式类别代码。

6）危险品联系人姓名、危险品联系人联系号码、通信方式类别代码。

4．舱单常用数据项及填写要求（见表 4-2）

表 4-2　　　　　　　　　　舱单常用数据项及填写要求

序号	数据项	填写要求
1	装货地、卸货地，离境地、进境地代码	填写 IATA3 位航站代码（代码表编号：UN005）
2	收货人、发货人代码	代码缩写+企业代码 "9999+企业代码" "ID+身份证号" "PASSPORT+护照号" "8888+身份代码" 最大长度：128 位字符
3	国家代码	收货人、发货人国别 ISO Country Code（CN001） 最大长度：3 位，由大写字母和数字组成
4	收货人、发货人名称	填写实际收货人、发货人名称；如果收货人、发货人为自然人，填写实际收货人、发货人具体人名或填写"××公司+实际收货人、发货人具体人名" 最大长度：70 位字符

续表

序号	数据项	填写要求
5	收货人、发货人联系电话	电话：（国际字冠＋国家代码＋地区代码＋电话号码） 电传：国际标准格式的电传号码 电子邮件：填写符合标准的电子邮箱地址 最大长度：50位字符
6	通信方式类别代码	2位，由大写字母或数字组成，可选项：FX、TE、EM
7	收货人、发货人AEO编码	填报收货人、发货人AEO企业编码："国别代码"+"AEO企业编码"

5. 舱单货物数据项及填写要求（见表4-3）

表4-3　　　　　　　　　　　舱单货物数据项及填写要求

数据项	填制要求	填制规范	备注
货物简要描述	"货物简要描述"数据项的填报应当完整、准确，提（运）单下各项货物、物品的名称应当在"货物简要描述"数据项中逐一填写	海关对"货物简要描述"的内容实施负面清单管理，不符合海关相关要求的，作自动退单处理	负面清单一类：aricultural products（农产品）、aid consignments（援助的货物）、animals（动物）、apparel（服装）、appliances（电器）、ceramic products（陶瓷产品）、chemicals hazardous（化学危险品）、electronics（数码产品）、equipment（设备）、flooring（地板）、foodstuffs（食品）、freight of all kinds（各类杂货）、gifts（礼品）、iron（铁）、leather articles（皮革制品）、machines（机器）、meat（肉）、mineral products（矿产品）、oil（油）、personal effects（私人物品）、pipes（管）、plants（植物）、plastic goods（塑料制品）、rubber Articles（橡胶制品）、sporting goods（体育用品）、steel（钢）、textiles（纺织品）、tools（工具）、wood（木头）、wooden articles（木制品）、animal products（动物产品）、rubber articles（橡胶制品）、glass articles（玻璃制品） 负面清单二类：纯单一字母，如aaaaa、bb等；纯单一数字，如1、2、3、4、5等；纯单一汉字，如树、皮等

6. 进境航空运输载有货物、物品的，关于舱单信息传输时限的要求

（1）航程4小时以下的，航空器起飞前传输电子原始舱单信息。

（2）航程超过4小时的，航空器抵达境内第一目的港的4小时以前传输电子原始舱单信息。

（3）理货部门或者海关监管场所经营人应当在进境运输工具卸载货物、物品完毕后的6小时以内，以电子数据方式向海关提交理货报告，也称舱单运抵信息。

（4）需要二次理货的，经海关同意，可以在进境运输工具卸载货物、物品完毕后

的 24 小时以内，以电子数据方式向海关提交理货报告。

（5）海关应当将原始舱单与理货报告进行核对，对二者不相符的，以电子数据方式通知运输工具负责人。运输工具负责人应当在卸载货物、物品完毕后的 48 小时以内向海关报告不相符的原因。

（6）进境货物、物品需要分拨的，舱单传输人应当以电子数据方式向海关提出分拨货物、物品申请，经海关同意后方可分拨。需要分拨的货物、物品运抵海关监管场所时，海关监管场所经营人应当以电子数据方式向海关提交分拨货物、物品运抵报告。在需要分拨的货物、物品被拆分完毕后的 2 小时以内，理货部门或者海关监管场所经营人应当以电子数据方式向海关提交分拨货物、物品理货报告。

7. 出境航空运输载有货物、物品的，关于舱单信息传输时限的要求

（1）航空器在开始装载货物、物品的 4 小时以前向海关传输预配舱单的主要数据。

（2）出境货物、物品运抵海关监管场所时，海关监管场所经营人应当以电子数据方式向海关提交运抵报告。

（3）舱单传输人应当在运输工具开始装载货物、物品的 30 分钟以前向海关传输装载舱单电子数据。

（二）实施过程

1. 检查原始舱单数据

Vivian 核对了这票货物所有的电子单证信息和海外分公司发给航空公司的原始舱单数据表（见表 4-4），确认正确无误。

表 4-4　　　　　　　　　　原始舱单数据表

Air Cargo Manifest

Airline Company：AEROFLOT RUSSIAN AIRLINES　　Port of Loading：Milan Airport，Italy
Consolidator：××International Freight Forwarder Italy Srl.　　Port of Unloading：Beijing，China
Via L. Einaudi 4 Int. 4　　Flight：SU200/15-Jan-19
20149 Peschiera Borromeo，Milan　　MAWB：555-15635745
Tel：+39 02 51650641
Contact Person：Roberto
De-Consolidator：××International Freight Forwarder Co.，Ltd.
No. 21，Nanbai Road，Renhe Town，Shunyi Dist，101300
Beijing，China，CNE-USCI 911101××××××××××
Tel：+86 10 86×××××
Contact Person：Liu li
Air waybill：YIF-20190018　　No. of Pieces：14 PKGS　　Weight：314.30 kg　　Dest：PEK
Nature of goods：switch　　　　Charges：PP

续表

Shipper name and address：	Finder Pompe S. R. L.
	VIA BERGAMO, 65 C. P. 83
	VAT IT00184130136
	+39 039-99821
	ANMA MARIA BERTOLI
Cosignee name and address：	ABC Electric Science & Technology Co. Ltd.
	××××××××××××××××××, Beijing, China
	USCI 911101××××××××××
	+86 10-68×××××
	Wang Na
Total no. of HAWB：1　　Total pieces：14　　Total weight：314.30 kg	

2. 查询舱单系统

Vivian 核对了海关舱单系统的舱单信息（见图 4-2），发现正确无误。

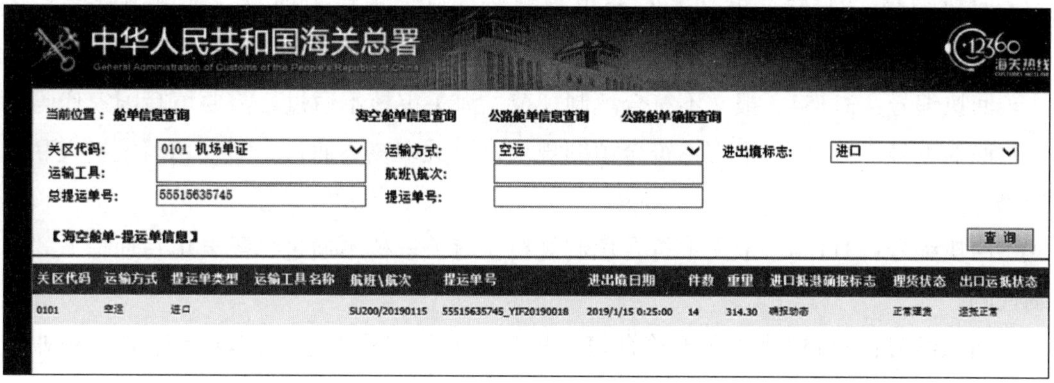

图 4-2　海关舱单系统查询图

3. 检查理货分拨信息

Vivian 核对了北京首都机场一级监管仓库的运抵报告和理货报告信息，并核对了二级监管仓库的分拨报告和理货报告信息。

从海关舱单系统中首都机场的一级 BGS 监管仓库和二级监管仓库无法查询原始舱单信息中关于目的港的信息，因此一级和二级监管仓库只核对航空主运单和航空分运单的货物件数、毛重、计重等信息与实际到货是否一致，单与单之间是否一致，是否与舱单系统中的原始舱单信息一致。经过核对，单单一致、单货一致，才可在海关舱单系统中上报运抵报告、理货报告、分拨报告和理货报告，保证监管仓库的信息完全正确。

经过上述核查，Vivian 确定原始舱单上错误的数据不在他们可以查询的舱单界面，而在海关后台舱单系统的数据中。

4. 查询舱单全部信息

Vivian 让报关员申请到海关舱单科查询舱单信息不匹配的原因。于是报关员到海关舱单科申请查询这票货物退单的具体原因以及原始舱单数据的不匹配之处，海关舱单科给予回复：原始舱单数据中的目的港为胡志明市，原始货物海关状态代码申报为国际转运，因此报关员不能按照目的港为北京进行正常清关。

二、确定舱单信息更改方案

（一）任务资讯

1. 舱单数据错误的类型

回执编号：31151。报文不符合填制规范，海关审核不通过，需要填写装货地代码。

回执编号：31152。报文不符合填制规范，海关审核不通过，需要填写收货人名称。

回执编号：31153。报文不符合填制规范，海关审核不通过，需要填写发货人代码。

回执编号：31154。报文不符合填制规范，海关审核不通过，需要填写国家代码。

回执编号：31155。报文不符合填制规范，海关审核不通过，需要填写发货人联系号码。

回执编号：31156。报文不符合填制规范，海关审核不通过，需要填写通信方式类别代码。

回执编号：31157。报文不符合填制规范，海关审核不通过，收货人 AEO 企业编码必须为大写字母及加数字的格式。

回执编号：31158。报文不符合填制规范，海关审核不通过，发货人 AEO 企业编码必须为大写字母及加数字的格式。

回执编号：31140。不接受传输，收货人不是 TO ORDER 时，必须填写收货人代码。

回执编号：31141。不接受传输，收货人不是 TO ORDER 时，必须填写收货人信息中的国家代码。

回执编号：31142。不接受传输，收货人不是 TO ORDER 时，必须填写收货人联系号码。

回执编号：31143。不接受传输，收货人不是 TO ORDER 时，必须填写收货方具体联系人名称。

回执编号：31144。不接受传输，收货人不是 TO ORDER 时，必须填写收货方具体联系人联系号码。

回执编号：31150。不接受传输，填写通知人名称后，必须同时填写通知人联系号码。

回执编号：50001。企业代码不符合填制规范，海关审核不通过。

回执编号：50002。货物简要描述不符合填制规范，海关审核不通过。

回执编号：50003。舱单已入库，舱单传输超时限，等待海关风险分析。

回执编号：41145。报文不符合填制规范，海关审核不通过，需要填写卸货地代码。

回执编号：41146。报文不符合填制规范，海关审核不通过，需要填写收货人名称。

回执编号：41147。报文不符合填制规范，海关审核不通过，需要填写发货人代码。

回执编号：41148。报文不符合填制规范，海关审核不通过，需要填写发货人联系号码。

回执编号：41149。报文不符合填制规范，海关审核不通过，收货人 AEO 企业编码必须为大写字母及加数字的格式。

回执编号：41140。不接受传输，收货人不是 TO ORDER 时，必须填写收货人代码。

回执编号：41141。不接受传输，收货人不是 TO ORDER 时，必须填写收货人信息中的国家代码。

回执编号：41142。不接受传输，收货人不是 TO ORDER 时，必须填写收货人联系号码。

回执编号：41143。不接受传输，收货人不是 TO ORDER 时，必须填写通信方式类别代码。

回执编号：31150。不接受传输，填写通知人名称后，必须同时填写通知人联系号码。

回执编号：50001。企业代码不符合填制规范，海关审核不通过。

回执编号：50002。货物简要描述不符合填制规范，海关审核不通过。

回执编号：50003。舱单已入库，舱单传输超时限，等待海关风险分析。

2. 舱单数据报文更改和删除的规定

（1）根据海关总署的相关规定，修改原始舱单数据时，舱单传输人、航班航次号、总运单号、更改原因代码、分运单号（条件）、托运货物序号（条件）必填；其中，运输方式代码、运输工具代码、承运人货物分批到/发货标识和运输工具名称不能修改，更改原因代码只有在修改和删除报文中填写，其他不填写。

（2）运抵报告和分拨、疏港分流货物、物品运抵报告只有申报和删除报文，不提供修改报文；分拨货物、物品申请数据项和疏港分流申请只有申报和删除报文，没有修改报文；理货报告只有申报和删除报文，没有修改报文；装载舱单只有申报和删除报文，没有修改报文；删除报文中，只须填写申报地海关代码、航班航次号、总运单号、分运单号（条件），其余数据项不填。

（二）实施过程

Vivian 联系了公司二级监管仓库，也是这票货物在北京首都机场分拨以后所在的监管仓库的经理，了解原始舱单数据错误修改的全部流程。

仓库经理告诉 Vivian 以下信息。

（1）在这票货物的原始舱单数据中，目的港机场信息错误，这是这票货物始发港 RU 航空公司向中国海关舱单系统传送原始舱单数据时发生的错误。修改原始舱单数据错误必须由舱单传输人申请修改，也就是由起运港 RU 航空公司申请修改；或者由目的港北京 RU 航空公司分公司申请删除原始舱单，补录原始舱单数据报文到海关舱单系统。

（2）因为本票货物经首都机场 BGS 一级监管仓库核对，实际到达货物的件数、毛重与航空主运单（MAWB）上的件数、毛重一致，故已向海关舱单系统发送了运抵报告、理货报告，并且申请分拨已获批准，货物被分拨到了二级监管仓库。

（3）在二级监管仓库对实际到达货物的件数、毛重与航空分运单（HAWB）上的货物件数、毛重核对一致，已经向海关舱单系统发送了分拨和理货报告。

（4）修改或者删除原始舱单数据都必须先删除海关舱单系统中所有关于这票货物的舱单信息，包括一级监管仓库录入的运抵报告、理货报告，二级监管仓库录入的分拨和理货报告。

公司与客户签订的货运代理服务协议规定公司从起运港提货到目的港配送完成只有 5 个工作日的时间，而这票货物是 1 月 11 日从起运港工厂提货，现在是 1 月 15 日，已经是第三个工作日了。Vivian 询问仓库经理，完成原始舱单数据修改可以正常报关的最快流程如何操作，需要多少时效？

仓库经理凭借丰富的现场操作经验帮助 Vivian 做了一个快速的分析，建议舱单数据的修改全部在目的港完成，因为如果由起运港 RU 航空公司提交修改申请，第一沟通难度大，第二有工作时差的影响，时效不能控制。而由目的港 RU 航空公司的分公司提交删除原始舱单数据的申请，在删除原始舱单前还可以同时提交删除一级监管仓库和二级监管仓库的运抵、理货、分拨等信息的申请。

在处理这种突发状况时需要有两步操作：第一步，删除分单舱单所有信息；第二步，重新录入分单舱单信息。删单和重新录入舱单信息都需要通过航空公司、一级监管仓库提交，然后必须经海关舱单科审批，正常操作时效是3.5个工作日。

三、协调各相关方快速更改舱单信息

（一）任务资讯

1. 舱单传输人概念

（1）舱单传输人是指应当按照海关备案的范围在规定时限内向海关传输舱单电子数据的进出境运输工具负责人、无船承运业务经营人、货运代理企业、船舶代理企业、邮政企业、快件经营人等舱单电子数据传输义务人。

（2）此外，海关监管场所经营人、理货部门、出口货物发货人等也应当按照海关备案的范围在规定时限向海关传输舱单相关电子数据。

（3）舱单电子数据和相关电子数据的传输、删除和变更只能由舱单传输人和已在海关备案的传输舱单相关电子数据的海关监管场所经营人、理货部门、出口货物发货人等完成。

（4）舱单传输人、监管场所经营人、理货部门、出口货物发货人应当向其经营业务所在地直属海关或者经授权的隶属海关备案。舱单传输人办理备案手续时，应当向海关提交下列1）~5）文件，监管场所经营人、理货部门、出口货物发货人则提交1）、4）、5）文件。在海关备案的有关内容如果发生改变，舱单传输人、监管场所经营人、理货部门、出口货物发货人应当持书面申请和有关文件到海关办理备案变更手续。

1）备案登记表见表4-5。

2）提（运）单和装货单的样本。

3）企业印章以及相关业务印章的印模。

4）行政主管部门核发的许可证件或者资格证件的复印件。

5）海关需要的其他文件。

表 4-5　　　　　　　　　　　　　　　　备案登记表

海关编号：☐☐☐☐☐☐☐☐☐☐

单位全称	（中文）		简称	
	（英文）			
备案类型	☐舱单传输人		☐理货报告提交人	☐运抵报告提交人
单位类型	☐进出境运输工具负责人或其代理人 ☐相关主管部门批准营运资格企业 ☐其他签发提（运）单资格企业		☐理货公司 ☐监管场所经营人 ☐其他	☐疏港分流运抵 ☐分拨运抵
传输类型	☐总提（运）单 ☐分提（运）单 ☐旅客舱单 ☐其他		☐原始舱单 ☐预配舱单 ☐装载舱单	☐运输工具理货报告 ☐拼箱理货报告 ☐装箱清单
运输方式	☐船舶　☐航空器　☐铁路列车　☐公路车辆　☐其他			
联系人	姓名		联系方式	
其他	组织机构代码		行业批准文号	
	税务登记证代码		企业国际通用代码及授予组织	
提交单证	☐提（运）单和装货单的样本 ☐企业公章以及相关业务印章的印模 ☐行政主管部门核发的许可证件或者资格证件的复印件 ☐海关需要的其他文件			
海关批注栏	备案意见		复核意见	
	办理情况：			

2. 舱单变更申请表（见表 4-6）

表 4-6　　　　　　　　　　　　　　　舱单变更申请表

海关编号：☐☐☐☐☐☐☐☐☐☐☐

变更舱单类型	☐原始舱单　　　☐预配舱单　　　☐装载舱单　　　☐其他			
变更数据类型	☐总提（运）单　　☐分提（运）单　　☐旅客舱单　　☐其他			
运输工具情况	运输工具名称（中文）	运输工具名称（英文）	航次	进/出港时间
需变更舱单	总提（运）单号		分提（运）单号	
变更项目	项目	代码	更改前内容	更改后内容
变更原因	☐货物因不可抗力灭失、短损，造成舱单数据不准确 ☐装载舱单中的出口货物，由于装运、配载等原因造成部分或者全部货物退关、变更运输工具 ☐大宗散装货物溢短装数量在规定范围之内 ☐集装箱载运的散装货物，独立箱体内溢短装数量在规定范围之内 ☐由于计算机、网络系统等方面原因导致传输舱单数据错误 ☐已经接受海关处罚，申请变更 ☐其他原因（请简要说明或附表说明）			
随附单据	☐签发的提（运）单（副本、复印件） ☐加盖有舱单传输人印章的正确的纸质舱单 ☐行政处罚决定书（正本、复印件） ☐其他能够证明舱单更改合理性的文件：①＿＿＿＿＿＿＿＿ ②＿＿＿＿＿＿＿＿＿　③＿＿＿＿＿＿＿＿＿　④＿＿＿＿＿＿＿＿＿			
批注栏	企业签章栏： 本公司保证以上更正内容真实、正确、有效，否则由此更正所引起的一切后果、责任及费用由我司承担。	海关批注		
		初核：		
		复核：		
		办理情况：		

3. 海关舱单修改、删除申请表（见表 4-7）

表 4-7　　　　　　　　　　海关舱单修改、删除申请表

现场名称：　　　　　　　　　　年　月　日　　编号：

申请人（盖章）					
运输工具名称		运输工具编号			
航次（班）号		舱单号			
运输工具国籍		装货港		指运港	
进出境标志	进口/出口	进/出境日期			
修改原因					
表体提单内容修改					
提单号	提单状态	原内容		修改内容	
表头项目修改					
原内容			修改内容		
海关审批	经办关员： 科长：			年　月　日 年　月　日	

注：编号由海关编制，提单状态是货物通关状态。即：1. 未报关；2. 已报关、未放行；3. 已放行；4. 出口已放行、未结关；5. 已出口结关；6. 有单没货；7. 有货没单；8. 分批到货；9. 分批出口；10. 其他。

（二）实施过程

Vivian 向仓库经理表明，3.5 个工作日时效太慢，虽然此次问题是由于航空公司的错误导致的，但是他们还是要向客户证明公司具有非常强的应急操作能力。

仓库经理说，修改流程之所以时效慢，主要在于各相关方衔接环节和单证流转速度慢，由公司自己操作这些衔接和单证的准备及流转可以加快操作时效。他会将原始舱单整个修改时效压缩到 1 个工作日，然后马上着手安排以下事项。

（1）删除海关舱单系统中二级监管仓库的分拨和理货报告。

（2）按照以往操作案例提前准备3份情况说明书，即二级监管仓库交给航空公司的情况说明书和航空公司和一级货站分别交付海关舱单科的情况说明书。其内容一致，只是落款和盖章不一致，内容如下。

情况说明

致：尊敬的首都机场海关

我司现有一票货物55515635745，14件314.3 kg，始发站为米兰，由莫斯科中转，目的站为北京，货物由SU200/20190114航班进境。

货物的实际情况如下：

主单号：55515635745　　　　分单号：YIF20190018

14件314.3 kg　　　　　　　　目的站：北京

原始舱单数据错传为：

主单号：55515635745　　14件314.3 kg　　　　目的站：北京

分单号：YIF20190018　　14件314.3 kg　　　　目的站：胡志明市

由于始发站数据传输失误，错将分单号：YIF20190018原始货物海关状态代码申报为国际转运。根据该货的实际信息，由于系统原因无法更改货物状态代码，现向海关申请删除SU200/20190114中分单号YIF20190018，14件314.3 kg的原始数据。以便补录正确的分单原始信息：分单号：YIF20190018，14件314.3 kg，目的站：北京。

由于始发站错误地发送了舱单数据，给贵关带来的不便我司深表歉意，由此产生的责任和费用由我司承担，望予以批准。

　　此致

敬礼

　　　　　　　　　　　　　　　　　　　　　　　　　　俄罗斯航空公司

　　　　　　　　　　　　　　　　　　　　　　　　　　　　北京航站

　　　　　　　　　　　　　　　　　　　　　　　　　　2019年1月15日

（3）分别请航空公司和一级监管仓库的舱单更改负责人在情况说明和原始舱单删除申请书上签字盖章，并申请一级监管仓库删除海关舱单系统的运抵、理货报告。

（4）将一级监管仓库和航空公司签字盖章的情况说明和原始舱单删除申请书直接交付海关舱单科，完成舱单科的三级审批、签字，然后申请海关舱单科内部文件快速流转，绕过集中流转时间，以确保签字文件第一时间流转回航空公司和一级监管仓库。

（5）航空公司补录原始舱单数据，一级监管仓库补录运抵、理货报告，二级监管仓库补录分拨和理货报告，这样就完成了舱单数据的变更。

小知识
应急处理的关键点

1. 快速找到问题的具体原因，有些问题从信息系统窗口界面无法查询，需要马上到信息系统后台进行查询。

2. 应急问题的处理一般涉及多个相关方，不是所有相关方都会重视操作时效，因此需要帮助相关方完成应急操作的一些准备工作。

3. 应急处理的案例和文件资料必须全部存档，为后面的应急事件提供完备的操作流程经验和应急格式文件。

知识考核

一、单选题

1. 航程超过 4 小时的，航空器抵达境内第一目的港的（　　）小时以前传输电子原始舱单信息。

　A. 5　　　　　　B. 6　　　　　　C. 8　　　　　　D. 4

2. 下面哪一项不是原始舱单的必填项？（　　）

　A. 包装种类代码　　　　　　　　B. 承运人代码
　C. 运输方式代码　　　　　　　　D. 发货人联系号码

二、多选题

1. 舱单包括（　　）。

　A. 预配舱单　　　　　　　　　　B. 装（乘）载舱单
　C. 原始舱单　　　　　　　　　　D. 分拨舱单
　E. 理货舱单

2. 舱单传输人包括（　　）。

　A. 进出境运输工具负责人　　　　B. 货运代理企业
　C. 船舶代理企业　　　　　　　　D. 邮政企业
　E. 无船承运业务经营人

三、判断题

1. 原始舱单信息的收货人、发货人代码为选填项。　　　　　　（　　）

2. 舱单电子数据和相关电子数据的传输、删除和变更只能由舱单传输人和已在海关备案的传输舱单相关电子数据的海关监管场所经营人、理货部门、出口货物发货人等完成。　　　　　　　　　　　　　　　　　　　　　　　　　　　（　　）

技能训练

1. ××国际货运代理有限公司的客户OS电子科技有限公司从德国空运至北京的主运单号为99986918786、分运单号为BRE71001628的货物，其分运单原始舱单上的收货人名称及收货人代码错误，原始舱单上的收货人为B××AUTOMOTIVE LTD，收货人代码为CN/USCI 912101007×××××××X；正确的收货人为OS××××××GROUP，正确的收货人代码为CN/USCI911100001×××××××H。Ben是负责OS电子科技有限公司的业务经理，现在请以Ben的身份列出处理航空舱单异常的工作流程。

2. OS电子科技有限公司对于××国际货运代理有限公司没有在起运港核对原始舱单信息非常不满，因为舱单信息错误导致服务时效未达标，给OS电子科技有限公司的生产线带来延误，造成了一定的损失。请帮助Ben设计一个危机公关方案。

分析评价

层级	项目名称	单项得分	总分	评分项目类型： 1. 职业技能与规范 2. 专业沟通与表达 3. 工作组织与管理
1	**查明舱单异常的原因**		30	
2	核对原始舱单信息		10	1
2	核对舱单运抵的分拨、理货信息		10	1
2	查询舱单系统后台信息		10	1
1	**向客户反馈舱单异常状况及原因**		20	
2	反馈舱单异常及原因		10	2
2	了解货物的紧急状况		10	2

续表

层级	项目名称	单项得分	总分	评分项目类型: 1. 职业技能与规范 2. 专业沟通与表达 3. 工作组织与管理
1	**制定舱单异常应急操作方案**		20	
2	了解舱单异常的更改流程及时效		10	3
2	确定可行的最快操作方案		10	3
1	**处理舱单异常的应急操作**		20	
2	准备应急流程的全部文件		5	3
2	协调各相关方配合处理舱单异常		10	2
2	监督处理过程中的时间节点		5	3
1	**讨论与表达**		10	
2	课堂交流沟通中语言表达清晰		6	2
2	分析结果（以文档形式提交）未出现格式、错别字等问题		4	1

参考答案

一、单选题

1. D 2. D

二、多选题

1. ABC 2. ABCDE

三、判断题

1. 错误 2. 正确

学习单元 2

航空物流运输异常状况处理

任务目标

1. 能快速反馈航空运输异常情况及原因。
2. 能根据异常原因与相关方协调快速解决异常状况。
3. 能快速给出备选解决方案并能有效应对客户的不满。

聚焦情境

韩国客户 ABC 于 2021 年 1 月 6 日委托 ×× 国际货运代理有限公司办理国际航空货运，×× 国际货运代理有限公司韩国分公司按照客户的订舱委托书预订了 1 月 7 日从仁川机场到郑州机场的 5X174 航班。1 月 7 日早上 9 点左右，公司收到承运人 UPS 公司发来的邮件，邮件说：1 月 7 日由于航空器维修需求，5X174 航班取消。

任务发布

按照 ×× 国际货运代理有限公司与韩国 ABC 公司的国际货运代理协议，×× 国际货运代理有限公司需要从韩国工厂交货开始，2 日内将货物送抵中国工厂。按照操作时效的要求，×× 国际货运代理有限公司已经安排郑州机场通关部报关人员在飞机起飞、航班原始舱单传输给中国海关舱单系统后进行进口报关；安排车队 1 月 7 日下午提货送至中国进口工厂所在地址，并已经通知中国工厂收货人安排 1 月 7 日下午收货。负责对接韩国 ABC 公司的客服 Lisa 需要马上处理这一票货物产生的服务时效超时状况。

任务分析

任务分析鱼骨图如图 4-3 所示。

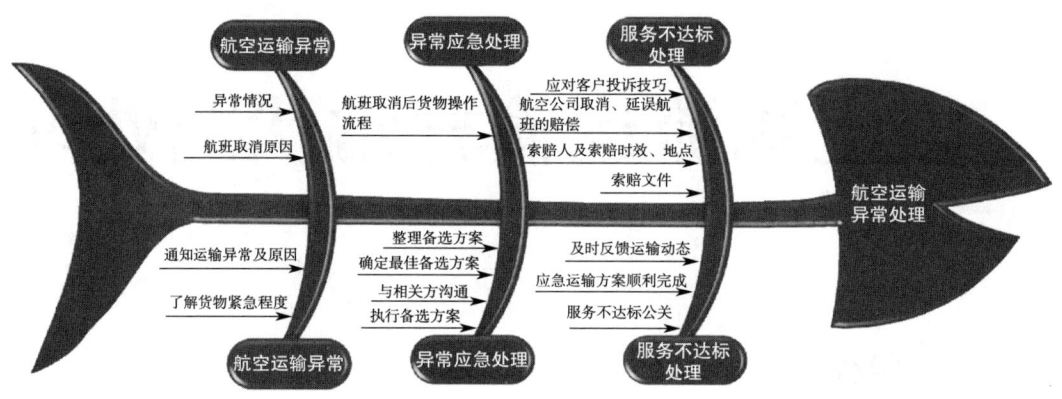

图 4-3　任务分析鱼骨图

任务实施

一、向客户反馈航班取消及服务时效超时

（一）任务资讯

1. 航空货物运输的异常情况

（1）航空公司拉货

由于航班临时更改机型导致货舱变小、气候原因飞机需要临时增加油量的载重、航班货物过载、行李过载、货型结构与订舱不符等原因而导致的全部或部分拉货，一般航空公司会优先保证特殊货物、高运费货物和有包板协议的货物。

（2）货物破损和丢失

在航空货运的装卸中，由于操作不当或者货物固有缺陷、包装不良、航空飞行颠簸、战争行为或武装冲突，以及当地实施的与货物入境、出境或者过境有关的行为，造成货物的一部分、货物中任何物件或者全部货物毁灭、遗失、损坏的情况。

（3）单货不一致的异常

无单无货、有单无货、有货无单、单货件数不一致等。

（4）航班交货时发生的异常

航班延误或取消、未能按时交货、海关查验被扣货、危险品被没收等。

2. 航空公司航班取消原因

（1）天气原因

天气原因不仅仅是指起飞和到达机场时可见的雨、雪、大雾等天气状况，影响飞行的关键天气因素还有低能见度（如火山喷发的火山灰导致）、机场起飞和降落航道附近的低云、雷雨区、强侧风等。

（2）航班管制

航班管制是指因同一时间有多架次航班起飞和降落，为了不影响后续航班的正点起降任务，就需要对即将降落但还在飞行的航班和即将起飞的航班进行管制，因而会导致部分航班被取消。

（3）飞机机械故障

飞机机械故障是指为检修飞机机械故障而取消航班，因为航空飞行安全是第一位的。

（4）其他原因

由机场工人罢工、战乱、政府管制等原因导致的航班取消。

（二）实施过程

Lisa 收到承运人——UPS 的邮件通知后，立刻将 UPS 的邮件内容作为附件，将航班取消的通知邮件发送给韩国的 ABC 客户。

Dear:

　　I'm very sorry to inform you that the flight which we booked yesterday has been cancelled due to maintenance.

　　Please find the carrier's notice attached.

　　By the way, We'd like to know how much stock the consignee has at present?

　　We'll try our best to arrange the earliest flight to ship this shipment.

Lisa

Lisa 通过邮件告知客户，由于航班承运人——UPS 维修航空器的原因，原定的航班取消，希望了解国内收货人目前还有多少库存量，并告知客户会努力安排最早的航班。

很快 Lisa 就收到了韩国 ABC 客户的如下邮件。

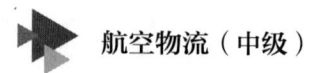

> Dear Lisa:
> Thank you very much for your information at the first time.
> As we know, the consignee has the two days' stock now.
> So please deliver the shipment to the consignee before Jan. 09.
>
> Export Dept.
> ABC

小提示

当因为突发事件致使航空货物不能按照承诺的服务时效完成时,在得知突发事件的第一时间应该告知客户,不能隐瞒,不能拖延,特别是与航空物流服务商无关的因为不可抗力造成的延误务必在第一时间通报,如果不在第一时间通报,延误就变成航空物流服务商的工作失误;要迅速了解延误货物的真实运输时效需求,可以通过多种应急方案的组合减少延误给客户造成的实际损失,因航空公司出于航行安全考虑或不可抗力导致的延误很难申请到延误赔偿。

Lisa 将 UPS 的航班取消通知邮件发送给公司的通关部和车队,通知他们取消当天的进口报关和车辆配送,并且让车队联系中国收货人,告知送货将延迟。

二、与航空公司沟通解决航空运输突发状况

(一)任务资讯

航班取消后货物操作流程如下。

(1)由取消航班的承运人——航空公司将其安排在后续的航班,货物不用退关,继续停放在出口监管仓库即可(退关:删掉海关已经放行的出口报关数据)。

(2)转到其他承运人的航班,货物要退关,退出出口监管仓库然后重新订舱,按照新的订舱单号再次进入出口监管仓库,再次做出口报关。

(3)转至其他机场发运,货物要退关、退库,然后用卡车或者国内航班配送至其他机场,重新订舱,按照新的订舱单号再次进入出口监管仓库,再次做出口报关。

(二)实施过程

根据客户韩国 ABC 公司对于运输最后时效的要求,Lisa 开始制定航班取消后的应急航空货运方案。

1. 整理备选方案

第一种方案:由原航班承运人——UPS 安排最早的下一个航班。

第二种方案:更换起运港其他承运人最早的下一个航班。

第三种方案:更换附近机场原航班承运人——UPS 最早的下一个航班。

第四种方案：更换附近机场其他承运人最早的下一个航班。

第五种方案：如果可以得到舱位的航班时效都无法满足客户的最后时效，就会因延误而给客户造成实际损失，因为是由原航班承运人承运，故向原航班承运人提出延误索赔。

2. 确定最佳备选方案

含国际航空运输在内的全部操作时效只有 2 日，因此 Lisa 需要快速了解以下四个信息。

（1）原航班承运人——UPS 下一个航班的时间。

（2）原起运港机场最早可订舱位的下一个航班时间。

（3）距离最近机场最早的下一个航班的时间及中间的公路运输时间。

（4）原起运港机场退关和退库的操作时间。

Lisa 经过向韩国分公司同事了解得知：UPS 最早的下一个航班是 1 月 8 日上午的航班 5X174；仁川机场没有直达郑州的其他航空公司的航班；其他机场也没有直达郑州的航班；仁川机场的退关、退库操作最少需要半天时间。因此最佳方案就是与原承运人——UPS 沟通配载 1 月 8 日的 5X174 航班。

3. 与相关方沟通

韩国分公司与 UPS 在中韩航空货运航线上有合作协议，因此电话联系 UPS，希望调整 UPS 下一个 ICN-CGO 航班 5X174 的舱位，优先保证这票货物的运输，因为这票货物晚到会导致国内收货人的库存不足，造成生产线停线的实际损失，收货人、发货人可能会提起延误索赔。经过给 UPS 分析利弊得失，UPS 答应将这票货物配载在 1 月 8 日 5X174 航班的舱位上，并更新了新的航空货运单。

提示：与航空承运人中比较强势的一方进行沟通时，第一需要靠合作关系的紧密程度，第二需要站在承运人利益的角度进行沟通。

4. 执行备选方案

Lisa 根据韩国分公司同事更新的航空运单和航班信息，通知郑州机场通关部同时准备进口报关文件，并通知车队安排 1 月 8 日下午提货配送。

三、与客户协调解决服务时效不达标问题

（一）任务资讯

1. 应对客户对服务时效不达标的投诉

航空货运作为服务行业，存在很多因不可控的因素造成的服务延误，在面对客户对于延误的投诉时，不要一味地将责任推卸给航空货运的承运人——航空公司、机场地面操作公司等第三方，而是要做到以下八点，只有这样，才能更好地得到客户的理

解，降低客户的投诉率。

（1）要做到影响航空货运时效相关信息的提前通知，如天气恶劣、起运港或目的港机场政治动荡、航空旺季爆仓严重等，让客户对近期的航空货运状态有所了解。

（2）要做到发生突发事件第一时间通知客户，如航班取消、航班拉货等。

（3）无论发生哪种延误，都要积极应对客户的投诉，深入了解客户的真实需求，并对客户的需求作出应急响应。

（4）对于客户的情绪发泄，要做到耐心聆听，不打断、不反驳，要站在客户的立场对客户给予高度的理解，要以朋友而不是对立者的姿态与客户交流。

（5）可以通过改变与客户交流的地点、场景，缓解客户的情绪。

（6）在客户情绪稳定的情况下，站在中立、客观的立场上给客户复盘整个航空货运的流程，做到有理有据。

（7）如果客户要求向承运人等索赔，要清楚地告知客户索赔的流程，并协助客户做好与索赔相关的文件。

（8）在客户投诉后，可以针对客户投诉的问题做一份航空货运服务改进方案，对整个流程中可以优化的环节给出建议，让客户看到你为提高航空货运服务质量不断作出的努力。

2. 航空公司取消、延误航班的赔偿

（1）航空货运赔偿的法律依据

在航空国际货运中，索赔的主要法律依据是华沙体制中的《统一国际航空运输某些规则的公约》（也称为《华沙公约》）和《海牙议定书》；在国内货物运输中，主要是《中华人民共和国民用航空法》和《中国民用航空货物国内运输规则》。

（2）延误赔偿责任

《华沙公约》第十九条规定：旅客、行李或者货物在航空运输中因延误引起的损失，承运人应当承担责任。但是，承运人证明本人及其受雇人和代理人为了避免损失的发生，已经采取一切可合理要求的措施或者不可能采取此种措施的，承运人不对因延误引起的损失承担责任。

（3）延误免责条款

《华沙公约》第二十条免责条款规定：经承运人证明，损失是由索赔人或者索赔人从其取得权利的人的过失或者其他不当作为、不作为造成或者促成的，应当根据造成或者促成此种损失的过失或者其他不当作为、不作为的程度，相应全部或者部分免除承运人对索赔人的责任。

（4）延误赔偿金额

《华沙公约》第二十一条（三）规定：在货物运输中造成毁灭、遗失、损坏或者延误的，承运人的责任以每千克 17 特别提款权为限，除非托运人在向承运人交运包件时，特别声明在目的地点交付时的利益，并在必要时支付附加费。在此种情况下，除承运人证明托运人声明的金额高于在目的地点交付时托运人的实际利益外，承运人在声明金额范围内承担责任。

《华沙公约》第二十一条（四）规定：货物的一部分或者货物中任何物件毁灭、遗失、损坏或者延误的，用以确定承运人赔偿责任限额的重量，仅为该包件或者该数包件的总重量。但是，因货物一部分或者货物中某一物件的毁灭、遗失、损坏或者延误，影响同一份航空货运单、货物收据或者在未出具此两种凭证时按第四条第二款所指其他方法保存的记录所列的其他包件的价值的，确定承运人的赔偿责任限额时，该包件或者数包件的总重量也应当考虑在内。

3. 有权提出航空货运索赔的索赔人

（1）货运单上列明的托运人或收货人。托运人、收货人是指主运单上填写的托运人或收货人。向航空公司提出索赔的应是主运单上填写的托运人或收货人。客户或分运单上的托运人、收货人及其他代理人应向主运单上填写的托运人或收货人提出索赔。

（2）持有货运单上托运人或收货人签署的权益转让书的人员如下。

1）承保货物的保险公司。

2）索赔人委托的律师。

3）其他有关单位。

4）集运货物的主托运人和主收货人。

如果收货人在到达站已将货物提取，托运人将无权索赔；如果托运人要求索赔，应该有收货人出具的权益转让书。

4. 索赔的地点和时效

（1）索赔地点

托运人、收货人或其代理人在货物的始发站、目的站或损失事故发生的中间站，可以以书面的形式向承运人（第一承运人、最后承运人或当事承运人）或其代理人提出索赔要求。

（2）索赔时效

货物运输延误的赔偿要求，应在货物由收货人支配之日起 21 日内提出。对于提出索赔的货物，货运单的法律有效期为 2 年。

任何异议均按上述规定期限向承运人以书面形式提出。除承运人有欺诈行为外，有权提取货物的人如果在规定时限内没有提出异议，将丧失对承运人诉讼的权利。

5. 索赔需提供的文件

（1）正式索赔函 2 份（收货人/发货人向代理公司、代理公司向航空公司）。

（2）货运单正本或副本。

（3）货物商业发票、装箱清单和其他必要资料。

（4）货物舱单（航空公司复印件）。

（5）货物运输事故记录（货物损失的详细情况和索赔金额）。

（6）商检证明（商检等中介机构所做的鉴定报告）。

（7）运输事故记录。

（8）往来电子邮件或通信记录。

（二）实施过程

1. 及时反馈运输动态

Lisa将收到的最新的航空运单第一时间转发韩国ABC公司，并告知客户她会实时跟踪这票货物的运输状态，如果有任何变动会及时通知客户。

货物按时抵达郑州机场后，Lisa将航空公司的货物动态（见图4-4）发送客户，告知已经安排通关部进行进口报关操作，并已经通知收货人缴纳进口税费，车队也已经安排车辆在监管仓库门口等待货物放行。

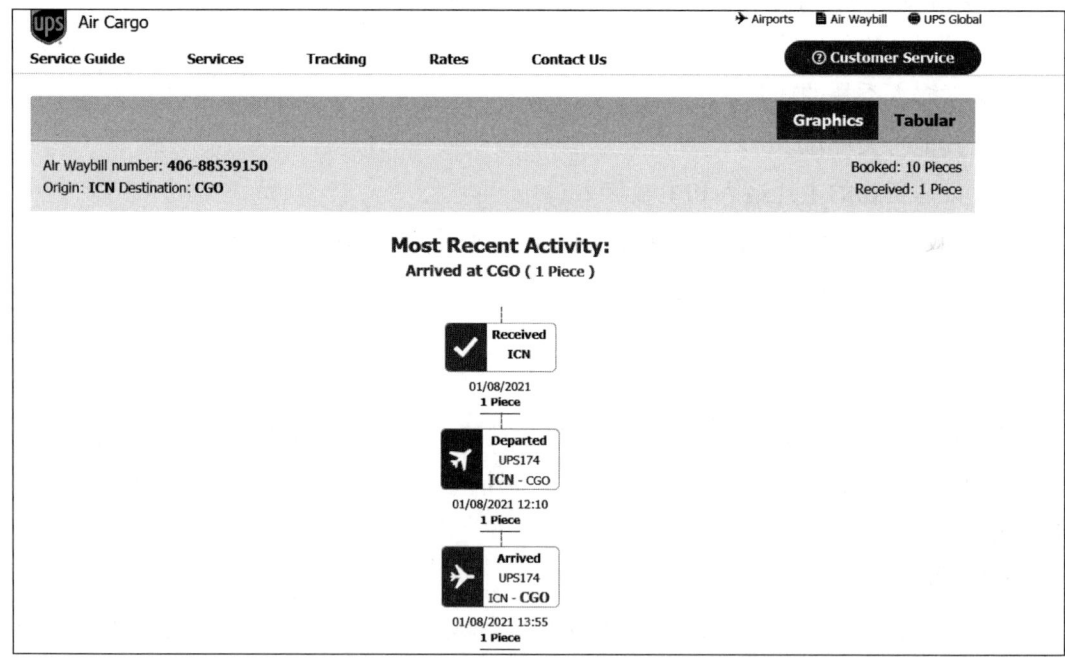

图4-4 航空运单状态图

2. 应急运输方案顺利完成

货物经海关放行，并分拨入监管仓库以后，提货卡车办理了提货手续，将货物准时于1月8日下午送抵中国收货人工厂。

Lisa 将每一步完成信息都反馈给客户,并提供了配送卡车的 GPS 动态信息。

3. 服务不达标公关

韩国 ABC 公司对于××国际货运代理有限公司的整个应急响应操作流程比较满意,而且由于没有对中国收货人工厂的生产线造成实质性影响,因此韩国 ABC 公司没有对此次航空服务时效超时提出意见,但是表示仍会按照实际航空货运服务时长计入××国际货运代理有限公司的物流供应商考核表中。这样会对××国际货运代理有限公司的平均服务时长造成影响,因此 Lisa 决定对韩国 ABC 公司进行一次公关。

(1) Lisa 针对此次航空货运延误整理了一份改进方案,包括优化与航空公司的合作,增加可选择的航班、航线等。

(2) Lisa 致电韩国 ABC 公司的进出口部负责人,询问这次延误是否对他们与中国收货人的关系和他们的工作造成什么影响,并对此表示歉意。

(3) Lisa 又向进出口部解释了航空运输承运人为了安全运输考虑,不能冒着天气恶劣、航空飞行器有隐患的高风险而进行飞行,韩国 ABC 公司进出口部负责人表示非常理解。

(4) 同时,Lisa 表示一定在己方的能力范围内,最大程度地提高航空货运服务时效,并发送了改进方案的电子版给韩国 ABC 公司的进出口负责人。

(5) 最后,Lisa 表示希望进出口部协助更改这次运输在采购部的物流供应商考核表上的服务时长,以期待能更长久地为韩国 ABC 公司提供航空货运服务。

因为 Lisa 的快速应急响应能力、有效的备选解决方案以及出色的公关能力,韩国 ABC 公司对于这次运输按照正常航空服务时效评价了××国际货运代理有限公司。

知识考核

一、单选题

1.《华沙公约》第二十一条(三)规定:在货物运输中造成毁灭、遗失、损坏或者延误的,承运人的责任以每千克(　　)为限,除非托运人在向承运人交运包件时,特别声明在目的地点交付时的利益,并在必要时支付附加费。

A. 100 美金

B. 19 特别提款权

C. 货物损失的实际货值

D. 17 特别提款权

2. 货物运输延误的赔偿要求,应在货物由收货人支配之日起(　　)日内提出。

A. 30	B. 45
C. 21	D. 60

二、多选题

1. 有权提出航空货运索赔的索赔人包括（　　）。
A. 航空主运单上的收货人
B. 航空分运单上的托运人
C. 航空主运单上的托运人
D. 航空分运单上的收货人
E. 航空主运单上的通知人

2. 航空公司拉货的原因包括（　　）。
A. 航班临时更改机型导致货舱变小
B. 航班货物过载
C. 航班行李过载
D. 气候原因飞机需要临时增加油量的载重
E. 货型结构与订舱不符

三、判断题

1.《华沙公约》第十九条规定：旅客、行李或者货物在航空运输中因延误引起的损失，承运人应当承担责任。因此航空公司因航班延误导致航空货运相关利益方造成实际损失的，必须给予赔偿。（　　）

2. 航班取消后的货物可以直接转其他航空公司的航班配载进行运输。（　　）

技能训练

××国际货运代理有限公司按原计划为客户韩国ABC公司预订了3月4日的航班5X174，从韩国仁川机场到中国郑州机场，运单号为406-9540 7281。业务经理Lisa按照航班的到港时间，已经提前安排通关部做好进口报关准备，并通知车队安排车辆送货。飞机按照预计的航班时间起飞后，Lisa在航班信息查询网站却查不到这票货物的信息，也查不到舱单信息，该航班落地后仍然没有此票货物的运单和舱单信息。请以Lisa的身份处理这起航空货运异常事件。

分析评价

层级	项目名称	单项得分	总分	评分项目类型： 1. 职业技能与规范 2. 专业沟通与表达 3. 工作组织与管理
1	**查明航空运输异常的原因**		20	
2	起运港查询航班实际起飞状况		10	1
2	起运港查询航班起飞前货物装载状况		10	1
1	**向客户反馈运输异常状况及原因**		20	
2	反馈运输异常状况及原因		10	2
2	了解货物的紧急状况		10	2
1	**制定航空运输异常的应急运输方案**		20	
2	了解所有可行应急运输方案及其时效		10	3
2	确定可行的最快应急运输方案		10	3
1	**应急运输方案实施**		30	
2	与航空公司协调给予最早航班配载		10	3
2	确保航班起飞前各项操作紧密衔接		10	3
2	航班落地后的加急操作		10	3
1	**讨论与表达**		10	
2	课堂交流沟通中语言表达清晰		6	2
2	分析结果（以文档形式提交）未出现格式、错别字等问题		4	1

参考答案

一、单选题

1. D　2. C

二、多选题

1. ABCDE　2. ABCDE

三、判断题

1. 错误　2. 错误

学习单元 3

航空物流报关异常情况处理

任务目标

1. 能准确识别航空物流报关异常情况的类别和原因。
2. 掌握航空物流中特殊货物的报关流程。

聚焦情境

BG 汽车部件有限公司（以下简称 BG 公司）是 ×× 国际货运代理有限公司的长期合作客户，客户委托 ×× 国际货运代理有限公司办理从德国进口的汽车用内饰涤纶针织材料的航空运输，以及该票货物在国内进境机场海关的进口报关手续。该商品属于没有特殊监管条件的一般商品，只需要提供发票、箱单、航空运单、合同和报关单等信息就可以办理进口报关手续。2019 年 6 月，BG 公司通知 ×× 国际货运代理有限公司的客服 Jane，这次要从德国进口一批黏合剂，黏合剂属于危险化学品，国外工厂提供了物质安全技术说明书（material safety data sheet，MSDS），他们希望尽快了解在中国进口报关的流程和所需文件。

🎧 任务发布

Jane 根据客户 BG 公司对于进口货物品名和性质的描述——黏合剂（危险化学品），需要向通关部的报关员详细了解以下情况：这种品名的货物进口报关需要提供哪些特殊文件，需要经过哪些特殊的流程；这些文件的准备和办理是在空运前还是空运后；这些文件是不是由指定部门或者机构出具；这些文件有没有标准的格式要求。

🎧 任务分析

任务分析鱼骨图如图 4-5 所示。

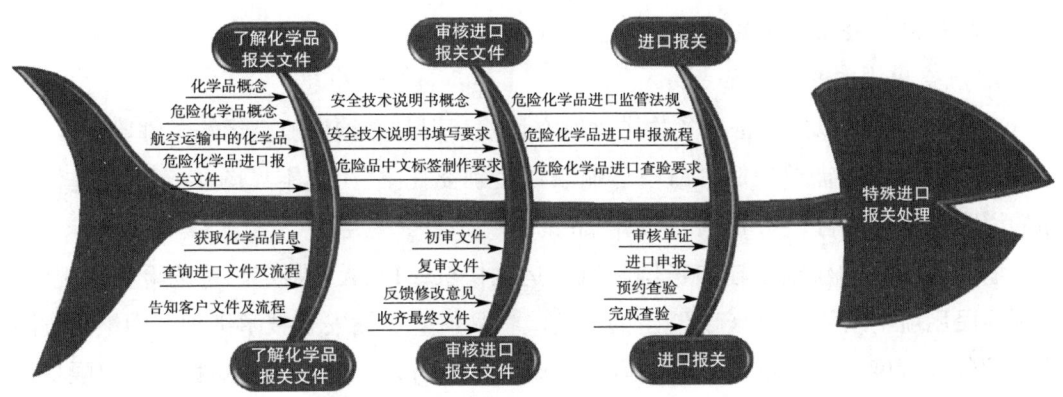

图 4-5 任务分析鱼骨图

🎧 任务实施

一、了解危险化学品进口报关需要的文件

（一）任务资讯

1. 化学品的概念

根据《化学品首次进口及有毒化学品进出口环境管理规定》的规定，化学品是指人工制造的或者是从自然界取得的化学物质，包括化学物质本身、化学混合物或者化学配制物中的一部分，以及作为工业化学品和农药使用的物质。

禁止的化学品，是指因损害健康和环境而被完全禁止使用的化学品。

严格限制的化学品，是指因损害健康和环境而被禁止使用，但经授权在一些特殊情况下仍可使用的化学品。

有毒化学品，是指进入环境后通过环境蓄积、生物累积、生物转化、化学反应等方式损害健康和环境，或者通过接触对人体具有严重危害和潜在危险的化学品。

首次进口的化学品，是指外商或其代理人向中国出口其未曾在中国登记过的化学品，即使同种化学品已有其他外商或其代理人在中国进行了登记，仍被视为化学品首次进口。

2. 危险化学品的概念

根据《危险化学品目录》的规定，危险化学品是指具有毒害、腐蚀、爆炸、燃烧、助燃等性质，对人体、设施、环境具有危害的剧毒化学品和其他化学品。

《危险化学品目录》由国务院安全生产监督管理部门会同国务院工业和信息化、公安、环境保护、卫生、质量监督检验检疫、交通运输、铁路、民用航空、农业主管部门，根据化学品危险特性的鉴别和分类标准确定、公布，并适时调整。2015年版《危险化学品目录》公布了1 600种危险化学品。

3. 航空运输中的化学品

普通化学品可以按照普通货物进行航空运输，但是必须做航空运输条件鉴定。

首次做鉴定时需要填写"航空运输条件鉴别委托书"（样本见图4-6），并提供产品的说明、分析报告、MSDS和少量样品。

危险化学品的航空运输参考国际航空运输协会（IATA）制定的《危险物品规则》和国际民用航空组织（ICAO）制定的《危险物品航空运输安全技术细则》中根据危险物品的危险程度不同对危险品航空运输的规定，分为禁止空运的危险物品、仅限货机运输的危险物品、客机和货机均可载运的危险物品。

因此，并不是所有化学品都禁止航空运输，也不是所有危险化学品都禁止航空运输，在航空物流中会遇到普通化学品和危险化学品的进口报关业务。

4. 危险化学品进口报关需要提交的文件

进口危险化学品的收货人或者其代理人在向海关申报时，需要按照《危险化学品目录》中的名称申报，同时还应提供下列材料。

（1）进口危险化学品经营企业符合性声明。

（2）对需要添加抑制剂或稳定剂的产品，应提供实际添加抑制剂或稳定剂的名称、数量等情况说明。

（3）危险化学品中文危险公示标签（散装产品除外）。

（4）中文物质安全技术说明书。

（二）实施过程

Jane将客户提供的预进口货物的品名和税号：黏合剂、HS编码35061000.90和国外工厂的MSDS发送给通关部，询问进口报关需要的文件和报关流程。

委托方（中文）：

（英文）：

受托方：××××× 公司

项目编号				费用（金额）：	
鉴别/检测项目	□航空运输条件　□其他：			付款方式：	□现金　□支票 □未付　□月结
鉴别/检测依据	□国际航协《危险品规则》（本年度最新版，不包括国家差异和营运人差异） □其他：				
物品种类	□化学品　□生物制品　□生化制品　□放射性物质　□电池类　□磁性物质　□器械类　□其他				
生产厂家	中文*				
	英文*				
物品名称	中文*			商标	
	英文*			规格型号	
主要成分及含量（或物品描述）*			件　数		
			运单号		
随附文件	□质检单　□MSDS　□试验报告　□产品说明　□放射性物品剂量证书等相关证明　□其他			目的港	
外观描述*	颜色：　　　状态：　　　气味：　　　熔点：　　　闪点：				
主要危险性*	□未知，需要鉴别　□已知时（请填写）				
是否送样	□是　□否	样品数量		检后样品处理	□受托方处理　□其他
委托方要求	□对样品和文件保密　□无保密要求　□其他要求			报告份数	
服务类型*	□普通　□加急（空白表示普通）			取报告方式	□自取　□邮寄（空白表示自取）
双方约定： 1）受托方仅对来样负责。鉴别/检测结果仅反映对该样品的评价。鉴别/检测结果的使用及使用所产生的直接或间接损失，由委托方自行承担，受托方不承担任何责任。 2）受托方承诺遵守国家的法律、法规，认真完成鉴别任务，为委托方的商业或技术机密保密。 3）委托方承诺本委托书背面的内容，独自承担因违反该承诺所导致的任何法律和经济责任，包括对受托方承担赔偿责任。 4）本协议经双方加盖公章后生效。					
委托方			受托方		
电　话：　　　　传　真： 通信地址： 邮政编码： 送样人（签名）： 委托方（盖章）　　　　　　年　　月　　日			电　话： 通信地址： 邮政编码： 收样人（签名）： 受托方（盖章）　　　　　　年　　月　　日		

注：（1）委托方和受检物品的信息由委托方填写并对其真实性负责，背书由委托方盖章，项目编号和费用由受托方填写。

（2）带"*"之处，为必须填写的内容。未尽事宜可双方另行约定。

网　址：　　　　　　　　　　　　　　E-mail：

图 4-6　航空运输条件鉴别委托书（代常规协议）

Dear：

　　BG 公司预计从德国进口一批危险化学品，品名是黏合剂，HS 编码：35061000.90，附件是德国工厂提供的 MSDS，麻烦告知进口报关需要准备哪些文件。请同时将文件样本邮件发送给我，谢谢！

　　　　　　　　　　　　　　　　　　　　　　　　　　　　　　　　　　　　Jane

Jane 马上就收到了通关部的回复。

Dear Jane：
　　根据你提供的货物信息，进口报关客户需要提前准备以下文件。
　　1. 物质安全技术说明书（MSDS）或化学品安全说明书（SDS）英文版。
　　2. 物质安全技术说明书（MSDS）或化学品安全说明书（SDS）中文版。
　　3. 进口危险化学品经营企业符合性声明。
　　4. 危险化学品中文危险公示标签。
　　文件 2 和文件 3 的样本我已添加在附件中，请查收！
　　根据 2020 年海关总署《关于进出口危险化学品及其包装检验监管有关问题的公告》（129 号公告）的要求，文件 4 需要发货人在货物出厂前粘贴在货物的内包装瓶上，文件 1 和文件 2 需要在货物包装箱加贴一套，在进口报关时需要提交文件 1 至文件 4 的电子版。
　　请客户制作文件草稿后，务必先发给我们核对格式和内容，正确无误后再出正式文件和制作危险品包装标签，在货物出厂前将所有危险品中文标签和 MSDS 文件粘贴妥当，然后再安排空运。

通关部

进口危险化学品经营企业符合性声明的样本文件如下所示。

进口危险化学品经营企业符合性声明
（要素）

　　　（企业名称）申报的（商品名称）(HS 编码：_____，化学品正式名称：_____，联合国 UN 编号：_____)，产品的危险化学品危险种类为_____，共____（桶/袋/箱等）____（t/kg），使用包装 UN 标记_____，从_____国家（或地区）进口至中国。
　　以上申报货物的危险特性与其要求的包装类别一致，符合联合国《关于危险货物运输的建议书　规章范本》等国际规章要求，危险公示标签和安全数据单符合中华人民共和国法律、行政法规、规章的规定以及国家标准、行业标准的要求。
　　上述内容真实无误，本企业对以上声明愿意承担相应的法律责任。
　　特此声明。
　　法定代表人或其授权人（签字）：
　　　　企业（盖章）：

年　　月　　日

危险化学品中文危险公示标签样本如图 4-7 所示。

Jane 按照通关部的邮件回复了 BG 公司。

产品名称：Printing ink
化学品中英文名：移印油墨（Printing ink）　　型号：mpi126-2
【成分与浓度】丙二醇甲醚醋酸酯25%~50%　乙二醇丁醚醋酸酯2.5%~10% 羟基乙酸丁基酯5%~10%　溶剂石脑油2.5%~10% 1,2,4-三甲基苯1%~2.5%　　乙酸正丁酯1%~2.5%　异丙苯 <1%　三甲基苯<1%

【危险性说明】 易燃液体和蒸气；吸入有害，造成严重眼损伤；怀疑对生育能力或胎儿造成伤害。对水生生物有害并具有长期持续影响。
【预防措施】 戴上防护手套，防护眼镜和防护面具。远离热源和热表面层。禁止吸烟。保持容器密封。
【事故响应】 如果不小心摄入：联系中毒控制中心或者医师。 移动伤者到空气新鲜的地方，在适当的地方休息、呼吸。 【安全储存】储存在通风良好的地方，保持凉爽。 【废弃处置】根据环境条例处理危险废弃物，焚化容器。
※ 更详细资料请参阅化学品安全技术说明书
企业名称：　　　　　　　　　　　　　　　联系电话： 企业地址：　　　　　　　　　　　　　　　邮编： 中国境内24小时应急咨询电话：

图4-7　危险化学品中文危险公示标签样本

Dear:

根据您提供的货物信息，品名：黏合剂，HS编码：35061000.90，进口报关需要提前准备以下文件。

1. 化学品安全技术说明书（MSDS）英文版。
2. 化学品安全技术说明书（MSDS）中文版。
3. 进口危险化学品经营企业符合性声明。
4. 危险品的中文标签。

文件2和文件3的样本我已添加在附件中，请查看。

根据2020年海关总署《关于进出口危险化学品及其包装检验监管有关问题的公告》(129号公告)的要求，文件4需要发货人在货物出厂前粘贴在货物的内包装瓶上，文件1和文件2要在货物包装箱加贴一套，在进口报关时需要提交文件1至文件4的电子版。请您按照样本文件将产品信息正确、完整填写在文件中，然后先发送给我，我让报关员逐一审核，没有问题后您再打印、签字、盖章出正本，在货物出厂前将所有危险品中文标签和MSDS文件粘贴妥当，然后我们再安排提货空运。

如果还有不清楚的地方，请您随时来电来邮。

Jane

二、审核进口报关的文件

（一）任务资讯

1. 化学品安全技术说明书（safety data sheet for chemical products, SDS）

根据《化学品安全技术说明书内容和项目顺序》，提供了化学品（物质或混合物）在安全、健康、环境保护等方面的信息，推荐了防护措施和紧急情况下的应对措施，在一些国家也称为物质安全技术说明书（MSDS）。SDS是化学品的供应商向下游用户传递化学品基本危害信息（包括运输、操作处置、储存和应急行动信息）的一种载体，同时，还可以向公共机构、服务机构和其他涉及该化学品的相关方传递这些信息。

2. SDS和MSDS的16项内容及其顺序

SDS和MSDS将按照下面16部分提供化学品的信息，每部分的标题、编号和前后顺序不应随意变更。

（1）化学品及企业标识

化学品及企业标识主要标明化学品的名称，该名称应与中文危险公示标签上的名称一致，建议同时标注供应商的产品代码。应标明供应商的名称、地址、电话号码、应急电话、传真和电子邮件地址，电话号码应与中文危险公示标签一致。该部分还应说明化学品的推荐用途和限制用途。

（2）危险性概述

该部分应标明化学品主要的物理和化学危险性信息，以及对人体健康和环境影响的信息，如果该化学品存在某些特殊的危险性质，也应在此处说明；如果已经根据《全球化学品统一分类和标签制度》（GHS[①]）对化学品进行了危险性分类，应标明GHS的危险性类别，同时应注明GHS的标签要素。

（3）成分/组成信息

应注明该化学品是物质还是混合物，如果是物质，则应提供化学名或通用名、美国化学文摘登记号及其他标识符；如果是混合物，则不必列明所有组分。

（4）急救措施

应说明必要时应采取的急救措施及应避免的行动，此处填写的文字应易于被受害人和（或）施救者理解，根据不同的接触方式可以将信息细分为吸入、皮肤接触、眼睛接触和食入。

（5）消防措施

应说明合适的灭火方法和灭火剂，如果有不适合的灭火剂，也应在此处标明。

---

① GHS是globally harmonized system of classification and labelling of chemicals的缩写。

（6）泄漏应急处理

该部分应包括：作业人员防护措施、防护装备和应急处置程序；环境保护措施；泄漏化学品的收容、清除方法及所使用的处置材料（如果与第13部分不同，则列明恢复、中和和清除）。

（7）操作处置与储存

操作处置应描述安全处置注意事项，包括防止人员接触化学品、防止发生火灾和爆炸的技术措施和提供局部或全面通风，防止形成气溶胶和粉尘的技术措施等。还应包括防止直接接触不相容物质或混合物的特殊处置注意事项。储存应描述安全储存的条件（适合的储存条件和不适合的储存条件）、安全技术措施、同禁配物隔离储存的措施、包装材料信息（建议的包装材料和不建议的包装材料）。

（8）接触控制和个体防护

接触控制要列明容许浓度，如职业接触限值或生物限值，以及减少接触的工程控制方法，如果可能，列明容许浓度的发布日期、数据出处、试验方法及方法来源；个体防护要列明推荐使用的个体防护设备（如呼吸系统防护、手防护、眼睛防护、皮肤和身体防护）及防护设备的类型和材质。

（9）理化特性

应提供化学品的外观与性状、气味、pH值及浓度、熔点/凝固点、沸点、初沸点和沸程、闪点、燃烧上下极限或爆炸极限、蒸气压、蒸气密度、密度/相对密度、溶解性、n-辛醇/水分配系数、自燃温度、分解温度等。

（10）稳定性和反应性

应描述化学品的稳定性和在特定条件下可能发生的危险反应；应避免的条件（如静电、撞击或震动）；不相容的物质、危险的分解产物。

（11）毒理学信息

毒理学信息包括不同接触方式的急性毒性、刺激性、致敏性、亚急性、慢性毒性、致突变性、致畸性、致癌性等。

（12）生态学信息

生态学信息提供化学品在环境影响、环境行为和归宿方面的信息。

（13）废弃处置

废弃处置包括为安全和有利于环境保护而推荐的废弃处置方法信息，这些处置方法适用于化学品（残余废弃物），也适用于任何受污染的容器和包装，提醒下游用户注意当地的废弃处置法规。

（14）运输信息

运输信息包括国际运输法规规定的编号与分类信息，这些信息应根据不同的运输方式，如陆运、海运和空运进行区分，应包含联合国危险货物编号（United Nations number，即 UN 号）、联合国运输名称、联合国危险性分类、包装组、海洋污染物等。

（15）法规信息

法规信息应标明在使用本 SDS 的国家或地区中管理该化学品的法规名称；提供与法律相关的法规信息和化学品标签信息；提醒下游用户注意当地的废弃处置法规。

（16）其他信息

可以提供需要进行的专业培训、建议的用途、限制的用途等。

注：为方便 SDS 编制者识别不同化学品的 SDS，SDS 应该设定 SDS 编号。

3. SDS 和 MSDS 的填写要求

（1）在这 16 部分中填写相关的信息，若某项如果无数据，应写明无数据原因。在这 16 部分中，除第 16 部分"其他信息"外，其余部分不能留下空项（最好提供信息来源，以便阐明依据）。

（2）对应于这 16 部分的内容应依据《化学品安全技术说明书　内容和项目顺序》（GB/T 16483—2008）中附录 A 的建议和要求完成。

（3）对这 16 部分可以根据内容细分出小项，与之不同的是这些小项不编号。

（4）要将这 16 部分清楚地分开，大项标题和小项标题的排版要醒目。

（5）使用小项标题时，应按附录 A 中指定的顺序排列。

（6）每一页都要注明该种化学品的名称，名称应与标签上的名称一致；同时注明日期和编号，日期是指最后修订的日期。页码中应包括总的页数，或者显示总页数的最后一页。

（7）化学品的名称应该是化学名称或用在标签上的化学品名称。如果化学名称太长，其缩写名称应在第 1 部分或第 3 部分描述。

（8）编号和修订日期（版本号）写在首页，每页均可填写编号和页码。第一次修订的日期和最初编制日期应写在首页。

（9）正文的书写应该简明扼要、通俗易懂。推荐采用常用词语，并使用用户可接受的语言书写。

4. 危险品中文危险公示标签制作要求

要符合《化学品安全标签编写规定》（GB 15258—2009）的规定，内容包括如下八项。

（1）化学品品名，与 SDS 和 MSDS 必须中英文一致，对混合物应标出对其危险性分类有贡献的主要组分的化学名称或通用名、浓度或浓度范围。

（2）象形图。

（3）信号词。

(4)危险性概述。

(5)防范说明。

(6)必须有"请参阅化学品安全技术说明书"字样或类似字段。

(7)供应商标识,供应商的名称、地址、邮编、电话等。

(8)应急咨询电话,进口化学品标签上至少要有一家中国境内的24小时化学事故应急咨询电话,而且必须与MSDS首页的应急电话保持一致。

(二)实施过程

BG公司按照Jane邮件的内容将他们准备的文件样本电子版通过电子邮件发送给Jane,Jane收到后,首先进行了文件名称、文件格式、文件内容一致性的核对(包括化学品的中英文名称、化学品的危险标识图、紧急联系电话等,进口危险化学品经营企业符合性声明如下,危险品中文危险公示标签初版如图4-8所示)。

进口危险化学品经营企业符合性声明
(要素)

BG汽车部件有限公司申报的 黏合剂 (HS编码: 35061000.90 ,化学品正式名称: 甲基丙烯酸甲酯 ,联合国UN编号: 1133),产品的危险化学品危险种类为 3 类,共 3 (桶/袋/箱等) 1.5 (t/kg),包装使用UN标记 4GV/X18.5/S/20USA+CO2308 ,从 德国 国家(或地区)进口至中国。

以上申报货物的危险特性与其要求的包装类别相一致,符合联合国《关于危险货物运输的建议书 规章范本》等国际规章要求,危险公示标签和安全数据单符合中华人民共和国法律、行政法规、规章的规定以及国家标准、行业标准的要求。

上述内容真实无误,本企业对以上声明愿意承担相应的法律责任。

特此声明。

法定代表人或其授权人(签字):

企业(盖章):

年 月 日

Jane将电子版文件提交通关部进行审核,通关部将从文件内容的完备性、格式的严格性和正确性等方面进行核对。

(1)核对MSDS英文版16个部分的内容是否完整、顺序是否正确。

(2)核对MSDS英文版16个部分项下的子内容是否完整、内容是否有前后矛盾。

(3)核对MSDS中文版的内容是否和英文版完全一致。

(4)核对进口危险化学品经营企业符合性声明的内容是否与MSDS的内容一致。

(5)核对危险品中文标签中的品名、应急联系电话等内容是否与MSDS的内容一致。

(6)核对危险品中文标签的填写格式和内容是否符合《化学品安全标签编写规定》(GB/T 15258—2009)。

化学品名称：黏合剂		
危　险		
H225 高度易燃液体和蒸气。H315 造成皮肤刺激。 H317 可能造成皮肤过敏反应。H319 造成严重眼刺激。 H335 可能造成呼吸道刺激。		
【预防措施】		
• 远离热源/热表面/火花/明火/其他点火源。禁止吸烟。 • 避免吸入蒸气/喷雾。 • 戴防护手套/穿防护服/戴防护眼罩/戴防护面具。 • 如皮肤（或头发）沾染：立即脱掉所有沾染的衣服。用水清洗皮肤/淋浴。 进入眼睛：用水小心冲洗几分钟。如戴隐形眼镜并可方便地取出，则取出隐形眼镜。 继续冲洗。 如发生皮肤刺激或皮疹：求医/ 就诊。		
【事故响应】		
• 如果进入眼部，立即用大量的水冲洗。取出任何隐形眼镜并撑开眼睑。连续用水冲洗至少15分钟。立即就医。连续冲洗。 • 如果皮肤接触：立即脱去污染的衣着，并用肥皂和水清洗皮肤。如果不适感持续，就医。 • 如果吸入：立即将受影响的人员转移到新鲜空气处。 对于呼吸困难的症状，可能要输氧。 如果呼吸停止，进行人工呼吸。 如果不适感持续，就医。 • 发生吞咽的情况，不要催吐。给饮几杯水或牛奶。绝对禁止对昏迷的人员经口给服任何物品。 如果发生呕吐，应保持头低位，这样呕吐物不会进入肺部。		
【安全储存】		
*储存于密闭的原装容器中，置于干燥阴凉、通风良好的场所。防止冻结和日光直射。		
【废弃处置】		
*按照当地废物处置管理机构的要求在持证的废物处置场所内处置废物。		
请参阅化学品安全技术说明书		
供应商：××××××××××××××××××××××		电话：49（0）×××××××-×
地址：××××××××		
化学事故应急咨询电话：+49（0）×××××××-×××		

图 4-8　危险品中文危险公示标签初版

经过通关部核对，进口危险化学品经营企业符合性声明、MSDS 英文版和 MSDS 中文版没有问题，而危险品中文危险公示标签则缺少两项内容：危险化学品的成分和与 MSDS 第一部分一致的中国境内的 24 小时应急联系电话。

Jane 将通关部对于单证的修改意见通过电子邮件发送给 BG 公司。

Dear：
　　经过我司通关部对进口报关文件的核对，进口危险化学品经营企业符合性声明、MSDS 中英文版都没有问题，请在进口危险化学品经营企业符合性声明上进行法人代表签字，并且盖公章，然后将扫描签字盖章的原件电子版发送给我。
　　危险品中文危险公示标签缺少两项内容：危险化学品的成分和与 MSDS 第一部分一致的中国境内的 24 小时应急联系电话，请尽快补充上述两项内容，发送给我更新后的危险品中文标签电子版。

另外,请国外工厂按照包装瓶打印适合大小的更新版的危险品中文危险公示标签,然后粘贴在货物的内包装瓶上;并在外包装箱贴一套 MSDS 的英文版和中文版文件。

如果还有不清楚的地方,请您随时来电来邮。

Jane

很快,BG 公司按照 Jane 邮件的修改意见更改了危险品中文标签,如图 4-9 所示。

化学品名称:黏合剂	成分:甲基丙烯酸甲酯94%~98% 甲基丙烯酸1%~3% 2-甲基-2-丙烯酸-2-羟乙基酯磷酸酯1%~3%
危 险	 

H225 高度易燃液体和蒸气。H315 造成皮肤刺激。
H317 可能造成皮肤过敏反应。H319 造成严重眼刺激。
H335 可能造成呼吸道刺激。

【预防措施】
• 远离热源/热表面/火花/明火/其他点火源。禁止吸烟。
• 避免吸入蒸气/喷雾。
• 戴防护手套/穿防护服/戴防护眼罩/戴防护面具。
• 如皮肤(或头发)沾染:立即脱掉所有沾染的衣服。用水清洗皮肤/淋浴。
进入眼睛:用水小心冲洗几分钟。如戴隐形眼镜并可方便地取出,则取出隐形眼镜。继续冲洗。
如发生皮肤刺激或皮疹:求医/就诊。

【事故响应】
• 如果进入眼部,立即用大量的水冲洗。取出任何隐形眼镜并撑开眼睑。连续用水冲洗至少15分钟。立即就医。连续冲洗。
• 如果皮肤接触:立即脱去污染的衣着,并用肥皂和水清洗皮肤。如果不适感持续,就医。
• 如果吸入:立即将受影响的人员转移到新鲜空气处。对于呼吸困难的症状,可能要输氧。如果呼吸停止,进行人工呼吸。如果不适感持续,就医。

• 发生吞咽的情况,不要催吐。不要催吐。给饮几杯水或牛奶。绝对禁止对昏迷的人员经口给服任何物品。如果发生呕吐,应保持头低位,这样呕吐物不会进入肺部。

【安全储存】
*储存于密闭的原装容器中,置于干燥阴凉、通风良好的场所。防止冻结和日光直射。

【废弃处置】
*按照当地废物处置管理机构的要求在持证的废物处置场所内处置废物。

请参阅化学品安全技术说明书

供应商:×××××××××××××××　　电话:49(0)-×××××××-×
地址:××××××××××××
化学事故应急咨询电话:+86 022×××××××

图 4-9　危险品中文危险公示标签更正版

三、完成危险化学品的进口报关

（一）任务资讯

1. 危险化学品检验监管相关法律、法规及标准

（1）《中华人民共和国进出口商品检验法》及其实施条例。

（2）《危险化学品安全管理条例》。

（3）《关于进出口危险化学品及其包装检验监管有关问题的公告》。

（4）联合国《全球化学品统一分类和标签制度》（简称 GHS 制度）。

（5）联合国《关于危险货物运输的建议书 规章范本》（简称 TDG 法规）。

（6）《危险化学品分类和标签规范》（GB 3000 系列标准）。

（7）《危险化学品目录》。

2. 危险化学品进口申报流程

（1）向海关申请进出口货物收货人、发货人注册登记，详情参照《中华人民共和国海关报关单位注册登记管理规定》和《关于报关单位备案全面纳入"多证合一"改革的公告》等文件。

（2）委托代理报关企业或自行在国际贸易单一窗口向海关申报。

（3）按照危险化学品的 HS 编码，在货物属性栏勾选"散装危险化学品""件装危险化学品""非危险化学品"中的一项，但不得同时勾选两项。然后在危险货物信息下勾选，若为"非危险化学品"，则不需要填写其余子项；若为"散装危险化学品"，则需要填写"UN 编码"和"危险类别"两项；若为"件装危险化学品"，则需要填写其余四个子项。

（4）在国际贸易单一窗口除正常贸易文件外，还需随附提交以下文件。

1）按照 GHS 的要求编制的危险品中文标签及化学品安全技术说明书中文版。

2）进口危险化学品企业符合性声明。

3）对需要添加抑制剂或稳定剂的产品，应提供实际添加抑制剂或稳定剂的名称、数量等情况说明。

（5）预约并接受海关危险品仓库查验，所有危险品均在口岸一级危险品监管仓库查验，没有转场查验。

3. 进口危险化学品海关查验要求

对进口危险化学品及其包装，应当按照我国国家技术规范的强制性要求等规定实施检验，主要包括口岸检查、转场检查、目的地检验等查验方式。检验内容包括是否符合安全、卫生、健康、环境保护、防止欺诈等要求以及相关的品质、数量、重量等项目。其中，安全要求包括以下内容。

（1）产品的主要成分/组分信息、物理及化学特性、危险类别等是否符合相关要求的规定。

（2）产品包装上是否有危险品中文危险公示标签，是否随附中文化学品安全技术说明书；危险公示标签、中文化学品安全技术说明书的内容是否符合相关要求。

（3）对进口危险化学品所用包装，应检验包装形式、包装标记、包装类别、包装规格、单件重量、包装使用状况等是否符合相关要求。

（二）实施过程

这批货物在发货工厂贴好所有危险品中文危险公示标签，并配备齐 MSDS 中、英文版文件后，从德国机场起运，很快 Jane 就收到了德国分公司发来的航空运单和 BG 公司提供的进口报关的发票、箱单、合同、报关委托书及危险品申报全套文件的电子版。

1. 再次审核单证

Jane 收到文件后，再次核对了文件对应的内容是否都一致，以及文件签字和盖章是否正确齐备。然后 Jane 将全套文件发送给通关部，由通关部再次审核，在确认没有问题后，通关部根据航空运单、货物的品名、HS 编码和申报要素完成报关单草单录制，并请客户核对。

2. 进口申报

客户确认报关单草单的申报信息准确以后，在国际贸易单一窗口进行进口申报，包括以下步骤。

（1）录入运单的基础信息，黄色为必填项，白色为选填项，灰色是无须填写、申报之后海关自动生成的。

（2）录入货物品名和 HS 编码，根据 HS 编码出现申报要素填写信息框，如图 4-10 所示。

（3）根据 HS 编码，在货物属性"散装危险化学品""件装危险化学品""非危险化学品"中勾选其一，如图 4-11 所示。

（4）危险化学品填写"危险类别""包装类别""UN 编号""包装 UN 标记"（散装危险品除外）子项目内容。

（5）确认正常申报后，上传随附文件，随附文件除了一般贸易一般货物的箱单、发票和运单外，还需要法检货物的合同、危险品的化学品安全技术说明书中文版、进口危险化学品企业符合性声明、危险品中文危险公示标签电子版，如图 4-12 所示。

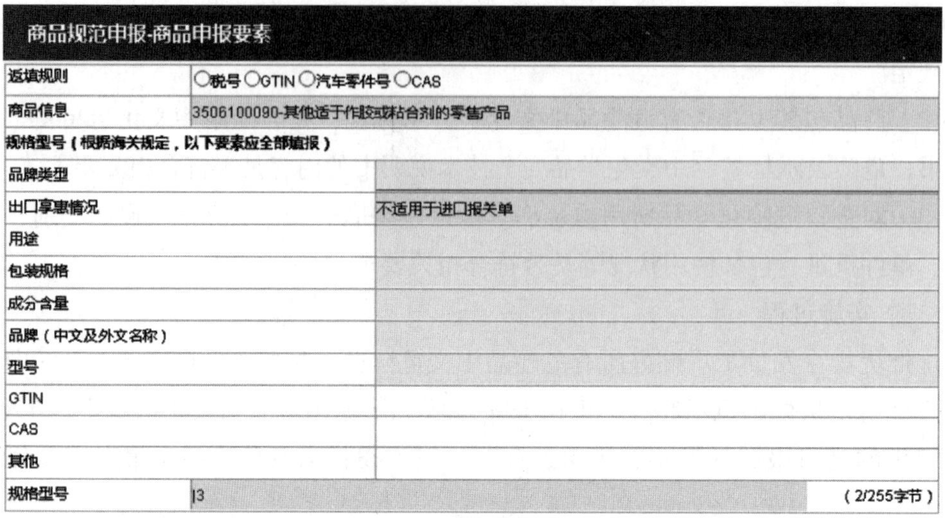

图 4-10 货物申报要素填写界面

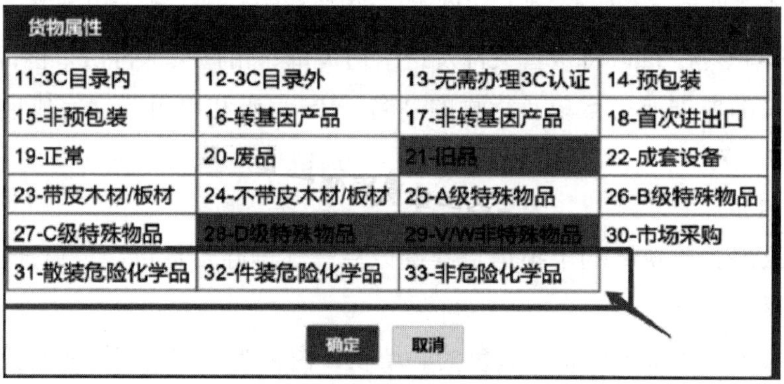

图 4-11 货物属性信息勾选界面

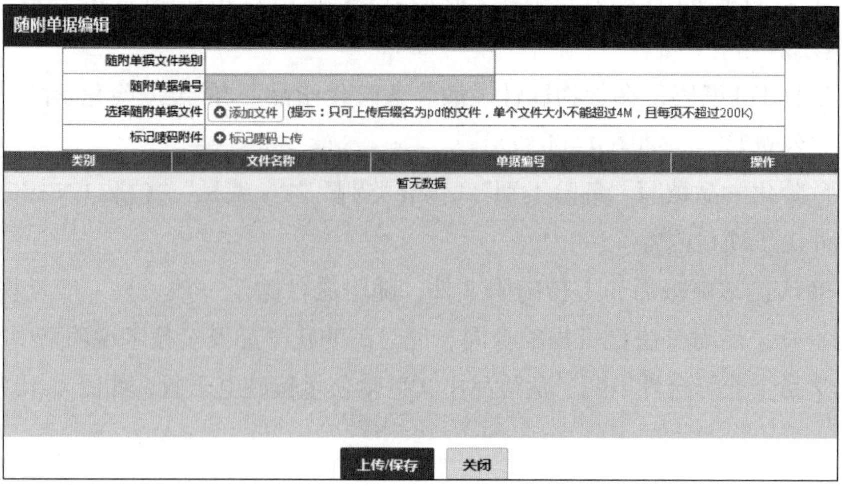

图 4-12 随附文件上传界面

（6）完成进口税费缴纳。在"中国国际贸易单一窗口"系统进口申报界面表头的申报状态显示为"审结"状态时，将18位报关单号"01012021××××××××××"发送给客户，告知客户可以在"中国国际贸易单一窗口"系统自行完成缴税。

3. 预约查验

在首都机场，所有危险化学品都入一级危险品监管库进行查验，该监管库只有持有危险品从业证书的操作人员才能入库。

根据海关总署129号公告，危险化学品在口岸可能抽样送检，检测项目有危险特性、涂料等。需要取样的危险化学品，查验时间在15个工作日以上。

不需要取样的一般在危险品监管仓库查验，主要核验产品、文件、标签、包装等内容。如果在海关查验中发现问题，一般有一次口岸整改机会，整改主要是修改相关文件和标签，整改完毕后再次查验，没有问题即可放行，如果有问题就必须办理退货。

因为Jane和通关部前期对文件、标签进行了认真审核，并在国外发货工厂提前贴好标签，BG公司的这票危险化学品货物在北京首都机场口岸顺利完成了进口申报和口岸查验。

小提示

海关进口监管政策是根据国内和国际经济形势进行动态调整的，不同货物在不同时期的海关进口监管政策和进口流程存在较大差异。作为国际航空物流从业人员，要密切关注各国海关进口监管政策的变化，如果不能及时根据海关进口监管政策办理进口报关文件，轻则会延误整个航空物流服务时效，重则被退货、罚没货物。

知识考核

一、单选题

1. 根据《化学品安全技术说明书　内容和项目顺序》，SDS和MSDS必须包含（　　）项内容，并且项目的顺序必须按照规定作出。

  A. 20   B. 16
  C. 30   D. 10

2. 危险品中文危险公示标签不包含（　　）。

  A. 化学品品名
  B. 应急联系电话

C. "请参阅化学品安全技术说明书"或类似字段

D. 生态学信息

二、多选题

1. 危险化学品进口报关需要提供的文件包括（　　）。

A. 进口危险化学品经营企业符合性声明

B. 对需要添加抑制剂或稳定剂的产品，应提供实际添加抑制剂或稳定剂的名称、数量等情况说明

C. 危险化学品中文危险公示标签（散装产品除外）

D. 中文物质安全技术说明书

2. 海关对于进口危险化学品安全的查验项目包括（　　）。

A. 产品的主要成分/组分信息、物理及化学特性、危险类别等是否符合相关要求

B. 产品包装上是否有危险品中文危险公示标签

C. 是否随附中文化学品安全技术说明书

D. 危险公示标签、中文化学品安全技术说明书的内容是否符合相关要求

E. 进口危险化学品所用包装是否符合相关规定

三、判断题

1. 所有危险化学品都不能航空运输。（　　）

2. 危险品中文危险公示标签可以在中国目的港查验前再粘贴到货物的内包装上。（　　）

技能训练

1. ××国际货运代理有限公司的一个客户计划从智利进口一批蓝莓，咨询业务经理Linda，请以Linda的身份查询蓝莓进口报关需要提交的文件及进口流程，并告知客户。

2. ××国际货运代理有限公司的一个客户计划向印度出口一批医用一次性口罩，咨询业务经理Linda，请以Linda的身份查询医用口罩出口报关需要提交的文件、出口报关流程及印度进口报关需要提交的文件和产品认证，并告知客户。

分析评价

层级	项目名称	单项得分	总分	评分项目类型： 1. 职业技能与规范 2. 专业沟通与表达 3. 工作组织与管理
1	**查询报关货物的特殊性**		20	
2	查询该货物的特殊性质及相关法规	10		3
2	查询该货物进出口报关的法规及政策	10		3
1	**查询货物报关需要的文件**		20	
2	查询所需文件的种类及样例	10		1
2	查询文件的填写内容及格式要求	10		1
1	**审核客户准备的报关文件**		20	
2	文件格式及内容一致性审核	10		1
2	文件内容准确性审核	10		1
1	**特殊流程的报关操作**		30	
2	完成报关的电子申报	10		1
2	完成文件的正确上传	10		1
2	完成报关查验	10		1
1	**讨论与表达**		10	
2	课堂交流沟通中语言表达清晰	6		2
2	分析结果（以文档形式提交）未出现格式、错别字等问题	4		1

参考答案

一、单选题

1. B 2. D

二、多选题

1. ABCD 2. ABCDE

三、判断题

1. 错误 2. 错误

培训任务五

账单处理

学习单元 1

航空项目物流的账单核对及确认

任务目标

1. 能根据项目物流合同及航空货运数据制作对账单。
2. 能恰当使用电子邮件等工具与客户进行账单的沟通确认。
3. 能完整提供账单结算标准和收费凭证。

聚焦情境

BG 汽车部件有限公司（以下简称 BG 公司）是 ×× 国际货运代理有限公司的签约合作客户，×× 国际货运代理有限公司接受 BG 公司委托，代理其从德国空运进口汽车零配件和生产线设备的相关业务。按照 BG 公司与 ×× 国际货运代理有限公司签订的国际航空货运代理协议，×× 国际货运代理有限公司于每月初整理上个月航空运输的账单并发送给 BG 公司，BG 公司进出口部需在 10 个工作日内核对完毕；然后由 ×× 国际货运代理有限公司根据合同开具航空货运代理服务费发票，与盖章后的账单及相关单据一起用快递方式寄给 BG 公司；BG 公司进出口部办理请款程序，在通常情况下，BG 公司财务部门会在收到完成请款流程的票据后 45 日之内完成付款。

任务发布

Jane 是××国际货运代理有限公司负责对接 BG 公司的客户经理，3 月已经结束，Jane 要在 4 月初完成 BG 公司 3 月航空货运服务的对账单，争取尽早收回航空货运代理服务费，以减少公司资金占用成本、降低应收账款的回款风险。

任务分析

任务分析鱼骨图如图 5-1 所示。

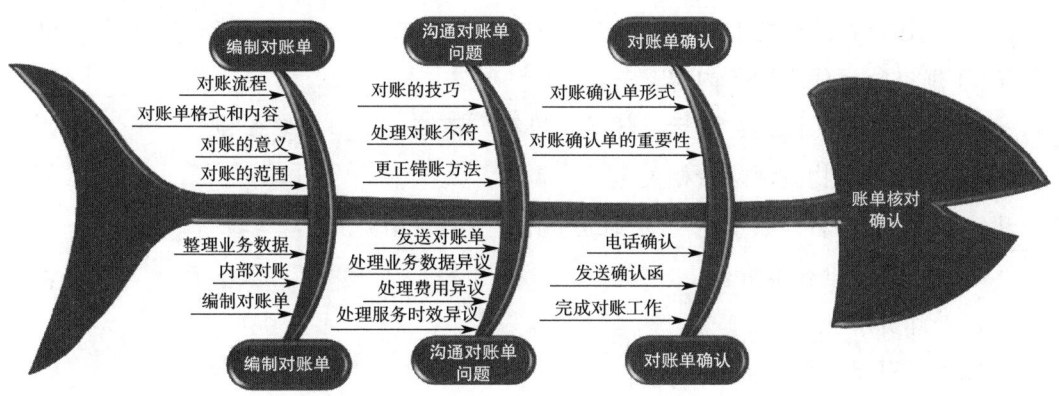

图 5-1　任务分析鱼骨图

任务实施

一、根据航空货运单和协议报价单制作对账单

（一）任务资讯

1. 航空货运代理企业对账的基本流程如图 5-2 所示。

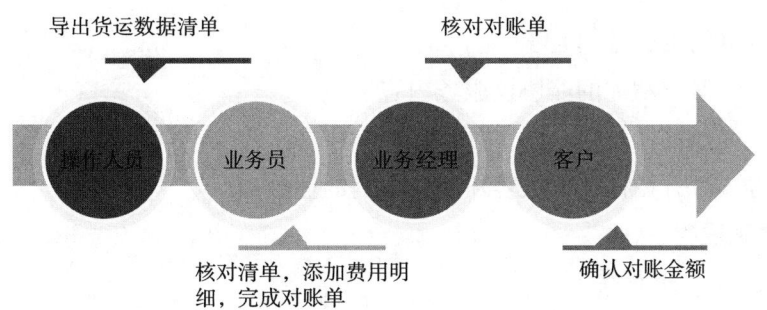

图 5-2　航空货运代理企业对账基本流程图

2. 航空货运代理企业对账单的格式和内容

对账单没有固定的格式,主要基于企业管理者的需要制作。对账单、对账函、对账确认函等名称对应的文件格式可能不一致,但是没有本质区别,只要是基于会计基本准则,有利于核对企业应收款项的准确性,便于企业管理即可。

航空货运代理企业对账单包含的基本内容如下。

(1)对账单标题。

(2)客户的名称、地址、联系人和联系电话。

(3)账单业务时间段。

(4)航空运单号。

(5)运输货物的计费重量(体积重量和毛重取大值,原则上与物流运单保持一致)。

(6)航空货运代理服务内容。

(7)运输方式(海运、空运、陆运、拼箱、整箱、零担、整车等)。

(8)货值(与物流保险费相关)。

(9)货物的品名、数量(与物流的进出口报关费相关)。

(10)计费单价和总价。

(11)计费币种。

(12)汇率。

(13)对账单总额。

(14)其他与计费相关的信息,如提货、送货地址,是否为危险品、控温运输货物等。

3. 对账的意义

(1)避免双方对服务费用产生分歧。

(2)提高客户对服务的满意度。

(3)保证业务部、操作部和财务部账目的统一,规范公司与客户的对账流程。

(4)积极推进应收账款的回收,保证公司资金安全。

4. 对账的范围

(1)协议规定的服务内容项。

(2)临时被客户增加的非协议服务内容项。

(3)实际完成的业务项。

(4)已经实际开始操作但被客户中途取消的业务项。

(二)实施过程

1. 整理航空货运数据

Jane 给操作部发送邮件,委托操作部从公司业务系统中导出 BG 公司 3 月的业务批次及业务数据。

Dear:

我在 4 月 5 日之前要完成与 BG 公司 3 月业务的对账单，麻烦帮我提供 3 月 BG 公司的业务数据表，项目包括：业务批次号、MAWB（航空主运单）号、HAWB（航空分运单）号、货物件数、货物计费重量、品名数量、货值、服务类别等，希望可以在今天下班前发送电子邮件给我。

Jane

Jane 收到了操作部发来的邮件，邮件附件如图 5-3 所示。

Jane：

请查收附件 BG 公司 2021 年 3 月业务数据汇总表。如果还有问题，请随时来电。

操作部

BG汽车部件公司2021年3月业务数据汇总表							
No.	MAWB	HAWB	Service	CC Mode	No. of Packages	C.W. (kg)	Cargo Value (Euro)
BG20210301	020-57296842	4NH1864	B	URGENT	1	118	€ 2,233.40
BG20210302	020-57296842	4NH1865	B	URGENT	1	316	€ 1,311.69
BG20210303	999-68774860	4NH1958	EXPRESS	URGENT	1	3.00	€ 11.14
BG20210304	999-68774860	4NH1959	C	URGENT	13	3 170.5	€ 5,296.78
BG20210305	999-68774860	4NH1960	C	NORMAL	2	22	€ 56.69
BG20210306	999-68774860	4NH1961	C	URGENT	5	4 470	€ 9,230.87
BG20210307	020-57296993	4NH1962	B	URGENT	8	1 520	€ 23,816.57
BG20210308	999-69159366	4NH1972	EXPRESS	URGENT	1	368.5	€ 64,324.74
BG20210309	999-69159366	4NH1973	EXPRESS	URGENT	2	95	€ 339.75
BG20210310	999-69159366	4NH1974	C	URGENT	16	14 304	€ 29,538.77
BG20210311	999-69159366	4NH1975	C	URGENT	27	5 146.5	€ 24,287.19
BG20210312	020-57296912	4NH1994	C	URGENT	12	9 854	€ 20,600.43
BG20210313	020-57296912	4NH1995	C	NORMAL	1	161	€ 2,800.63
BG20210314	999-68774930	4NH1996	B	URGENT	2	245	€ 2,950.58
BG20210315	020-57296466	4NH1443	EXPRESS	URGENT	2	239	€ 3,608.03
BG20210316	020-57296466	4KF1444	EXPRESS	URGENT	1	2	€ 175.54
BG20210317	580-01270080	4NH1445	C	URGENT	21	3 902.5	€ 44,872.89
BG20210318	580-01270861	4NH1447	B	URGENT	14	1 602	€ 30,158.40
BG20210319	580-01270861	4NH1448	C	URGENT	5	681	€ 11,301.19
BG20210320	074-38859704	4NH1449	EXPRESS	URGENT	1	3.5	€ 160.45
BG20210321	999-68774996	4NH1450	C	NORMAL	3	500	€ 17,946.21
BG20210322	999-68774996	4NH1451	C	URGENT	34	2 460.5	€ 12,732.04
BG20210323	020-57294786	4NH1304	B	URGENT	4	1 550	€ 41,192.68
BG20210324	020-57296385	4NH1305	C	URGENT	10	722	€ 3,743.42
BG20210325	020-57296385	4NH1306	C	NORMAL	3	336.5	€ 1,586.64
BG20210326	020-57296385	4NH1307	C	URGENT	9	855	€ 2,320.21
BG20210327	020-57296330	4NH1310	EXPRESS	URGENT	2	77	€ 5,775.70
BG20210328	020-57296330	4NH1312	C	NORMAL	3	211	€ 2,081.34
BG20210329	020-57296330	4NH1313	C	NORMAL	1	17	€ 95.88
BG20210330	020-57296330	4NH1314	C	NORMAL	1	8.5	€ 2,689.68
BG20210331	020-57294425	4NH1315	B	URGENT	1	349	€ 5,986.07
BG20210332	020-52677796	4NH1316	EXPRESS	URGENT	1	6.5	€ 311.25
BG20210333	020-52677796	4NH1317	EXPRESS	URGENT	1	14	€ 83.52
				TOTAL		53 330.5	€ 373,620.37

图 5-3　业务数据汇总

2. 与公司内部各操作部门进行对账

公司为BG公司提供的国际航空货运服务包括国外工厂提货、国外报关、国际空运、国内报关和国内配送，这些服务内容分别由公司内部不同的分公司或操作部门完成：国外的服务内容由国外分公司完成，国内报关由通关部完成，仓储由监管仓库完成，国内配送由车队完成。因此需要在公司内部进行对账，对账单上发生的费用及原因进行核对和确认。

Jane就BG公司3月业务向公司内部各业务相关分公司和部门同时发送邮件，要求其提供各自的服务费用明细单。

> Dear all:
> Could you please send me all the charges of BG shipments in March in your department?
> I'd appreciate it very much if you could answer me in 2 days.
> Thank you again for your support.
>
> Jane

随后，Jane收到了公司内部各相关分公司和部门的费用明细单，这些费用明细单是实际操作BG公司3月业务所发生的成本，见表5-1至表5-4。

收到公司内部的费用明细后，Jane开始与各部门核对费用。

第一步，与德国分公司确认：为什么有几票货物产生X-RAY的费用？为什么有几票货物产生查验费用？德国分公司答复：产生X-RAY费用的货物是因为高超过110 cm，或者是非标准包装的货物，要通过特殊的安检仪进行X射线扫描；产生查验费用的货物是危险品，德国海关要求查验。

第二步，与通关部进行核对：为什么有几票货物有实报实销的费用，是什么费用，为什么会产生？通关部回复：有几票货物是补录分运单舱单信息的费用，因为没有分运单原始舱单信息不能进行进口申报；有几票货物是海关查验时查验仓库收取的费用。

第三步，与仓库进行核对：为什么有几票货物有装卸费？仓库回复：装卸费为紧急分拨支付一级监管仓库的费用。

第四步，与车队核对：为什么第一单和第二单重复计费？车队回复：因为这两票货物是同一种危险品，是用同一辆危险品车辆配送的，所以车队调整了费用明细单。

3. 根据协议报价单编制对账单

Jane首先找到与BG公司协议中的报价单（见图5-4）。

表 5-1 国外费用明细表

No.	BASIC INFORMATION						CHARGES (EUR)							
	MAWB	HAWB	Service	No. of Packages	C.W. (kg)	Additional HS codes numbers	Collecting Charges	Handling Charges	Customs Clearance	X-ray	Customs inspection	Chargable storage time (days)	Storage charge	Air freight	Subtotal of foreign port
BG20210301	020-57296842	4NH1864	B	1	118	0	€60.00	€35.00	€45.00		€35.00			€218.30	€393.30
BG20210302	020-57296842	4NH1865	B	1	316	0	€94.80	€35.00	€45.00		€35.00			€521.40	€731.20
BG20210303	999-6874860	4NH1958	EXPRESS	1	3.00	0	€60.00	€35.00	€45.00					€85.00	€225.00
BG20210304	999-6874860	4NH1959	C	13	3 170.5	10	€951.15	€253.64	€55.00					€4 280.18	€5 539.97
BG20210305	999-6874860	4NH1960	C	2	22	0	€60.00	€35.00	€45.00					€85.00	€225.00
……	……	……	……	……	……	……	……	……	……	……	……	……	……	……	……
BG20210333	020-52677796	4NH1317	EXPRESS	1	14	0	€60.00	€35.00	€45.00					€85.00	€225.00
TOTAL				209	53 330.5		16 558.2	4 724.04	1 545	3 052.7	245	0	0	74 375.4	100 499.65

表5-2 国内报关费用明细单

No.	BASIC INFORMATION							CHARGES (RMB)				
	MAWB	HAWB	Service	CC Mode	No. of Packages	C.W. (kg)	Additional HS codes numbers	Customs clearance charge	Inspection service charge	At cost	Subtotal of customs charges
BG20210301	020-57296842	4NH1864	B	URGENT	1	118	0	200			200
BG20210302	020-57296842	4NH1865	B	URGENT	1	316	0	200			200
BG20210303	999-68774860	4NH1958	EXPRESS	URGENT	1	3.00	0	200		100.00	300
BG20210304	999-68774860	4NH1959	C	URGENT	13	3 170.5	10	300			300
BG20210305	999-68774860	4NH1960	C	NORMAL	2	22	0	200			200
……	……	……	……	……	……	……	……	……	……	……	……
BG20210333	020-52677796	4NH1317	EXPRESS	URGENT	1	14	0	200			200
TOTAL						53 330.5		7 200	300	1 240	8 740

表 5-3

国内仓储费用明细单

No.	BASIC INFORMATION						CHARGES（RMB）				
	MAWB	HAWB	Service	CC Mode	No. of Packages	C.W.（kg）	Ground handling charge	Express handling charge	Chargable storage time（days）	Storage charge	Subtotal of warehouse charges
BG20210301	020-57296842	4NH1864	B	URGENT	1	118	94.40				94.40
BG20210302	020-57296842	4NH1865	B	URGENT	1	316	252.80				252.80
BG20210303	999-68774860	4NH1958	EXPRESS	URGENT	1	3.00	2.40				2.40
BG20210304	999-68774860	4NH1959	C	URGENT	13	3 170.5	2 536.40				2 536.40
BG20210305	999-68774860	4NH1960	C	NORMAL	2	22	17.60				17.60
……	……	……	……	……	……	……	……				……
BG20210333	020-52677796	4NH1317	EXPRESS	URGENT	1	14	11.20	45.00			56.20
TOTAL						53 330.5	42 664.2	459			43 116.2

表5-4 国内配送费用明细单

No.	BASIC INFORMATION							CHARGES (RMB)	REMARKS
	MAWB	HAWB	Service	CC Mode	No. of Packages	C.W. (kg)	Inland transp. Charge 陆运费发票	
BG20210301	020-57296842	4NH1864	B	URGENT	1	118	1 500.00	危险品车
BG20210302	020-57296842	4NH1865	B	URGENT	1	316	1 500.00	危险品车
BG20210303	999-68774860	4NH1958	EXPRESS	URGENT	1	3.00	400.00	
BG20210304	999-68774860	4NH1959	C	URGENT	13	3170.5	3 170.50	
BG20210305	999-68774860	4NH1960	C	NORMAL	2	22	400.00	
……	……	……	……	……	……	……	……	
BG20210333	020-52677796	4NH1317	EXPRESS	URGENT	1	14	400.00	
TOTAL							53 330.5	65 476.00	

培训任务五 | 账单处理

报价单 QUOTATION SHEET

客户名称 CUSTOMER	BG汽车部件有限公司	编号：XX20201221	
成交方式 TRADE TERM	EXW		
运输方式 TRANSPORTATION	BY AIR		
发货人地址	****************, Germany		
国内送货地址	宁波***************		

	收费项目 CHARGES	标准 RATES	备注 REMARK
1.启运港费用 CHARGES IN LOADING PORT			
1.1	提货费 COLLECTING CHARGES	EUR0.35/KG,MIN EUR65.00	chargable weight
1.2	操作费 HANDLING CHARGES	EUR0.15/KG,MIN EUR35.00	
1.3	报关费 CUSTOMS CLEARANCE	EUR55.00/SHIPMENT,INCLUDING 5 HS CODES, EUR5.00 FOR ADDITIONGAL 5 HS CODES	
1.4	安检费 X-RAY	EUR0.12/KG,MIN EUR25.00	only for every shipment higher than 110cm or non standart dimension.
1.5	海关查验费 CUSTOMS INSPECTION	EUR45.00/SHIPMENT	only for customs inspection
1.6	仓储费 STORAGE CHARGE		at cost
1.7	空运费 AIR FREIGHT TO PVC	EUR3.30/KG, MIN EUR122.00	chargable weight
1.7	空运费 AIR FREIGHT TO PVC	EUR2.20/KG +100KG	
1.7	空运费 AIR FREIGHT TO PVC	EUR2.00/KG +300KG	
1.7	空运费 AIR FREIGHT TO PVC	EUR1.90/KG +500KG	
1.7	空运费 AIR FREIGHT TO PVC	EUR1.80/KG +1000KG	
1.8	燃油附加费、安全附加费 FSC&SSC	INCLUDING	
2.目的港费用 CHARGES IN DESTINATION PORT			
2.1	普通报关代理费 NORMAL CUSTOMS CLEARANCE	CNY300.00/SHIPMENT	INCLUDING 5 HSCODES,CNY50.00 FOR ADDITIONAL HS CODES, IN 1 WORKING DAY.
2.2	加急报关代理费 EXPRESS CUSTOMS CLEARANCE	CNY400.00/SHIPMENT	INCLUDING 5 HSCODES,CNY50.00 FOR ADDITIONAL HS CODES, IN HALF A WORKING DAY.
2.3	机场地面费用 HANDLING CHARGES	CNY1.15/KG, MIN CNY100.00/SHIPMENT	chargable weight
2.4	仓储费 STORAGE CHARGE	CNY0.15/KG/DAY, MIN CNY10.00,3 DAYS FREE	chargable weight
2.5	查验服务费 INSPECTIONG CHARGE	CNY200.00/TIME	only for customs inspection
2.6	查验海关仓库费用 INSPECTION STORAGE CHARGE		at cost
2.7	国内零担配送费 INLAND TRANSP.CHARGE	CNY1.20/, KGMIN CNY450.00/SHIPMENT	FROM PVC TO NINGBO FACTORY

remark:
1.汇率按当月中国海关公布汇率执行。
2.本报价适用于XXBG202001号物流服务合同的所有条款。

21/Dec/2020

图 5-4 与 BG 公司协议中的报价单

之后，Jane 开始填制与客户的对账单。

小知识

做对账单的基本原则

（1）对账单必须体现交易双方主体信息，使用公司名称全称。

（2）对账单中有明确单价报价的，一定要与报价单保持一致。

（3）对账单最好采用可以用公式表达与计算的 Excel 表制作，所有费用项目都采用数字格式，在数字格式下用公式计算出来，以方便客户核对。

（4）报价单里属于特殊情况的，需要在备注中说明。

（5）报价单中属于实报实销费用的，需要在备注中说明，并附上垫付费用的发票。

（6）外币结算汇率，要根据报价单约定的执行汇率，给出具体结算汇率值。

（7）币种、金额表达要清晰。

（8）对于在报价单中产生的费用没有明确报价的，要查询费用发生时与客户有没有文字确认，如果有确认，则可以放入对账单中。

因为对账单比较大，所以 Jane 将其分成几张表格，需要注意的是，这几张表格要有总的表头名称，分表格要有分表格名称（见图 5-5 至图 5-7）。

BG 2021年3月航空货运对账单							
客户名称	BG汽车部件有限公司						
服务内容	国际航空货运代理						
服务公司	XX国际货运代理有限公司						
TABLE 1 BASIC INFORMATION							
No.	MAWB	HAWB	Service	CC Mode	No. of Packages	C.W. (kg)	Cargo Value (Euro)
BG20210301	020-57296842	4NH1864	B	URGENT	1	118	€ 2,233.40
BG20210302	020-57296842	4NH1865	B	URGENT	1	316	€ 1,311.69
BG20210303	999-68774860	4NH1958	EXPRESS	URGENT	1	3.00	€ 11.14
BG20210304	999-68774860	4NH1959	C	URGENT	13	3 170.5	€ 5,296.78
BG20210305	999-68774860	4NH1960	C	NORMAL	2	22	€ 56.69
BG20210306	999-68774860	4NH1961	C	URGENT	5	4 470	€ 9,230.87
BG20210307	020-57296993	4NH1962	B	URGENT	8	1 520	€ 23,816.57
BG20210308	999-69159366	4NH1972	EXPRESS	URGENT	1	368.5	€ 64,324.74
BG20210309	999-69159366	4NH1973	EXPRESS	URGENT	2	95	€ 339.75
BG20210310	999-69159366	4NH1974	C	URGENT	16	14 304	€ 29,538.77
BG20210311	999-69159366	4NH1975	C	URGENT	27	5 146.5	€ 24,287.19
BG20210312	020-57296912	4NH1994	C	URGENT	12	9 854	€ 20,600.43
BG20210313	020-57296912	4NH1995	C	NORMAL	1	161	€ 2,800.63
BG20210314	999-68774930	4NH1996	B	URGENT	2	245	€ 2,950.58
BG20210315	020-57296466	4NH1443	EXPRESS	URGENT	2	239	€ 3,608.03
BG20210316	020-57296466	4KF1444	EXPRESS	URGENT	1	2	€ 175.54
BG20210317	580-01270080	4NH1445	C	URGENT	21	3 902.5	€ 44,872.89
BG20210318	580-01270861	4NH1447	B	URGENT	14	1 602	€ 30,158.40
BG20210319	580-01270861	4NH1448	B	URGENT	5	681	€ 11,301.19
BG20210320	074-38859704	4NH1449	EXPRESS	URGENT	1	3.5	€ 160.45
BG20210321	999-68774996	4NH1450	C	NORMAL	3	500	€ 17,946.21
BG20210322	999-68774996	4NH1451	C	URGENT	34	2 460.5	€ 12,732.04
BG20210323	020-57294786	4NH1304	B	URGENT	4	1 550	€ 41,192.68
BG20210324	020-57296385	4NH1305	C	URGENT	10	722	€ 3,743.42
BG20210325	020-57296385	4NH1306	C	NORMAL	3	336.5	€ 1,586.64
BG20210326	020-57296385	4NH1307	C	URGENT	9	855	€ 2,320.21
BG20210327	020-57296330	4NH1310	EXPRESS	URGENT	2	77	€ 5,775.70
BG20210328	020-57296330	4NH1312	C	NORMAL	3	211	€ 2,081.34
BG20210329	020-57296330	4NH1313	C	NORMAL	1	17	€ 95.88
BG20210330	020-57296330	4NH1314	C	NORMAL	1	8.5	€ 2,689.68
BG20210331	020-57294425	4NH1315	B	URGENT	1	349	€ 5,986.07
BG20210332	020-52677796	4NH1316	EXPRESS	URGENT	1	6.5	€ 311.25
BG20210333	020-52677796	4NH1317	EXPRESS	URGENT	1	14	€ 83.52
TOTAL						53 330.5	€ 373,620.37

图 5-5　业务基础数据表

培训任务五 | 账单处理

TABLE 2 CHARGES IN LOADING PORT (EUR)									
Additional HS codes number	Collecting Charges	Handling Charges	Customs Clearance	X-ray	Customs inspection	Chargable storage time(day)	Storage charge	Air freight	Subtotal of foreign port
0	€ 65.00	€ 35.00	€ 55.00		€ 45.00			€ 259.60	€ 459.60
0	€ 110.60	€ 47.40	€ 55.00		€ 45.00			€ 632.00	€ 890.00
0	€ 65.00	€ 35.00	€ 55.00					€ 85.00	€ 240.00
10	€ 1,109.68	€ 475.58	€ 65.00					€ 5,706.90	€ 7,357.15
0	€ 65.00	€ 35.00	€ 55.00					€ 85.00	€ 240.00
0	€ 1,564.50	€ 670.50	€ 55.00	€ 1,107.70				€ 8,046.00	€ 11,443.70
0	€ 532.00	€ 228.00	€ 55.00		€ 45.00			€ 2,736.00	€ 3,596.00
0	€ 128.98	€ 55.28	€ 55.00					€ 737.00	€ 976.25
0	€ 65.00	€ 35.00	€ 55.00					€ 313.50	€ 468.50
0	€ 5,006.40	€ 2,145.60	€ 55.00	€ 3,544.65				€ 25,747.20	€ 36,498.85
15	€ 1,801.28	€ 771.98	€ 70.00					€ 9,263.70	€ 11,906.95
0	€ 3,448.90	€ 1,478.10	€ 55.00	€ 2,472.05				€ 17,737.20	€ 25,191.25
0	€ 65.00	€ 35.00	€ 55.00					€ 354.20	€ 509.20
0	€ 85.75	€ 36.75	€ 55.00		€ 45.00			€ 539.00	€ 761.50
0	€ 83.65	€ 35.85	€ 55.00					€ 525.80	€ 700.30
0	€ 65.00	€ 35.00	€ 55.00					€ 85.00	€ 240.00
15	€ 1,365.88	€ 585.38	€ 70.00					€ 7,024.50	€ 9,045.75
0	€ 560.70	€ 240.30	€ 55.00		€ 45.00			€ 2,883.60	€ 3,784.60
0	€ 238.35	€ 102.15	€ 55.00		€ 45.00			€ 1,293.90	€ 1,734.40
0	€ 65.00	€ 35.00	€ 55.00					€ 85.00	€ 240.00
15	€ 171.85	€ 75.00	€ 70.00					€ 950.00	€ 1,266.85
0	€ 861.18	€ 369.08	€ 55.00					€ 4,428.90	€ 5,714.15
0	€ 542.50	€ 232.50	€ 55.00	€ 4,943.12	€ 45.00			€ 2,790.00	€ 8,608.12
0	€ 252.70	€ 108.30	€ 55.00					€ 1,371.80	€ 1,787.80
0	€ 117.78	€ 50.48	€ 55.00					€ 673.00	€ 896.25
5	€ 299.25	€ 128.25	€ 60.00					€ 1,624.50	€ 2,112.00
0	€ 65.00	€ 35.00	€ 55.00					€ 254.10	€ 409.10
0	€ 73.85	€ 35.00	€ 55.00					€ 464.20	€ 628.05
0	€ 65.00	€ 35.00	€ 55.00					€ 85.00	€ 240.00
0	€ 65.00	€ 35.00	€ 55.00					€ 85.00	€ 240.00
0	€ 122.15	€ 52.35	€ 55.00	€ 718.33				€ 698.00	€ 1,645.83
0	€ 65.00	€ 35.00	€ 55.00					€ 85.00	€ 240.00
0	€ 65.00	€ 35.00	€ 55.00					€ 85.00	€ 240.00
TOTAL	€ 19,257.90	€ 8,343.80	€ 1,875.00	€ 12,785.86	€ 315.00	€ 0.00	€ 0.00	€ 97,734.60	€ 140,312.16

图 5-6　国外费用对账单

TABLE 3 CHARGES IN DESTINATION PORT (CNY)									
Additional HS codes numbers	Customs clearance charge	Inspection service charge	At cost	Ground handling charges	Express Handling Charge	Chargable storage time (days)	Storage charge ⑧	Inland transp. Charge 陆运费发票	subtotal of inland charge
0	¥400.00			¥135.70				¥2,000.00	¥2,535.70
0	¥400.00			¥363.40					¥763.40
0	¥400.00		¥100.00	¥100.00				¥450.00	¥1,050.00
10	¥500.00			¥3,646.08				¥3,804.60	¥7,950.68
0	¥300.00			¥100.00				¥450.00	¥850.00
0	¥400.00			¥5,140.50				¥5,364.00	¥10,904.50
0	¥400.00	¥200.00	¥320.00	¥1,748.00				¥2,000.00	¥4,668.00
0	¥400.00			¥423.78				¥450.00	¥1,273.78
0	¥400.00		¥100.00	¥109.25				¥2,000.00	¥2,609.25
0	¥400.00			¥16,449.60				¥17,164.80	¥34,014.40
15	¥550.00			¥5,918.48				¥6,175.80	¥12,644.28
0	¥400.00			¥11,332.10				¥11,824.80	¥23,556.90
0	¥300.00			¥185.15				¥450.00	¥935.15
0	¥400.00			¥281.75				¥2,000.00	¥2,681.75
0	¥400.00			¥274.85				¥450.00	¥1,124.85
0	¥400.00			¥100.00				¥450.00	¥950.00
15	¥550.00			¥4,487.88				¥4,683.00	¥9,720.88
0	¥400.00	¥200.00	¥320.00	¥1,842.30				¥2,000.00	¥4,762.30
0	¥400.00			¥783.15				¥2,000.00	¥3,183.15
0	¥400.00			¥100.00				¥450.00	¥950.00
15	¥450.00			¥575.00				¥589.20	¥1,614.20
0	¥400.00		¥100.00	¥2,829.58				¥2,952.60	¥6,282.18
0	¥400.00			¥1,782.50				¥2,000.00	¥4,182.50
0	¥400.00			¥830.30				¥866.40	¥2,096.70
0	¥300.00	¥100.00	¥100.00	¥386.98				¥3,000.00	¥3,886.98
5	¥450.00		¥100.00	¥983.25				¥1,026.00	¥2,559.25
0	¥400.00			¥100.00				¥450.00	¥950.00
0	¥300.00			¥242.65				¥450.00	¥992.65
0	¥300.00			¥100.00				¥450.00	¥850.00
0	¥300.00			¥100.00				¥450.00	¥850.00
0	¥400.00			¥401.35				¥2,000.00	¥2,801.35
0	¥400.00		¥100.00	¥100.00				¥450.00	¥1,050.00
0	¥400.00			¥100.00				¥450.00	¥950.00
	¥13,100.00	¥500.00	¥1,240.00	¥62,053.55	¥0.00		¥0.00	¥79,301.20	¥156,194.75

Subtotal in EUR　140312.16　Subtotal in CNY　156194.75　Exchange rate　7.7996　Total　1250573.47

图 5-7　国内费用对账单

二、与客户就账单问题进行沟通

(一) 任务资讯

1. 对外对账的技巧

对账工作要求谨慎、细心、反馈及时,在此过程中还需要掌握很多技巧,是一项挑战性较强的工作,但也可以证明自身能力、拓展自身发展空间。

(1) 对账首先要保证每一笔费用的凭证、单据完备,在客户提出疑问时,能快速提供。

(2) 对账之前一定要查明上月是否有漏单、问题单未处理,要及时补进来。

(3) 应与客户用企业邮箱、企业微信等通信工具进行对账,尽量避免采用私人邮箱和私人通信账号进行对账,避免出现纠纷时电子证据不能得到认证。

(4) 对账单是与客户对账的重要法律文件,要确保其信息完整、准确。

2. 对账不符的原因分析及处理

客户会因对货运服务的货物数量、服务内容、服务时效有异议而不确认部分或者全部费用。

货运数量有异议:可以将货物运输实际承运人出具的第三方运单上的数量作为实际结算的数量。

服务内容有异议:可以将与客户往来邮件的电子凭证作为实际服务的证据,因此当客户电话提出额外的服务要求和内容时,一定要让客户通过企业邮箱发送增加服务内容的确认函。

服务时效有异议:要用货运服务实际运行过程中发生了不可抗力,且尽最大努力情况下仍不可避免的原因证明服务时效未达标,这项证明必须是公认发生的,或者是在服务过程中有往来电子邮件及时反馈过的。如果确实是因为公司的原因造成服务时效不达标,应在部分费用上主动作出减免,以给客户留下好的印象。

3. 对账不符的错账更正方法

在编制对账单的过程中难免发生一些错误,如重记、漏记、数字颠倒、数字错位、数字记错、公式导入错误等。为尽量避免发生错误,编制对账单时要多次核对;要尽可能用 Excel 数字格式进行公式计算得出结果,减少手动录入数字。

如果发现对账单有错误,要及时向客户道歉,并马上更正,更正的方法如下。

(1) 划线或红字更正法

划线或红字更正法是指在对账单上将错误数字修改为正确数字后,在正确数字下面划线或者描红,以提醒已完成更正。

（2）备注更正法

在更正后的数字所在表格上添加备注信息，注明更正原因。

（3）补充更正法

将漏记、少记的费用单独加一列出来，不修改前面的数字。

（二）实施过程

Jane将编制完成并反复核对检查过的对账单通过企业邮箱发送给客户BG公司进出口对接负责人Marco的企业邮箱中。

Dear Marco：

　　3月国际空运业务的对账单我已经整理完毕，对账单我放在附件中，总共三张表格，请您查阅核对。

　　如果有任何问题，请您随时来电来邮。感谢您对我们工作的支持与信任！

　　期待您的回复！

Jane

邮件发送完毕后，当天Jane找了一个彼此都比较空闲的时间，给Marco打了一个问候电话。在愉快的谈话气氛中，Jane告诉Marco已经将对账单发送到他的工作邮箱，确认一下他是否收到，如果没有收到，在通话时马上再次发送邮件；如果已经收到，则委婉地表示让Marco尽快核对并确认对账单。

小知识

　　无论是对账还是催账，目的都是催促客户尽快进行，一定要同时保证书面和口头的沟通。书面的电子邮件是为了保证在纠纷中留存电子证据；口头沟通则是要拉近与客户的私人距离，创造良好的交往关系，通过私人关系推动工作进程，这在商务往来中是非常必要且常见的。

---

1. 客户对航空货运数据的异议处理

Marco给Jane回复邮件，对两票货物的计费重量提出了异议（见图5-8）。

Dear Jane：

　　我刚刚将你数据表中的货物基础信息与我们系统中的数据进行了比对，发现有两票货物的计费重量与我们系统不一致，附件中的表格我用红色做了标记，并在右边一列加入了我们业务系统中的计费重量，请再次核对！

Marco

BG 2021年3月航空货运对账单								
客户名称	BG汽车部件有限公司							
服务内容	国际航空货运代理							
服务公司	XX国际货运代理有限公司							

TABLE 1 BASIC INFORMATION

No.	MAWB	HAWB	Service	CC Mode	No. of Packages	C.W. (kg)		Cargo Value (Euro)
BG20210301	020-57296842	4NH1864	B	URGENT	1	118		€ 2,233.40
BG20210302	020-57296842	4NH1865	B	URGENT	1	316		€ 1,311.69
BG20210303	999-68774860	4NH1958	EXPRESS	URGENT	1	3.00		€ 11.14
BG20210304	999-68774860	4NH1959	C	URGENT	13	3 170.5		€ 5,296.78
BG20210305	999-68774860	4NH1960	C	NORMAL	2	22		€ 56.69
BG20210306	999-68774860	4NH1961	C	URGENT	5	4 470		€ 9,230.87
BG20210307	020-57296993	4NH1962	B	URGENT	8	1 520		€ 23,816.57
BG20210308	999-69159366	4NH1972	EXPRESS	URGENT	1	368.5		€ 64,324.74
BG20210309	999-69159366	4NH1973	EXPRESS	URGENT	2	95		€ 339.75
BG20210310	999-69159366	4NH1974	C	URGENT	16	14 304		€ 29,538.77
BG20210311	999-69159366	4NH1975	C	URGENT	27	5 146.5		€ 24,287.19
BG20210312	020-57296912	4NH1994	C	URGENT	12	9 854		€ 20,600.43
BG20210313	020-57296912	4NH1995	C	NORMAL	1	161		€ 2,800.63
BG20210314	999-68774930	4NH1996	B	URGENT	2	245		€ 2,950.58
BG20210315	020-57296466	4NH1443	EXPRESS	URGENT	2	239		€ 3,608.03
BG20210316	020-57296466	4KF1444	EXPRESS	URGENT	1	2		€ 175.54
BG20210317	580-01270080	4NH1445	C	URGENT	21	3 802.5	3 890.5	€ 44,872.89
BG20210318	580-01270861	4NH1447	B	URGENT	14	1 602		€ 30,158.40
BG20210319	580-01270861	4NH1448	C	URGENT	5	681		€ 11,301.19
BG20210320	074-38859704	4NH1449	EXPRESS	URGENT	1	3.5		€ 160.45
BG20210321	999-68774996	4NH1450	C	NORMAL	3	500	491	€ 17,946.21
BG20210322	999-68774996	4NH1451	C	URGENT	34	2 460.5		€ 12,732.04
BG20210323	020-57294786	4NH1304	B	URGENT	4	1 550		€ 41,192.68
BG20210324	020-57296385	4NH1305	C	URGENT	10	722		€ 3,743.42
BG20210325	020-57296385	4NH1306	C	NORMAL	3	336.5		€ 1,586.64
BG20210326	020-57296385	4NH1307	C	URGENT	9	855		€ 2,320.21
BG20210327	020-57296330	4NH1310	EXPRESS	URGENT	2	77		€ 5,775.70
BG20210328	020-57296330	4NH1312	C	NORMAL	3	211		€ 2,081.34
BG20210329	020-57296330	4NH1313	C	NORMAL	1	17		€ 95.88
BG20210330	020-57296330	4NH1314	C	NORMAL	1	8.5		€ 2,689.68
BG20210331	020-57294425	4NH1315	B	URGENT	1	349		€ 5,986.07
BG20210332	020-52677796	4NH1316	EXPRESS	URGENT	1	6.5		€ 311.25
BG20210333	020-52677796	4NH1317	EXPRESS	URGENT	1	14		€ 83.52
				TOTAL		53 330.5		€ 373,620.37

图 5-8 客户标注的业务数据表

收到 Marco 的邮件，Jane 马上找到这两票货物的运单和箱单进行了核对。关于分运单号 4NH1445，Jane 经过核对发现，箱单单件货物的毛重和体积是正确的，总毛重计算错误，因此总计费重量与运单不符，而航空公司是以实际入库称重、测量体积的数据为准的，因此航空公司运单的数据更准确。

分运单号 4NH1450 运单下货物的实际计费重量是 491，高于经济分界点重量，而按照 500 kg 级别单价运费征收，总运费更便宜，因此航空公司将其自动上调到了 500 kg 级别，空运单显示的计费重量是 500 kg。

> **小知识**
> **什么是经济分界点**
>
> 经济分界点（EP）是经济地使用普通货物运价的重量常数。
> $$EP=（较高分段重量 \times 适用运价）\div 较低分段运价$$
> 当计费重量大于或等于经济分界点时，以较高分段重量和适用运价算运费更经济；当计费重量小于经济分界点时，以原重量和适用运价算运费更经济。

Jane 马上将核对的情况回复给 Marco。

Dear Marco：

  关于两票货物计费重量不符的情况如下：

  （1）分运单号 4NH1445 的计费重量与航空公司出具的航空运单一致，空运结算以航空运单的计费重量为准，请您查阅附件 4NH1445 的航空主运单。

  （2）分运单号 4NH1450 的实际计费重量是 491 kg，但是在空运计费中按照 500 kg 级别计费总的空运费更低，因此航空公司默认提高一个级别计费，在航空运单上显示的计费重量为 500 kg，与航空相关的地面操作费等费用的计费重量都是与航空运单保持一致的，陆运的提货费和国内配送费我们是按照实际计费重量 491 kg 收取的。

  不知道我解释得是否清楚，如果有任何问题，请您随时联系我！

Jane

---

2. 客户对实报实销费用的异议处理

Marco 再次回复邮件（见图 5-9、图 5-10）。

Dear Jane：

  感谢您的及时解答，上次关于计费重量的差异现在我没有疑问了。

  但是还有几项费用，我不知道为什么会产生，麻烦帮我确认一下，我也用红色标出了，详见附件！

Marco

Additional HS codes number	Collecting Charges	Handling Charges	Customs Clearance	X-ray	Customs inspection	Chargable storage time(day)	Storage charge	Air freight	Subtotal of foreign port
				TABLE 2 CHARGES IN LOADING PORT (EUR)					
0	€ 65.00	€ 35.00	€ 55.00		€ 45.00			€ 259.60	€ 459.60
0	€ 110.60	€ 47.40	€ 55.00		€ 45.00			€ 632.00	€ 890.00
0	€ 65.00	€ 35.00	€ 55.00					€ 85.00	€ 240.00
10	€ 1,109.68	€ 475.58	€ 65.00					€ 5,706.90	€ 7,357.15
0	€ 65.00	€ 35.00	€ 55.00					€ 85.00	€ 240.00
0	€ 1,564.50	€ 670.50	€ 55.00	€ 1,107.20				€ 8,046.00	€ 11,443.70
0	€ 532.00	€ 228.00	€ 55.00		€ 45.00			€ 2,736.00	€ 3,596.00
0	€ 128.98	€ 55.28	€ 55.00					€ 737.00	€ 976.25
0	€ 65.00	€ 35.00	€ 55.00					€ 313.50	€ 468.50
0	€ 5,006.40	€ 2,145.60	€ 55.00	€ 3,544.65				€ 25,747.20	€ 36,498.85
15	€ 1,801.28	€ 771.98	€ 70.00					€ 9,263.70	€ 11,906.95
0	€ 3,448.90	€ 1,478.10	€ 55.00	€ 2,472.05				€ 17,737.20	€ 25,191.25
0	€ 65.00	€ 35.00	€ 55.00					€ 354.20	€ 509.20
0	€ 85.75	€ 36.75	€ 55.00		€ 45.00			€ 539.00	€ 761.50
0	€ 83.65	€ 35.85	€ 55.00					€ 525.80	€ 700.30
0	€ 65.00	€ 35.00	€ 55.00					€ 85.00	€ 240.00
15	€ 1,365.88	€ 585.38	€ 70.00					€ 7,024.50	€ 9,045.75
0	€ 560.70	€ 240.30	€ 55.00		€ 45.00			€ 2,883.60	€ 3,784.60
0	€ 238.35	€ 102.15	€ 55.00		€ 45.00			€ 1,293.90	€ 1,734.40
0	€ 65.00	€ 35.00	€ 55.00					€ 85.00	€ 240.00
15	€ 171.85	€ 75.00	€ 70.00					€ 950.00	€ 1,266.85
0	€ 861.18	€ 369.08	€ 55.00					€ 4,428.90	€ 5,714.15
0	€ 542.50	€ 232.50	€ 55.00	€ 4,943.12	€ 45.00			€ 2,790.00	€ 8,608.12
0	€ 252.70	€ 108.30	€ 55.00					€ 1,371.80	€ 1,787.80
0	€ 117.78	€ 50.48	€ 55.00					€ 673.00	€ 896.25
5	€ 299.25	€ 128.25	€ 60.00					€ 1,624.50	€ 2,112.00
0	€ 65.00	€ 35.00	€ 55.00					€ 254.10	€ 409.10
0	€ 73.85	€ 35.00	€ 55.00					€ 464.20	€ 628.05
0	€ 65.00	€ 35.00	€ 55.00					€ 85.00	€ 240.00
0	€ 65.00	€ 35.00	€ 55.00					€ 85.00	€ 240.00
0	€ 122.15	€ 52.35	€ 55.00	€ 718.33				€ 698.00	€ 1,645.83
0	€ 65.00	€ 35.00	€ 55.00					€ 85.00	€ 240.00
0	€ 65.00	€ 35.00	€ 55.00					€ 85.00	€ 240.00
TOTAL	€ 19,257.90	€ 8,343.80	€ 1,875.00	€ 12,785.86	€ 315.00	€ 0.00	€ 0.00	€ 97,734.60	€ 140,312.16

图 5-9　客户标注的国外费用对账单

此前，Jane 已与公司内部相关部门核对过这些费用产生的原因，并找到了当时往来确认的邮件，她将往来的邮件作为附件附在给 Marco 的回信中。

Dear Marco：

关于您有疑问的费用，我们在业务操作中都给贵司做过实时汇报，并附上了相关的凭证，详细往来邮件我放在附件中，请您查阅核对。具体明细如下。

（1）起运港发生的 X-RAY 费用是因货物高度超过 110 cm 或者是货物非标准包装而产生的超大安检仪扫描安检的费用。

（2）目的港的实报实销费用是因为没有分单原始舱单信息而补录原始舱单时一级监管仓库的收费。

（3）分运单号 4NH1973 的 2 000 元国内配送费，是因为当时这票货物库存告急，要求清关后专车快运而产生的，当时在邮件中确认过运费。

如果还有我没解释清楚的问题，请您随时联系我，感谢您对我工作的支持！

Jane

Additional HS codes numbers	Customs clearance charge	Inspection service charge	At cost	Ground handling charges	Express Handling Charge	Chargable storage time (days)	Storage charge ⑤	Inland transp. Charge 陆运费发票	subtotal of inland charge
0	¥400.00			¥135.70				¥2,000.00	¥2,535.70
0	¥400.00			¥363.40					¥763.40
0	¥400.00			¥100.00				¥450.00	¥1,050.00
10	¥500.00			¥3,646.08				¥3,804.60	¥7,950.68
0	¥300.00			¥100.00				¥450.00	¥850.00
0	¥400.00			¥5,140.50				¥5,364.00	¥10,904.50
0	¥400.00	¥200.00	¥320.00	¥1,748.00				¥2,000.00	¥4,668.00
0	¥400.00			¥423.78				¥450.00	¥1,273.78
0	¥400.00			¥109.25					¥2,609.25
0	¥400.00			¥16,449.60				¥17,164.80	¥34,014.40
15	¥550.00			¥5,918.48				¥6,175.80	¥12,644.28
0	¥400.00			¥11,332.10				¥11,824.80	¥23,556.90
0	¥300.00			¥185.15				¥450.00	¥935.15
0	¥400.00			¥281.75				¥2,000.00	¥2,681.75
0	¥400.00			¥274.85				¥450.00	¥1,124.85
0	¥400.00			¥100.00				¥450.00	¥950.00
15	¥550.00			¥4,487.88				¥4,683.00	¥9,720.88
0	¥400.00	¥200.00	¥320.00	¥1,842.30				¥2,000.00	¥4,762.30
0	¥400.00			¥783.15				¥2,000.00	¥3,183.15
0	¥400.00			¥100.00				¥450.00	¥950.00
15	¥450.00			¥575.00				¥589.20	¥1,614.20
0	¥400.00			¥2,829.58				¥2,952.60	¥6,282.18
0	¥400.00			¥1,782.50				¥2,000.00	¥4,182.50
0	¥400.00			¥830.30				¥866.40	¥2,096.70
0	¥300.00	¥100.00	¥100.00	¥386.98				¥3,000.00	¥3,886.98
5	¥450.00			¥983.25				¥1,026.00	¥2,559.25
0	¥400.00			¥100.00				¥450.00	¥950.00
0	¥300.00			¥242.65				¥450.00	¥992.65
0	¥300.00			¥100.00				¥450.00	¥850.00
0	¥300.00			¥100.00				¥450.00	¥850.00
0	¥400.00			¥401.35				¥2,000.00	¥2,801.35
0	¥400.00		¥100.00	¥100.00				¥450.00	¥1,050.00
0	¥400.00			¥100.00				¥450.00	¥950.00
	¥13,100.00	¥500.00	¥1,240.00	¥62,053.55	¥0.00		¥0.00	¥79,301.20	¥156,194.75
Subtotal in EUR	140312.16	Subtotal in CNY	156194.75	Exchange rate	7.7996	Total		1250573.47	

图 5-10　客户标注的国内费用对账单

3. 客户对物流服务时效未达标的惩罚处理

随后，Jane 收到了 Marco 的回复，内容如下。

Dear Jane：

　　上面那些费用我都一一核对过了，没有问题了。

　　但是有两票货物在我们的供应商绩效考核系统中服务时效超了，现在要对这两票货物超时给采购部作出合理解释，否则采购部会根据代理协议规定的超时要求赔偿。这两票货物的分运单号分别是 4NH1972 和 4FK1444，4NH1972 是国内配送超时，4FK1444 是分拨和进口报关超时。

Marco

对 4FK1444 这票货物 Jane 印象非常深刻，主要是当时货物因太小而掉入下面的大箱子内，寻找货物花费了大量时间，所以造成分拨延时，对此当时与客户有往来邮件进行实时反馈，Jane 将当时的往来邮件作为附件发送给 Marco。

Jane 联系车队查看 4NH1972 的提送时间，车队经查询回复：这票货物是和其他客户的货物拼车一起安排运输的，在提其他客户货物的途中遇到道路拥堵，因此送到客户工厂时已超过协议规定的 48 小时国内配送时效要求，但是当时并没有向客户反馈道路拥堵的状态截图。

这票货物配送超时难以给出合理的解释,因此 Jane 决定电话和 Marco 沟通这票货物的配送超时问题。通过电话,Jane 向 Marco 询问了这票货物是否给他们的生产造成影响、物流部有没有内部投诉。当了解到这票货物并没有给客户造成实质影响,只是体现在供应商考核系统中时,由于这票货物的国内配送费用总额是在 Jane 的权限范围内可以进行调整的,Jane 主动表示可以免掉这票货物的国内段配送费,Marco 表示可以接受。经过电话沟通,Marco 表示对账单已没有其他问题,可以开发票。

三、完成客户对账单的确认

(一)任务资讯

1. 对账确认单形式

(1)在对账单上签字或者盖章后,纸质对账函需要邮寄回指定的地点,传真件则需要发送至指定的公司号码。

(2)如果本公司曾以电子邮件形式发出对账单,客户回复的电子邮件(必须含有客户的企业邮件地址)也可以作为确认形式。

(3)对于信用不好、付款有逾期行为的客户,如果客户仅仅在对账单上签名或者电话告知公司业务经理或客户经理,之后由业务经理代签,这种对账单确认形式要慎用,财务部应该定期检查这类客户的对账确认单,避免出现财务纠纷时缺少法律文件。

2. 对账确认单的重要性

(1)当发生财务纠纷、对方拖欠应付账款时,对账确认单是重要的法律文件之一。

(2)对账确认单也可以有效避免对应付账款金额产生异议。

(3)对账确认单对于后续结算流程的顺利完成可以起到保障和推动作用。

(二)实施过程

Marco 在电话中表示对对账单没有任何异议和问题后,Jane 趁热打铁,说:"那我现在将最终的对账单发送给您,您签字确认一下,然后将电子版邮件发送给我就可以。按照我们公司的流程,我必须向财务递交一份您的书面确认函,才能申请开发票,谢谢您一直这么支持我的工作。"

在通话中间,Jane 就修改完成了对账单(见图 5-11),并在对账单下面附了签字确认的地方,以邮件方式发送 Marco。

Dear Marco:

如我们刚才电话所确定的,我已经更新了对账单,附在邮件的附件,请您查阅核对。

如果您没有问题,麻烦您在对账单下面签字处签字,然后将电子版回复给我。

再次感谢您对我工作的支持!

Jane

			BG 2021年3月航空货运对账单							
客户名称	BG汽车部件有限公司									
服务内容	国际航空货运代理									
服务公司	XX国际货运代理有限公司									
TABLE 3 CHARGES IN DESTINATION PORT (CNY)										
Additional HS codes numbers	Customs clearance charge	Inspection service charge	At cost	Ground handling charges	Express Handling Charge	Chargable storage time (days)	Storage charge ⑤	Inland transp. Charge 陆运费发票	subtotal of inland charge
---	---	---	---	---	---	---	---	---	---
0	¥400.00			¥135.70				¥2,000.00	¥2,535.70
0	¥400.00			¥363.40					¥763.40
0	¥400.00		¥100.00	¥100.00				¥450.00	¥1,050.00
10	¥500.00			¥3,646.08				¥3,804.60	¥7,950.68
0	¥300.00			¥100.00				¥450.00	¥850.00
0	¥400.00			¥5,140.50				¥5,364.00	¥10,904.50
0	¥400.00	¥200.00	¥320.00	¥1,748.00				¥2,000.00	¥4,668.00
0	¥400.00			¥423.78					¥823.78
0	¥400.00		¥100.00	¥109.25				¥2,000.00	¥2,609.25
0	¥400.00			¥16,449.60				¥17,164.80	¥34,014.40
15	¥550.00			¥5,918.48				¥6,175.80	¥12,644.28
0	¥400.00			¥11,332.10				¥11,824.80	¥23,556.90
0	¥300.00			¥185.15				¥450.00	¥935.15
0	¥400.00			¥281.75				¥2,000.00	¥2,681.75
0	¥400.00			¥274.85				¥450.00	¥1,124.85
0	¥400.00			¥100.00				¥450.00	¥950.00
15	¥550.00			¥4,487.88				¥4,683.00	¥9,720.88
0	¥400.00	¥200.00	¥320.00	¥1,842.30				¥2,000.00	¥4,762.30
0	¥400.00			¥783.15				¥2,000.00	¥3,183.15
0	¥400.00			¥100.00					¥950.00
15	¥450.00			¥575.00				¥589.20	¥1,614.20
0	¥400.00		¥100.00	¥2,829.58				¥2,952.60	¥6,282.18
0	¥400.00			¥1,782.50				¥2,000.00	¥4,182.50
0	¥400.00			¥830.30				¥866.40	¥2,096.70
0	¥300.00	¥100.00	¥100.00	¥386.98				¥3,000.00	¥3,886.98
5	¥450.00		¥100.00	¥983.25				¥1,026.00	¥2,559.25
0	¥400.00			¥100.00				¥450.00	¥950.00
0	¥300.00			¥242.65				¥450.00	¥992.65
0	¥300.00			¥100.00				¥450.00	¥850.00
0	¥300.00			¥100.00				¥450.00	¥850.00
0	¥400.00			¥401.35				¥2,000.00	¥2,801.35
0	¥400.00		¥100.00	¥100.00				¥450.00	¥1,050.00
0	¥400.00			¥100.00				¥450.00	¥950.00
	¥13,100.00	¥500.00	¥1,240.00	¥62,053.55	¥0.00		¥0.00	¥78,851.20	¥155,744.75
Subtotal in EUR	140312.16	Subtotal in CNY	155744.75	Exchange rate	7.7996	Total	1250123.47		

如果您对上述费用核对确认无误,请在下面横线处签字,感谢您对我们的支持与信任!

签字:————————

日期:————————

图 5-11 更正版国内费用对账单

因为对账期间,Jane 和客户 Marco 保持了良好的沟通,并且快速、准确地回答了客户对对账单提出的疑问,Marco 很快就将签字确认过的对账单通过电子邮件回复给 Jane。至此,Jane 完成了 BG 公司 3 月航空货运业务的对账工作。

知识考核

一、单选题

1. 物流企业与客户进行对账的流程是( )。

A. 导出货运数据、制作对账单、确认对账单、核对对账单

B. 导出货运数据、制作对账单、核对对账单、确认对账单
C. 制作对账单、导出货运数据、核对对账单、确认对账单
D. 制作对账单、核对对账单、导出货运数据、确认对账单

2. 对账不符的错账更正方法不包括（　　）更正法。
A. 无标记　　　　　　　　　　B. 补充
C. 划线或红字　　　　　　　　D. 备注

二、多选题

1. 对账单的内容包括（　　）。
A. 物流运单号　　　　　　　　B. 物流服务内容
C. 运输方式　　　　　　　　　D. 计费币种
E. 对账单总额

2. 对账的意义有（　　）。
A. 保证业务部、操作部和财务部账目的统一，规范公司与客户的对账流程
B. 积极推进应收账款的回收，保证公司资金安全
C. 公司财务记账
D. 提高客户对服务的满意度
E. 避免双方对服务费用产生分歧

三、判断题

1. 对账单只要费费清楚即可，其他信息可以简写或者省略。（　　）
2. 为了方便、快捷地对账，可以通过电话、个人邮箱和微信等即时通信工具进行对账。（　　）

技能训练

1. 现在已是 5 月初，××国际货运代理有限公司负责 OA 电子设备有限公司的业务经理 Jim 要给客户做对账单了，下面是公司与 OA 电子设备有限公司的航空物流服务合同中的报价单和 4 月公司为 OA 电子设备有限公司做的航空货运服务的业务数据，4 月没有实报实销的费用发生。请参照下面的两张表，制作 OA 电子设备有限公司 4 月的对账单。

报价单 QUOTATION SHEET

		编号：OA20190101
客户名称 CUSTOMER	OA电子科技有限公司	
成交方式 TRADE TERM	EXW	
运输方式 TRANSPORTATION	BY AIR	
发货人地址	GERMANY	

收费项目 CHARGES		标准 RATES	备注 REMARKS
1 启运港费用 CHARGES IN LOADING PORT			
1.1	提货费 PICK UP	EUR0.25/KG,MIN EUR65.00	chargable weight
1.2	操作费 HANDLING	EUR0.15/KG,MIN EUR35.00	
1.3.1	空运费 AIR FREIGHT	EUR4.00/KG,MIN EUR110.00 -45kg all in	chargable weight per Mon Wed and Sat
1.3.2	空运费 AIR FREIGHT	EUR2.45/KG, +45kg all in	
1.3.3	空运费 AIR FREIGHT	EUR1.75/KG, +100kg all in	
1.3.4	空运费 AIR FREIGHT	EUR1.70/KG, +300kg all in	
1.3.5	空运费 AIR FREIGHT	EUR1.65/KG, +500kg all in	
1.3.6	空运费 AIR FREIGHT	EUR1.60/KG, +1000kg all in	
1.5	X-RAY	EUR5.00/PIECE	
1.6	主单费 AWB	EUR45.00/shipment	
1.7	安检费 SAF FEE	EUR18.00/shipment	
1.8	报关费 CUSTOMS CLEARANCE	EUR65.00/shipment	
1.9	机场税 AIRPORT TAX	EUR0.05/KG,MIN EUR5.00	
2 目的港费用 CHARGES IN DESTINATION PORT			
2.1	普通报关代理费	CNY200.00/SHIPMENT	含一页报关单，增加一页报关单每页50元，一个工作日
2.2	加急报关代理费	CNY300.00/SHIPMENT	含一页报关单，增加一页报关单每页50元，0.5个工作日
2.3	非法检货报检代理费	CNY100.00/SHIPMENT	
2.4	查验服务费	CNY200.00/TIME	
2.5	机场地面费用	CNY1.15/kg, min100.00	chargable weight.
2.6	舱单录入费	CNY25.00/SHIPMENT	
2.7	仓储费	CNY0.15/kg/day, min10.00,3 days free	chargable weight.
2.8	保险费	0.1%,min CNY80.00	发票货值
2.9	陆运费	CNY1.15/kg, min450.00	从首都机场至天津西青经济技术开发区

remark:
1.汇率按报关单日的中国银行的折算价汇率执行。
2.本报价适用于**XX201902011**号物流服务合同的所有条款。
3.本报价有效期到**2019年12月31日**。

货物业务数据单

No.	MAWB	HAWB	Service	CC MODE	No. of Packages	C.W. (kg)	Cargo Value (Euro)
1	020-63497545	4KH7438	B	URGENT	7	1 856	€ 22,765.80
2	020-63497840	4KH1026	B	URGENT	18	4 341.5	€ 64,564.77
3	020-60017230	4KH1024	Express	URGENT	1	1.5	€ 329.68
4	020-60017230	4KH1028	Express	URGENT	1	89	€ 581.63
5	020-60016736	4KH1022	C	NORMAL	3	219	€ 993.10
6	020-60016736	4KH1023	C	URGENT	9	2 835	€ 72,896.91
7	020-60016736	4KH1027	C	URGENT	5	1 433.5	30848.49
8	020-60016736	4KH1029	C	URGENT	1	1	€ 37.33
9	020-60016736	4KH1030	C	URGENT	1	6	€ 113.42
10	172-76085866	4KH1335	C	NORMAL	1	4.5	€ 17.31
11	172-76085866	4KH1336	C	URGENT	3	329.5	€ 2,621.26
12	172-76085866	4KH1395	C	URGENT	4	1 102.5	€ 12,717.87
13	172-76085866	4KH1396	C	NORMAL	1	5	€ 125.38
14	172-76085866	4KH1397	C	NORMAL	3	660	€ 6,200.35
15	020-60022933	4KH1049	C	URGENT	8	1 185.5	€ 6,494.55
16	020-60022933	4KH1050	B	URGENT	5	278	€ 4,015.32
17	020-63496182	4KH1051	Express	URGENT	14	116.5	€ 2,202.88
18	020-63495600	4KH1052	C	NORMAL	7	789	€ 50,523.97
19	020-63495600	4KH1053	C	URGENT	10	1 610.5	€ 14,090.33
20	020-63495600	4KH1054	C	NORMAL	3	462.5	€ 5,378.75

2. 在 Jim 将对账单发送给客户以后，客户针对对账单提出了几项异议：第一，分运单号 4KH1395 的货物的计费重量与他们业务系统中的重量不相符；第二，分运单号 4KH1336 的货物不是加急报关服务。请问 Jim 现在要通过哪些方式核对信息，以顺利处理客户对对账单的疑问？

分析评价

层级	项目名称	单项得分	总分	评分项目类型： 1. 职业技能与规范 2. 专业沟通与表达 3. 工作组织与管理
1	**完成对账单的制作**		35	
2	导出并核对业务数据	10		1
2	导出并核对内部成本数据	10		1
2	导出报价单	5		1
2	制作并核对对账单	10		1
1	**向客户发送对账单**		10	
2	正确、完整地发送对账单	5		1
2	发送与对账单相关的费用证明	5		1
1	**解决对账中客户的异议**		20	
2	查找并核对异议的根源	10		2
2	为客户提供确定、客观的证据	10		2
1	**完成对账单的确认**		25	
2	更正对账单中的错误	5		1
2	制作对账单确认文件	10		1
2	完成客户对对账单确认文件的书面确认	10		2
1	**讨论与表达**		10	
2	课堂交流沟通中语言表达清晰	6		2
2	分析结果（以文档形式提交）未出现格式、错别字等问题	4		1

参考答案

一、单选题

1. B 2. A

二、多选题

1. ABCDE 2. ABDE

三、判断题

1. 错误 2. 错误

学习单元 2

航空项目物流开具发票及催收账款

任务目标

1. 能准确审核客户的开票信息。
2. 能按照公司流程申请开具物流服务对应的发票。
3. 能按照项目物流合同的付款条款催收账款。

聚焦情境

BG 汽车部件公司（以下简称 BG 公司）是××国际货运代理有限公司的协议客户，负责与 BG 公司对接的业务经理 Jane 于 4 月初分别与公司内部、BG 公司进出口部的业务负责人 Marco 对 2021 年 3 月完成的国际航空货运代理业务费用进行了一一核对。在对异议项进行解释、调整、更正并确认后，Jane 收到了 BG 公司的 Marco 用电子邮件发送过来的对账单确认函电子版文件。

任务发布

Jane 要按照公司的开票流程、对账单的金额以及国家税法的规定对不同物流服务内容分项开具不同类别的发票，并按照与 BG 公司的航空货运代理协议中关于发票性质（增值税专用发票和增值税普通发票）的规定开具对应的发票。开票完成后，Jane 要将发票及相关结算凭证交付客户，并对客户进行应收账款的催收，以确保公司可以按时全额收回应收账款。

任务分析

任务分析鱼骨图如图 5-12 所示。

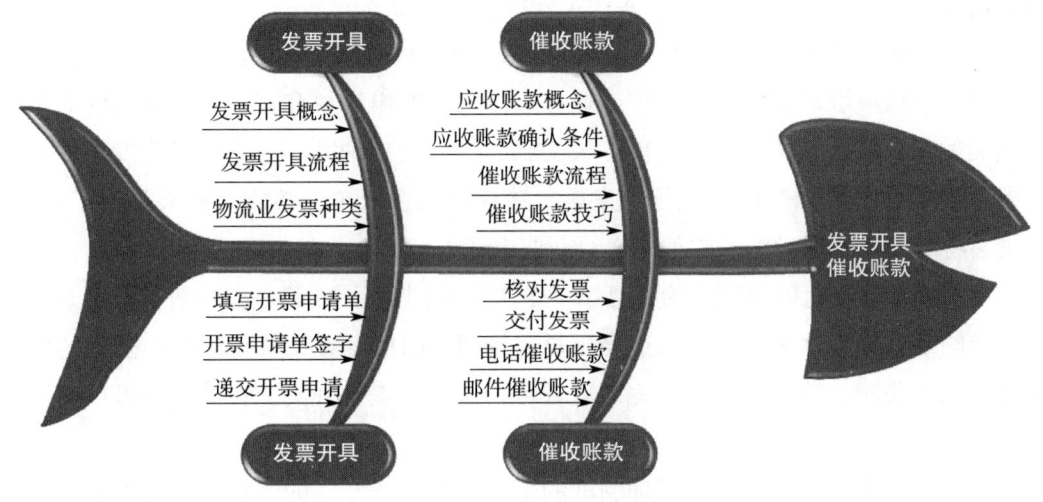

图 5-12　任务分析鱼骨图

任务实施

一、发票开具

（一）任务资讯

1. 发票开具的概念

发票开具是指在法律、法规规定的情况下开具发票，基于证明商品和资金所有权转移的需要、进行会计核算的需要和进行税收管理的需要，发票应在发生经营业务确认营业收入时由收款方向付款方开具。发票的开具是实现其使用价值、反映经济业务活动的重要环节，发票开具是否真实、完整、正确，直接关系到能否达到发票管理的预期目的。

2. 发票开具流程

为加强财务工作的管理和监督职能，保障公司所开具增值税专用发票、增值税普通发票的规范使用，公司一般会制定严格的申请开具发票流程。

开票申请流程一般包括以下主要内容。

（1）由公司销售或业务人员向经理提出开具发票申请，填写"增值税发票开具申请单"或"普通发票开具申请单"。

（2）"增值税发票开具申请单""普通发票开具申请单"中填写的内容应包括单位名称、单位联系人、服务明细、合同号等。

（3）新客户开票和老客户开票信息变更时，需要向财务部提供其开票信息，包括：①开具发票单位的名称（增值税专用发票必须为全名）；②纳税人识别号（18位统一社会信用代码）；③公司地址及电话；④开户银行及账号。

其中，增值税专用发票需要以上4项信息，增值税普通发票只需要①、②项信息。

（4）申请单填写完整后，销售或业务人员将开票申请单和客户签字确认的对账单一起交付部门经理签字，然后提前一天交到财务部的出纳处。如果是纸质发票，开具发票后出纳会通知开票申请人领取发票，并在发票领取单上签字；如果是电子发票，出纳会将电子发票通过电子邮件发送给开票申请人。

（5）发票开具时间原则上为每月第一个工作日到每月25日，在一般情况下开具时间不会顺延，如果遇周末，可以适当延长一到两天时间。在特殊情况下，公司的发票用完后未购票时，待征期内报税完成后方可再购票并正常开具，在此期间可以正常接收申请单。

每个公司根据业务和企业管理制度的不同，申请开发票的流程也略有差异，但基本流程都包括上述步骤。

3. 物流业务发票种类

物流企业的业务一般涵盖多个方面，适用不同的税率，包括运输服务、物流辅助服务、国际运输和国际运输代理服务等。

根据《财政部　国家税务总局关于全面推开营业税改征增值税试点的通知》（财税〔2016〕36号）及附件4《跨境应税行为适用增值税零税率和免税政策的规定》和《财政部　税务总局　海关总署关于深化增值税改革有关政策的公告》（财政部、税务总局、海关总署公告2019年第39号，简称财税39号公告），各项物流服务的适用税率如下。

交通运输服务：包括陆路运输服务、水路运输服务、航空运输服务（含航天运输服务）、管道运输服务和无运输工具承运业务，适用9%的增值税税率。

物流辅助服务：包括航空地面服务、港口码头服务、货运客运场站服务、打捞救助服务、装卸搬运服务、仓储服务和收派服务，适用6%的增值税税率。

国际运输服务：包括在境内载运旅客或者货物出境、在境外载运旅客或者货物入境、在境外载运旅客或者货物，适用0%的增值税税率。

海外物流服务：包括存储点在境外的仓储服务、海外收派服务和以无运输工具承运方式提供的国际运输服务，免征增值税。

按照国家有关规定应取得相关资质的国际运输服务项目，纳税人取得相关资质的，适用增值税零税率政策；未取得的，适用增值税免税政策。境内的单位或个人提供承租服务的，如果租赁的交通工具用于国际运输服务和港澳台运输服务，由出租方按规定申请适用增值税零税率；境内的单位和个人向境内单位或个人提供期租、湿租服务（湿租服务指航空运输企业将配备机组人员的飞机承租给他人使用一定期限，承租期内听候承租方调遣，不论是否经营，均按一定标准向承租方收取租赁费，发生的固定费用均由承租方承担的业务）的，如果承租方利用租赁的交通工具向其他单位或个人提供国际运输服务和港澳台运输服务，由承租方适用增值税零税率。境内的单位或个人向境外单位或个人提供期租、湿租服务的，由出租方适用增值税零税率；境内的单位和个人以无运输工具承运方式提供国际运输服务的，由境内实际承运人适用增值税零税率；无运输工具承运业务的经营者适用增值税免税政策。

（二）实施过程

Jane 按照公司的开票流程，根据与 BG 公司签订的航空货运代理协议中的约定，对结算单中的不同物流服务内容开具增值税专用发票。其中，国外的提货、物流辅助服务与国际航空货运代理费用开具适用增值税免税的零税点增值税专用发票；国内机场的操作费、报关费等费用开具适用 6 个税点的物流辅助服务费增值税专用发票；国内配送费用开具适用 9 个税点的国内道路运输增值税专用发票。

第一步，按照公司的开票流程，Jane 填写了开票申请单。开票申请单包括增值税专用发票开具申请单（见表 5-5）和增值税普通发票开具申请单（见表 5-6），因为与 BG 公司的协议中约定都开具增值税专用发票，所以 Jane 只填写了增值税专用发票开具申请单，并签上了自己的名字和申请日期。

表 5-5　　　　　　　　　　增值税专用发票开具申请单

开票单位名称	BG 汽车部件有限公司		联系人	Marco
服务内容	计费重量	总金额（含税）	对应合同	备注
国际货运代理服务费	53 330.5 kg	人民币 1 094 378.72 元		
物流辅助服务费	53 330.5 kg	人民币 76 893.55 元		
国内公路运输费	53 330.5 kg	人民币 78 851.20 元		

（备注：开票单位为新客户时，请提供开票信息）

开票申请人_____　　　部门经理签字_____

日期_____　　　　　　日期_____

表 5-6　　　　　　　　　　　增值税普通发票开具申请单

开票单位名称			联系人		
服务内容	计费重量	总金额（含税）	对应合同	备注	

开票申请人_____　　　　　部门经理签字_____
日期_____　　　　　　日期_____

第二步，Jane 找到销售部经理签字。

第三步，Jane 将已经完成签字的开票申请单、客户签字的对账单和客户最新的开票信息一起交给财务部出纳。

二、寄送发票给客户并催收应收账款

（一）任务资讯

1. 应收账款的概念

应收账款是企业因采用赊销方式销售商品或提供劳务而享有的向客户收取款项的权利，应收账款核算的是企业因销售商品、提供服务等，应向购买商品或服务的单位收取的款项。应收账款实质上是一种权利，具体而言是一项债权，应收账款的基础是商业信用。

2. 应收账款的确认条件

（1）企业已经将商品所有权上的主要风险及权益转移给购买方，或者已经完成了对购买方的所有服务。

（2）企业既没有保留与所有权相联系的管理权，也没有对已售出的商品实施有效控制，或者没有对已完成的服务保留相联系的管理权或控制权。

（3）收入的金额能够被可靠地计量。

（4）相关的经济利益很可能流入企业。

（5）相关的已发生或者将发生的成本能够被可靠地计量。

当销售商品或者服务收入的确认条件满足后，由于现金尚未流入企业，这意味着赊销已经成立，企业应确认与此相关的应收账款。

3. 催收账款的流程

（1）确定催收账款的目标，包括催收目标联系人、催收金额、催收时间期限。

（2）弄清楚造成拖欠的原因，如故意拖欠、经营困难、付款流程过长等。

（3）针对不同的欠款原因，制定不同的催收账款策略。

（4）预计催收账款达到的效果、支付的成本，制定具体的实施方案。

4. 催收账款的技巧

（1）催收的 TSP 原则

TSP 原则即时间（time）、技巧（skill）、施压（pressure）。

（2）动之以情

一个优秀的收账人员的业绩与其在客户和公司中的受欢迎程度成正比，要广结人缘，了解客户中起决定作用的人并设法与他们建立感情；充分利用一流的售前、售中、售后服务培养与客户的"感情"，使其变被动付款为主动付款。

（3）晓之以理

应从双方以往的良好合作、商誉影响、有关法律后果等多个方面向客户阐明尽快付款的道理；对财务、商贸、商业惯例、心理等各门学识的充分钻研将使销售人员在与客户的沟通中充分掌握主动。

（4）导之以利

要疏导客户，使之获利；以利弊得失开导客户，更多地强调互利共赢的概念；完善客户服务体系，提供一流的产品及服务，为客户的可持续良好经营提供支持。

（5）诉诸法律

应从法律的角度向客户阐明其应负的责任和义务，使之明了如果不履行协议所要面对的种种不利与损失；了解有关法律知识及规定，善于利用法律手段保护自身利益。

（二）实施过程

1. 核对发票

Jane 提交开票申请到财务部出纳处，第二天，出纳通知 Jane 到财务部领取增值税专用发票三张。

Jane 签字领取发票后，首先将三张增值税专用发票的信息全部核对了一遍，以确认所有信息全部正确。发票应核对的信息包括名称、纳税人识别号、地址、电话、开户行及账号、服务名称、总金额。

2. 交付发票

核对确认发票信息无误后，Jane 将三张增值税专用发票与对账单及其他相关结算凭证整理完毕，一起快递寄给 BG 公司的 Marco，并随附一张签收单。

文件交接单

TO：BG 汽车部件有限公司进出口部 Marco
FROM：×× 国际货运代理有限公司业务部 Jane
快件号：××××××××××

文件名	文件编号	正本/副本	份数
国际货运增值税专用发票	××××××××××	正本	1份
机场操作费增值税专用发票	××××××××××	正本	1份
道路运输增值税专用发票	××××××××××	正本	1份
对账单		副本	1份
海关查验仓库费用发票	××××××××××	副本	1份
补录舱单信息发票	××××××××××	副本	1份

如您收到的文件核对无误，请在下面横线处签收，
并将签字的文件发送到电子邮箱：Jane@××intl.forwarding.com

签字_____
日期_____

将快递邮件寄出后，Jane 马上给 Marco 发送了一封电子邮件。

Dear Marco：
　　3月结算费用的发票已经按照我们核对确认的对账单开具，发票和对账单及相关费用凭证，我已于今天快递给您，快递号为：××××××××××，请您注意查收！
　　同时，附件中包括全套扫描的电子版文件，麻烦您核对一下发票信息是否正确。
　　感谢您的支持！
　　祝一切顺利！
Jane

3. 电话催收账款

Jane 跟踪查询快递邮件的信息，查到快递邮件已经安排派送并被签收后，给 Marco 打电话询问是否收到发票，Marco 确认已经收到发票。Jane 委婉地表示希望 Marco 帮助她尽快申请付款，因为付款时效和她的个人业绩相关，Marco 答应会很快完成他职责范围内的请款流程。

大约一周后，Jane 再次给 Marco 打电话，在问候之后，询问 3 月的费用是否已经申请付款。Marco 表示他上周在外面出差，没有来得及找部门和公司领导签字，这周

会抓紧办理。Jane 表示了对 Marco 工作辛苦的理解，在对催款表达歉意的同时又表达了自己承担的压力。

> **小提示**
>
> 为了防止客户逾期付款或者不付款，前期可以通过电话方式密切跟踪客户的付款流程进展，要多从私人感情的角度进行催款，要和客户产生共情，表示理解客户工作的辛苦与不容易，同时也恰当地表达自己承担的收款压力，以及因收款不及时可能面临的一些公司的处罚。

大概又过了一周以后，Marco 主动来电告知 Jane 他这边的请款签字流程已经完成，现在请款单和发票已经转到行政办公室，需要业务副总签字，然后是财务副总签字，最后才能交到财务部出纳处进入付款流程。

Jane 和 BG 公司的行政办公室和财务部在业务中没有任何接触，不可能直接联系到行政办公室和财务部的相关人员，因此她还是只能将催款的目标锁定在进出口部的 Marco。但是这个流程不归 Marco 直接操作，而是需要他从内部进行协调和催促，因此 Jane 就将与 Marco 的沟通转移到了业务共赢互利的角度，她说："公司同期运转着很多客户，资金压力非常大，目前正在操作的贵司的货量也非常多，如果不能及时回款的话，公司的经营会有较大风险，相信贵司还是希望业务能够稳定持续地运营，这样整个供应链才能顺畅。"

> **小提示**
>
> 当催款进入一个盲区，即流程负责人并不认识的时候，要给客户的直接联系负责人从业务风险角度分析及时、按时付款对于客户利益的重要性。

4. 邮件催收账款

在和客户协议约定的付款期限过半时，Jane 决定改变电话沟通付款流程的方式，给客户 Marco 发送了一封略微正式的确认发票收讫、询问付款时间的邮件。

Dear Marco：

我司于 ×× 月 ×× 日已将 3 月国际货运服务的费用发票快递至贵司，根据合同约定贵司应于 ×× 月 ×× 日之前对我司进行付款，我司财务部为了更好地安排资金，需了解资金回款具体日期，因此希望贵司能够告知目前付款流程的进度和付款的预计日期。

感谢贵司一直以来对我司的信任与支持！

祝您一切顺利！

Jane

Jane 在发送邮件后与 Marco 通了电话，告知这是公司财务对未付的应付账款要求必须和客户沟通的流程，还希望 Marco 能够帮助尽快协调。

在 Jane 的不断跟踪和努力沟通下，BG 公司在付款到期日之前给 ×× 国际货运代理有限公司支付了 3 月全部的服务费用。

小提示

催款的最高目标是让客户在保持持久合作的前提下按期付款，因此不是在特别恶劣的故意拖欠和特别严重的超期付款情况下，还是要在友好和善、互相理解的气氛中进行催款。

如果客户已经逾期付款，则要针对不同客户不同类型的逾期付款发送正式的催收信件，并到客户处了解真实情况，堵住客户"拖""躲""磨"等借口。

小知识

催收信件的类型如下。

（1）委婉型

适用于对公司相对重要、信用状况相对较好、应收款项账龄相对较短、希望此后继续保持合作关系的客户。使用措辞时，语气要相对婉转，以免伤害对方的感情，不利于达到收款的目的，但同时又要有一定的力度。

（2）无奈型

首先说明欠款的事实；其次用委婉的语气请对方在期限内返还欠款；最后可以说明本公司已经催款，但由于对方的原因不得不使用法律手段解决问题。

（3）强硬型

适用于对信用差、账龄长、以后可能不再合作的公司催款，可以使用一些措辞较为激烈的用语，语气要强硬。可以明确说明该公司的行为已经构成违约，需要对方承担相应的违约责任，并可以明确表示将会使用法律手段解决问题。

（4）关联第三方型

适用于对第三方客户催款。当欠款方对本公司的欠款是由于第三方的原因未能支付时，可以适用此种类型。首先，向第三方说明具体情况；其次，询问第三方是否已经还款并将情况回复我公司；最后，说明如果我公司未得到回复将采取的措施。

知识考核

一、单选题

1. 发票开具是指按法律、法规的规定在何种情况下开具发票，基于证明（　　）、进行会计核算的需要和进行税收管理的需要，发票应在发生经营业务确认营业收入时由收款方向付款方开具。

A. 债权的需要

B. 商品和资金所有权转移的需要

C. 商业活动存在的需要

D. 真实交易的需要

2. 物流行业交通运输服务适用（　　）的增值税税率。

A. 6%　　　　　　　　　　　　B. 0%

C. 10%　　　　　　　　　　　 D. 9%

二、多选题

1. 催收账款的 TSP 原则包括（　　）。

A. skill　　　　　　　　　　　B. press

C. polite　　　　　　　　　　 D. time

E. smile

2. 物流企业下面的物流服务中免征增值税的项目有（　　）。

A. 以无运输工具承运方式提供的国际运输服务

B. 在境外载运货物

C. 在境内载运货物出境

D. 存储点在境外的仓储服务

E. 海外收派服务

三、判断题

1. 应收账款是企业因采用赊销方式销售商品或提供劳务而享有的向客户收取款项的权利，应收账款实质是一项债权。（　　）

2. 开具增值税专用发票时需要向财务部提供的信息：①开具发票单位的名称（增

值税专用发票必须为全名）；②纳税人识别号（18位统一社会信用代码）；③公司地址及电话；④开户银行及账号。
(　　)

技能训练

1. ××国际货运代理有限公司的业务经理Linda完成了对YC科技有限公司的对账，这是公司第一次给YC科技有限公司开发票，请以Linda的身份根据以下信息填写增值税专用发票开具申请单。

公司名称：北京YC科技有限公司

电话：010-66666666

地址：北京市东城区广渠门内大街××号楼×层办公室××

开户行：交通银行北京天坛支行

账号：11006026×××××××××

税号：91110101×××××××××

开票金额：RMB58 970.00

服务内容：国际货运代理服务费

发票类型：增值税普通发票

开票金额：RMB107 240.00

服务内容：道路运输费

发票类型：增值税专用发票

2. Linda将纸质版发票和对账单一起快递给客户。为了尽快回收应收账款，请帮Linda想想该如何催收应收账款。针对客户对付款的拖延，请以Linda的身份拟定一份催收账款的邮件给客户的业务负责人张经理。

分析评价

层级	项目名称	单项得分	总分	评分项目类型： 1. 职业技能与规范 2. 专业沟通与表达 3. 工作组织与管理
1	**正确开具发票**		30	
2	填写正确的开票申请单	10		1
2	提交开票申请单	10		1

续表

层级	项目名称	单项得分	总分	评分项目类型： 1. 职业技能与规范 2. 专业沟通与表达 3. 工作组织与管理
2	核对已开具的发票		10	1
1	**向客户递交发票**		20	
2	制作发票等文件交接单		10	1
2	通过恰当的方式向客户递交发票并确认收讫		10	2
1	**电话催收应收账款**		20	
2	跟踪客户请款的流程		10	2
2	通过电话沟通的技巧催收应收账款		10	2
1	**邮件催收应收账款**		20	
2	有礼、有节地通过邮件催收应收账款		10	2
2	完成账款的回收		10	2
1	**讨论与表达**		10	
2	课堂交流沟通中语言表达清晰		6	2
2	分析结果（以文档形式提交）未出现格式、错别字等问题		4	1

参考答案

一、单选题

1. B 2. D

二、多选题

1. ABD 2. ABCDE

三、判断题

1. 正确 2. 正确